지역문학총서 22

지역문학 비평의 이상과 현실

지은이 박태일(朴泰一, Park, Tae-Il) 1954년 경남 합천에서 나서 부산대학교 국어국문학과에서 박사 학위까지 받았다. 1980년 『중앙일보』 신춘문예 시부문에 「미성년의 강」이 당선하여 문단에 나섰다. 『열린 시』 동인. 1985년 부산가톨릭대학교를 거쳐 1988년부터 경남대학교 국어국문학과 교수로 일하고 있다. 주요 저서로 시집 『그리운 주막』(1984), 『가을 악견산』(1989), 『약쑥 개쑥』(1995), 『풀나라』(2002), 『달래는 몽골 말로 바다』(2013), 『옥비의 달』(2014)과 연구서 『한국 근대시의 공간과 장소』(1999), 『한국 근대문학의 실증과 방법』(2004), 『한국 지역문학의 논리』(2004), 『경남·부산 지역문학 연구 1』(2004), 『마산 근대문학의 탄생』(2014), 『유치환과 이원수의 부왜문학』(2014), 비평집 『시의 조건, 시인의 조건』(2014). 산문집 『몽골에서 보낸 네 철』(2010), 『시는 달린다』(2010), 『새벽빛에 서다』(2010)가 있으며, 엮은 책으로 『두류산에서 낙동강에서—가려뽑은 경남·부산의 시 1』(1997), 『크리스마스 시집』(1999), 『김상훈 시 전집』(2003), 『예술문화와 지역가치』(2004), 『정진업 전집 1—시』(2006), 『허민 전집』(2009), 『소년소설육인집』(2013), 『무궁화—근포 조순규 시조 전집』(2013), 『동화시집』(2014)이 있다. 김달진문학상(1991), 부산시인협회상(2002), 이주홍문학상(2004), 편운문학상(2014)을 받았다.

지역문학 비평의 이상과 현실

초판인쇄 2014년 9월 1일 **초판발행** 2014년 9월 15일
지은이 박태일 **펴낸이** 공홍 **펴낸곳** 케포이북스 **출판등록** 제22-3210호
주소 서울시 서초구 반포대로14길 71 302
전화 02-521-7840 **팩스** 02-6442-7840 **전자우편** kephoibooks@naver.com

값 32,000원

ISBN 978-89-94519-48-7 93810

이 도서의 국립중앙도서관 출판시도서목록(CIP)은 서지정보유통지원시스템 홈페이지(http://seoji.nl.go.kr)와 국가자료공동목록시스템(http://www.nl.go.kr/kolisnet)에서 이용하실 수 있습니다.(CIP제어번호 : CIP2014025982)

Regional Literature
and Criticism
: Idea and Reality

지역문학 비평의 이상과 현실

박태일

케포이북스
KEPHOIBOOKS

◆ **일러두기**

이 책에서는 오늘날 표준어 규정에서 벗어나 '안팎'을 '안밖'으로 적었다. '안+ㅎ+밖=안팎'을 버리고 '안+밖=안밖'을 따른 것이다. 바르고 고운 말을 표준어로 삼지 않고 '현대 서울말로' 정한 원칙의 잘못에 대한 바로잡기 본보기다.

책머리에

지역문학에 대한 눈매가 싹튼 때는 이른 시기부터다. 수서 취미의 손쉬운 물목이 지역에서 만날 수 있는 지역 작품집이었던 까닭이다. 대학 국어국문학과 1학년 주제에 단과대 교지 특집으로 「부산의 시문학」을 내걸었을 뿐 아니라, 간직하고 있었던 부산 지역 시인의 시집을 죽보기로 내보이는 만용을 부린 때가 스물한 살이었다. 1974년 겨울. 그런 눈매는 뒤로도 거듭해 지역 작가의 작품집과 잡지, 동인지를 예사롭지 않게 간수했다. 지역문학은 살아 있는 둘레 현실이었다. 그들을 소중히 여기고 챙기는 일이 나로서는 자연스럽고 마땅했다.

1980년 문학사회에 나선 뒤 『열린시』 동인 활동에다, 대학원에 들어 생각을 키웠던 이삼십 대 청년기에 지역문학이란 고스란히 내 문학 실천의 마당이었다. 그러다 지역문학에 대한 본격 연구로 들어선 때는 세월을 한참 건너 마흔도 넘긴 세 살 무렵이었다. 경남・부산지역문학회를 묶고 『지역문학연구』 창간호를 낸 1997년부터다. 지금도 『지역문학총서』로 잇고 있는 뜻이 그때 비롯했다. 그런 과정에 딱딱한 논문 글은 한 차례 엮을 기회가 있었다. 2004년에 낸 『한국 지역문학의 논리』와 『경남・부산 지역문학 연구 1』이 그것이다. 2014년, 10년을 건너 『경남・부산 지역문학 연구』 2・3・4를 낼 시점에 이르렀다.

이 책은 그에 맞추어, 그동안 문학사회 안에서 썼던 지역문학 관련 비평글만을 따로 골라 묶은 것이다. 나로서는 첫 비평집인 셈이다. 오늘날까지 시 창작과 연구 사이를 오가면서 짬짬이 청탁에 응했던 지역문학 현장 담론과 작가론, 서평이 그들이다. 오랜만에 먼지 앉은 그들을 들추며 감회가 새롭다. 서른 해를 넘는 세월 동안 쓴 스물여섯 꼭지의 글이 올망졸망하다. 이미 쓰임새를 다한 허접대기가 적지 않다. 그럼에도 잘 버리지 못하는 내 됨됨이 탓에 굳이 챙겼다. 가장 앞선 글이 1980년에 쓴 『부산대학교문학지』다. 본디 발표 제목은 「부대문학사」였다. 기백만 앞선 허술한 글이다. 그럼에도 굳이 싣는다. 이러한 미시적인 글조차 앞으로는 다른 사람의 손으로 쓰일 기회가 없으리라 여긴 까닭이다.

본문은 모두 4부로 나누었다. 1부는 지역문학 비평 현장에서 쓴 작가론이다. 시집 풀이나 시인 풀이다. 2부는 경남·부산 지역시를 대상으로 쓴 계간평과 서평을 모았다. 실천비평에 드는 글이라 구체적이다. 호오 또한 분명하다. 실질적인 지역비평이 드문 현실에서 두루뭉술한 몽롱 비평의 인습을 깨고자 하는 노력을 더한 현장 비평이다. 3부는 지역문학의 방향에 대한 고심을 담은 글이다. 목청을 드높인 글도 보인다. 오늘 이 자리 문학사회 현실에 대한 대거리를 마다하지 않겠다는 속내가 드러난 바다. 그런데 글을 묶으며 다시 살피니 그들 대부분 아연 나 자신에게로 향해야 옳았을 말이 아닌가. 남 탓할 처지가 아니었던 지난 세월이었다. 4부에서는 문학 활동 초기에 썼던 글에다 이즈음 이루어진 좌담을 함께 얹었다. 아슬하게 뚝 떨어진 두 세월의 거리를 빌려 지역문학을 향한 오랜 애증이 드러나기 바란다.

이 책에 실린 비평 글은 거의 모두 청탁 기회를 얻어 썼다. 그사이 200자 원고지에 칸을 띄워 가며 연필로 지우고 썼던 때부터 중고 스미스 코로나 타자기를 거쳐 대우 르모 투, 그리고 컴퓨터 글쓰기에 이르는 긴

걸음길이었다. 오랜 세월 모자라는 사람에게 글을 청해 준 매체의 편집진이나 글쓴이에게 고마움을 전한다. 이렇게라도 적지 않은 세월 동안, 지역문학을 향한 생각을 한자리에 담을 수 있도록 이끈 힘은 그런 인연 덕분이다. 책 이름을 『지역문학 비평의 이상과 현실』이라 붙였다. 뜻을 둔 지는 오래고 눈을 둔 데는 높았다. 그럼에도 걸음은 마냥 삐툴빼툴거렸다. 그런 부끄러움을 책 이름에 얹는다. 실린 글 곳곳에 위태로웠던 내 청춘기와 장년기의 갖가지 추억이 어른거린다. 그들에게 힘껏 손을 흔들어 주고 이제 헤어지련다. 잘 가거라.

2014년 여름 박태일

차례

제1부 경남 시인론

제2부 지역시의 속살

제3부 지역문학의 길

제4부 지역문학의 이랑

1부
경남 시인론

청동의 순정

하연승론

1

문제 시인이란 말이 있다. 여러 뜻을 지닌 말이다. 작품 됨됨이에서 삶에서, 또는 세대론 쪽 의의에서 그 강도와 높낮이는 다채롭게 매겨질 수 있겠다. 시가 눈에 잘 뜨이지 않아도 삶이 궁금한 시인도 있다. 하연승 시인은 나에게 오래도록 그러한 문제 시인 가운데 한 사람이었다. 습작을 위한 날밤에 눈빛을 곤두세웠던 1970년대 중반 무렵부터 광복 뒤 경남·부산 지역 시인의 드나듦에 대해서 남다른 관심을 지녔다고 생각해 왔던 나다. 그런 나에게 시인 하연승은 물음표처럼 마음에 떠 있는 이 가운데 한 사람이었다.

1950년대 전쟁기와 전후 경남·부산을 중심으로 이루어졌던 피란문단과 대학문단에 대한 관심은 파들수록 즐거움이 컸다. 『시조(詩潮)』며, 『신작품(新作品)』, 『시연구(詩研究)』, 『영문(嶺文)』 그리고 『시기(詩旗)』와 같은 그 무렵 매체를 얻어 읽으며, 새로운 일깨움에 보람 또한 많았다.

그리고 그런 중심 자리에 서 있었던 시인, 미지의 젊은 시인에 대한 쏠림이 각별할 수밖에 없었다. 그와 같이 젊음을 나누었던 고석규·홍기종·장관진·이해주와 같은 이들은 금세 내 눈에 들었다. 그들은 내가 살고 있는 부산 지역 또는 부산대학교 가까이 얽혀 있었던 까닭이다. 그 어느 하루 잊혀 있었던 고석규의 무덤을 찾아 장관진·홍기종 교수와 함께 동래 온천다리를 건넜던 때가 대학 2학년 봄이었다. 그 자리에 한 그루 붉은 동백을 심고 돌아섰던 날이다.

그런데 시인 하연승은 쉬 모습을 찾을 수 없었다. 가끔 시전문지에 오르는 이름과 작품을 보면서 관직에 있다는 소식만을 겉귀로 들었을 뿐이다. 「부산의 시문학」이니 「부대문학사」니 하는 글을 겁도 없이 대학생 신분으로 활자화시키고 있었던 나였다. 그렇다고 딱히 그를 찾아가 만나야 할 일 또한 없었다. 그러다 하연승 시인을 제대로 만난 때는 시집 『이슬의 탄생』(1997)을 손에 넣고부터다. 그간 시인이 겪었을 각고와 시에 대한 역정을 한손에 잡힐 듯이 고스란히 담고 있는 시집을 받아 들고, 비로소 나는 오랜 궁금증 하나를 풀 수 있었다. 시인은 어느 고갯마루 살댓닢 짙은 마을 어귀 쯤에서 그렇게 이슬과 같은 탄생의 낯빛으로 시에 대한 순정을 다스리고 있었던 것이다. 그렇게 한 시대, 한 시인의 모습을 안고 나는 비로소 안심할 수 있었다. 1950년대.

시인은 시대의 문화 재화다. 좋은 시인일 경우 이 점은 확연하다. 그러나 그러한 몫을 제대로 떠맡아 낸 시인은 많지 않다. 시인 하연승은 1950년대 경남·부산 지역문학의 대표적인 문화 재화 가운데 한 사람이다. 그의 시대와 세대의 독특한 대표성을 지닌 문제 시인인 셈이다. 이제 그의 시가 마련한 웅숭깊은 내력 속으로 발을 내디뎌 볼 차례다.

2

1950년대 시는 우리 근대시사에서 굵직한 한 줄기 이채로운 풍광이다. 극심한 이념 혼란과 우리 말글에 대한 새로운 사회적·개인적 학습은 광복기의 특성이었다. 거기다 급박하게 돌아갔던 세상 물정은 겨레 안쪽 전쟁이라는 뜻밖의 참화를 그 막바지에 꺼내 보였다. 같은 말글을 쓰는 한 겨레가 서로 나뉘어 버젓이 죽음과 죽임을 저지르고, 그것을 오히려 부추겼던 시대였다. 죽음의 무게로부터 말미암은 한결같은 삶의 피폐와 긴장이 나날살이가 되어 버린 현실 아래서 젊은이는 온전하게 삶의 미래를 내다보기 힘들었다.

그들의 정신은 굳어진 청동의 관이었다. 답을 알 수 없는 삶의 신산에 차갑게 가라앉으면서 몸은 부조리한 길거리로 어김없이 내몰렸다. 전쟁은 그들의 운명이었고 생활이었다. 상처는 즐거운 낙인이었다. 그리고 그 속에서 그들 젊음은 오히려 더욱 순결했고, 순수했다. 죽음 앞에 모든 삶이 환하고도 단순해지는 이치를 너무 일찍 깨달은 세대의 슬픈 특권이었다. 폭력과 죽음이 공인된 세상에서 그들이 짊어져야 했을 삶의 무게와 순결에 대한 갈구를 어찌 말로 다할 수 있으랴. 죽음이라는 벽 앞에서 순결에 대한 욕구와 희망은 더욱 절대화해 갔던 셈이다. 아픔과 상처는 버릇이었다. 뜨거운 솥뚜껑에 덴 살처럼 정신은 더욱 단련되었다.

그들의 삶과 시가 뿌리에서부터 방법적일 수밖에 없었던 것은 숙명이다. 현실과 이상의 어긋남, 삶과 죽음의 긴장, 현실과 언어의 대치, 나와 우리의 단절감이 극대화하여 내팽개쳐진 자리에 그들은 홀로, 또는 여럿이 모여 서성거렸다. 진지함, 열정은 그들 세대의 상표였다. 1950년대 우리 시의 큰 특징 가운데 하나가 바로 그러한 이원대립의 긴장에 대한 방법론적 고민에 있음은 우연이 아닌 셈이다. 오늘 이 자리 현실 삶의 터가 불안하면 할수록 그들이 다잡고 싶었을 언어에 대한 순수한 갈구, 명징한 세계 소유에 대한 열망은 더욱 깊어졌던 것인가. 아직 '미과(未果)'인 채 시대의 거센 바람 속으로 언어와 언어적 운명을 기꺼이 받아들이겠다는 당찬 결의와 긴장이 아슬아슬했을 나날이다.

> 숲의 어둠, 안으로
> 울리어 오던 주일
> 의 새벽 종소리와
> 그 육엽(肉葉)한 잎과 가지들을 꺾고 간
> 폭풍우의 여름 아침이었다.
>
> 2
> 전쟁은, 그 진한 화약 내음새로
> 무지한 여름의 태양처럼 번져 가고,
> 감나무와 숲의 엽록이 이웃이던
> 그때에,
> 조요하던,
> 짙푸른 색소로서 있었던 그 미과(未果).
>
> —「청시(靑柿)와 죽음의 형상(形象)」 가운데서

경남 · 부산 지역문학은 전쟁기 3년과 그 뒤 한 해 동안 우리 문학의 중심이었다. 사람에서, 작품에서, 그리고 더 많이 문학의 텃밭으로서 그 점을 확인한다. 하연승은 그런 시대 피란문단의 어수선한 골목에서 자라난 한 무리 '청시(靑柿)', 곧 땡감과 같은 시인 가운데 한 사람이었다. 그리고 질풍노도의 시대가 멀리 가고 난 다음인 오늘, 몇 남지 않은 기념비처럼 그가 우리 곁에 있다. 어느 세대보다 명징하게 언어와 삶 사이의 긴장과 분열을 겪었던 세대가 그들이다. 언어의 기표도 기의도 아닌 그 사이 좁은 청동빛 푸른 회랑을 조심조심 밟아 오른 세대다. 나에게 하연승은 바로 그 세대의 마지막 시인으로 여겨진다. 둔중한 청동 종소리의 떨림 뒤에 오는 긴 정밀과 섬세한 집착이 어찌 그의 시에 없을까 보냐.

3

언어에 대한 순결한 헌신은 하연승 시에서 두 가지 길로 자리 잡고 있다. 첫째가 언어 기표에 대한 다채로운 변주다. 그것을 빌려 그는 손에 잡을 수 없을 현실의 세부에 대한 언어 포획에 성공한다. 가변적이고 허황한 삶의 현장에서 그가 순간순간 안도할 수 있었던 삶의 한 자리는 바로 그러한 언어 표면의 물질성이다. 그 은밀하고도 투명한 물비늘 같은 자리로 함께 미끄러져 들어서 보자.

① 올챙이의 눈을 하고 새벽에
뱀이 눈뜬다
바위의 어둠을 혀로 핥으며, 신새벽이
아직 스물거리는 동안

해돋이가 온다.

사방에 비취색으로
짙어 어울리고 있을 때
영롱한 청개구리의 눈으로

그는 물었다.
이것이 무엇이란 디유?
그는 또 물었다.
이것을 무엇이라 쓰유?

—「이슬의 탄생」 가운데서

② 이농현상으로 Pica Pica serica,
까치도 도시에 와서 살고 있다.

조촘거리며 날을 듯 날을 듯 조금씩
어깨깃을 추스르고 있는 동안

저 높은 하늘에선 순백의 하얀 눈이
옛과 같이 지천으로 내리고 있었다.

—「단상(短想) 이제(二題)」 가운데서

①은 제목 그대로 신새벽에서 아침으로 나아가면서 이루어지는 "이슬의 탄생"을 섬세한 눈길로 건져 내고 있는 작품이다. 시인은 이슬을 뜻하는 영어 '디유(dew)'와 일본어 '쓰유(つゆ)'를 빌린 격 높은 말장난(pun)을 완성했다. 이슬에 대한 다른 나라말 일컬음인 그 둘이 우리 말 이슬과 만나면서 마련하는바 중의적인 소릿결은 아무나 흉내 낼 수 있는 경지가 아니다. 시인 특유의 가벼우나 명징한 말의 기표에 대한 포착이 속속들이 묻어난다.

② 또한 ①과 멀지 않다. "Pica Pica serica(피카 피카 세리카)"라는 까치의 학명을 반가운 까치의 울음소리로 바꿔치는 솜씨는 예사롭지 않다. 까치는 시인이 터 잡고 살고 있는 창원의 남양동이나 반림동 길거리에 아무렇지도 않게 둥지를 틀고 산다. '이농현상'으로 시골에서 "이국종 가로수" 널린 그곳 어느 한 자리로 떠밀려 들어선 우리 이웃과 다를 바 없는 모습 아닌가. 이미 더 앞서 제 터를 떠나 낯선 곳에 "둥지를 틀고 있는" 그들이다. 그러한 까치 떼와 이웃들에게 시인은 "저 높은 하늘" "순백의 하얀 눈"을 준비해 주는 넉넉함을 아끼지 않았다.

아무 데 길가에서거나,
축대의 돌 틈성이에서거나,
노란 애기똥풀꽃이 똥을 누고 있다.

대낮의 햇살이 멀건 얼굴을 하고

저쪽, 무논 쪽으로 눈을 팔고 있는 동안

쟁그렁 쟁그렁 쇠방울 소리가 나고,

—「무논이 있는 풍경(風景)」 가운데서

시인은 "무논이 있는 풍경" 한 가장자리로 비껴서 있다. '애기똥풀꽃이' 노란 "똥을 누고" 있는 길가다. 거기서 시인은 무논 위를 한가롭게 맴돌고 맴도는 작은 물무당벌레를 본다. 시인은 그들의 긴 물돌이를 무당의 춤에 견주고 있다. "쟁그렁 쟁그렁 쇠방울 소리"는 바로 무당의 상쇠 소리다. 부드러움과 딱딱함, 물과 쇠, 벌레와 사람이 만나 이루는 섬세하고도 격렬한 상상적 결합이다. "쟁그렁 쟁그렁 쇠방울 소리"로 표현하고 있는바 "대낮의 햇살" 아래서 '무논' '풍경'이 담아내는 소릿결은 고스란히 읽는이를 놀라운 세계 발견의 즐거움으로 이끌어 들인다.

하연승 시에서 이러한 언어 기표에 대한 끊임없는 집착은 곳곳으로 열려 있다. 현실에 대한, 대상에 대한 사랑이 크면 클수록 그의 관심은 더욱 적확해졌다. 그의 시어가 지니고 있는 묵직한 물성은 이로부터 말미암는다. 말이 돌연 물질이 되어 확연한 세계로 우리에게 되돌아오는 자리, 그 자리에는 시인의 시대가 가졌던 세계에 대한 절망과 불안의 흔적이 어려 있다. 그것을 극복하고자 매달렸던 한 방법으로서, 묵직한 기표 놀이의 뜻이 있는 셈이다. 1950년대 세대의 한 특성이기도 했던 이러한 언어 기표에 대한 집착은 한때 송욱과 김춘수가 즐겨 달려들었던 자리이기도 하다. 그러나 하연승은 앞선 시인들이 잠시 머물다 이내 손을 놓아 버린 그 자리에 한결같이 머물러 있었다. 그의 깊고 묵은 언어에 대한 순정이 비로소 빛을 드러내는 오늘이다.

시인 하연승이 언어의 물성에 집착하는 두 번째 길은 기의에 대한 새로운 접근이다. 시인은 언어의 바닥에 대한 꼼꼼한 조망과 재해석을 아끼지 않는다. 그리하여 말의 깊은 아래에서 낯설게 발견한 세계를 충실하게 현실 표면으로 끌어올리는 일에 골몰한다. 시인을 일컬어 세계의 깊이를 좇는 이라 할 경우, 그것은 두말할 것도 없이 이 점을 뜻한다. 하연승 시는 한결같이 언어의 기의를 향한 거듭된 투신을 멈추지 않는다. 세계는 그러한 시인의 노력을 빌려 우리 앞에 놀라운 양감으로 다가선다.

① 한 개의 바다가, 허구헌 나날
미늘 없는 낚시에 걸려서
퍼덕인다.

어떤 질긴 손 하나가 한사코
붙늘린 지느러미를
놓아주지 않는다.

밀려오고 썰려 가는
팽팽한 물굽이의
그러다가 또 하나의 덫에 가
걸린 너.

그 커다란 물덩어리의 어디쯤에

내 코뚜레를 맬까!

그러나 어이없이 버티다가
툭 끊어지는 것은 항상
이쪽의 고삐뿐이다.

—「네 개의 바다」 가운데서

② 고층건물의 허리 넘에 걸려 있는 별이
산도라지꽃같이 새파랗다.

먼 밀항에서 돌아온 상선의 마스트헤드의
빨간 표식등처럼 아스팔트의 십자로 위에서
나도 무엇이 한참 겁이 났는데

흡사 소장수 같은 인간에 쫓기우며
커다란 황소 한 마리가 고삐를 끄록
이 거리를 가로질렀다.

(…중략…)

오늘 밤 잠자리 속에서는 비오는 항구의
뱃고동 소리 같은
내 폐장의 어느 한복판 같은 데서

마구 그 황소의 울음이 들릴 것을 생각했다.

—「도시와 황소」 가운데서

①과 ②는 모두 시인의 장점을 잘 보여 주고 있는 작품이다. 대상과 사물에 대한 깊이의 발견이 그것이다. ①은 "한 개의 바다"로 명명된 기표 현실에 대한 새롭고도 흔하지 않은 상상적 즐거움을 안겨 준다. '바다'는 시인에게 "미늘 없는 낚시"에 걸려 퍼덕이는 물고기다. 그러다 이내 다음 토막에서 바다는 "어떤 질긴 손 하나"에 의해 "한사코 / 붙들린" 다른 대상으로 옮겨 간다. 게다가 이윽고 그 물고기를 바라보는 나 또한 "어떤 질긴 손"의 "덫에 가 / 걸린" 한 마리 소로 모습을 바꾼다. 시인이 넷째 토막에서 "커다란 물덩어리의 어디쯤에 / 내 코뚜레를 맬까"라 혼잣말에 빠지는 까닭이 여기에 있다. 오래 출렁이는 바다와 마주 서 바라보는 시인이 겪었음 직한 놀라운 감동을 낚시에 걸린 물고기와 고삐에 매인 소라는, 두 대상의 팽팽히 맞선 현실로 바꿔 주는 시인의 힘있는 상상적 변용이 돋보인다.

이와 달리 ②는 도시공간을 시의 바탕으로 마련한 작품이다. "고층건물의 허리 넘에 걸려 있는 별이 / 산도라지꽃" 같다는 말머리는 아름답다. 그러나 그와 달리 이어진 나머지 현실은 우울하다. 도시공간에서 시인은 "밀항에서 돌아온 상선"의 선장과 같이 어리둥절할 따름이다. 아니면 뜻밖의 자리인 도심 한가운데로 내몰렸다 "소장수 같은 인간에" 쫓기어 올데갈데없이 허둥거리는 한 마리 "커다란 황소"가 그다. 번잡한 나날살이를 거듭하고 있는 도시공간과 항구, 쫓는 소장수와 쫓기는 소의 대립이 있다. 그 위에다 시인이 겪고 있는 현실 삶의 신산함과 고통을 "뱃고동 소리" 같이 "폐장의 어느 한복판"에서 들리는 듯한 "황소의 울음"소리로 은근하나 두텁게 담아낸다.

현실에 대한 시인의 남다른 눈길이 자아올리는 상상적 깊이를 잘 보여 주는 작품이 ①과 ②다. 언어의 밑바닥, 새로운 기의의 발견을 빌려 그의 시는 울림 큰 세계를 우리 앞에 펼쳐 보인다. 아래의 본보기 시 또한 그 점에서 다르지 않다.

잿빛 하늘을 배경으로
비둘기 한 마리가 나뭇가지 하나를 물고
이리저리 서성이고 있다.

바다가 조금씩 꿈틀거리고 있는 먼발치의 창문가에서
그가 짓는 시늉의 한 오리 지푸라기
나도 하나 물고
어디라 이 한 날 사념의 초라한 둥지
틀고 있을 때,

바람이 불고, 바람이 불어 또 낙엽이
이울고, 그렇게 이우는 심사의 그늘 밭,
울컥울컥 넘어오는 초겨울 저녁노을이
한 덩이 페이소스의 떡밥을 입에 물고
소리없이 어둠 속으로 가라앉고 있다.

—「어떤 페이소스」

느리나 따뜻한 관현악을 엿듣는 듯한 시다. “한 덩이 페이소스의 떡밥”으로 표현하고 있는 삶의 강파른 나날살이에 대한 시인의 깨달음은 돌연 “비둘기 한 마리”가 ‘이리저리’ ‘사념의’ ‘둥지’를 틀기 위해 스산하게 서성거리는 저녁답, “소리 없이 가라앉”는 하루의 짧은 순간으로 바뀌었다. 셋째 토막에서는 “바람이 불고, 바람이 불어 또 낙엽이 / 이울고, 그렇게 이우는 심사의 그늘 밭”으로 가락이 미끄러지듯이 가쁘게 나아간다. 그러한 가쁜 소릿결 아래쪽에는 도시공간 뭇사람들이 겪는 삶의 ‘페이소스’와 함께하고자 하는 시인의 열린 공감이 고스란히 묻어난다. 시인은 스산한 “초겨울 저녁노을”의 한 풍경을 어느새 우리 가까이 친근한 삶으로 탈바꿈시키고 있다.

4

하연승 시인의 시력은 깊다. 1933년에 났으니 사람 나이로 어느덧 일흔을 넘겼다. 문단에 얼굴을 내민 지 햇수로 쉰을 넘었다. 1950년대 전쟁의 포연 속에서 젊고도 예민했던 마음바닥을 열정적으로 가꾼 그다. 무거운 청동 종이 자아내는 차갑고도 푸른 소리 바다 한가운데에 시인의 한 시절, 삶과 상상력은 떠 있었다. 그러나 그는 오래도록 시단에 들쭉날쭉했다. 띄엄띄엄 그를 잊지 않을 정도로 내놓은 작품 발표는 시인을 기억하는 사람들에게 아쉬움만 더하게 할 따름이었다. 시인은 그사이 시와는 맞닥뜨릴 수 없을 것만 같았을 강고한 시대 현실의 발자국을 따라 디디며 숨가쁘게 걸어왔다. 그러면서도 그는 한 번도 시를 포기한 적이 없었다. 절망했던 한 세대가 운명적으로 떠안을 수밖에 없었을 시에 대한 순결한 사랑을 잊은 적이 없었다. 그의 시편에 담긴 언어에 대한 한결같은 사랑은 그 점을 잘 일깨워 준다.

그의 시가 지닌 특장은 무엇보다 언어에 대한 집요한 헌신에 있다. 언어가 열어 나갈 수 있을 현실에 대한 섬세한 집중과 애착으로 이어진 것이 그의 시다. 전쟁의 폭압 아래서 언어로써 삶을 증명할 수밖에 없었을 1950년대 세대의 한 운명을 그는 기꺼이 받아들였다. 그리고 그것은 두 길로 나타났다. 언어의 기표로 미끄러지면서 그의 시가 얻은 바는 생생하고 구체적인 현실성이다. 언어의 기의로 깊이 들어서면서 그가 끌어올린 바는 여느 시인이 찾아 나서지 못했던 깊은 현실에 대한 작으나 꾸준한 발견의 드라마다. 그의 시는 이 둘을 빌려 마련한 언어에 대한 헌사, 시를 빌린 굳건하고도 변함없을 삶에 대한 긍정이었다.

절망과 희망, 죽음과 삶이 어지럽게 한 모습으로 싸안고 돌았던 그의 시대가 시인에게 짐 지워 준 고통이자 보람의 길이 시였다. 언어의 기표와 기의 사이 드넓은 공간이 마련하는 팽팽한 긴장 속에 하연승 상상력의 새로움이 있다. 언어에 대한 순정과 굳건한 세계에 대한 집착이 어떻게 삶에 대한 희망과 열정이 되는가, 어떻게 삶의 기쁨을 불러내는가를 조용하나 오래도록 쉼 없이 보여준 데 그의 시가 지닌 의의가 있다. 그리고 그 걸음걸음에 아래와 같이 소박하나 아름다운 순정의 시가 빛난다.

사람은 그리움 때문에 말을 못한다.
오랜 그리움이 호수처럼 고인 뒤엔,

사랑은 또 왜 그러는가
그대 혼자를 생각하는 마음의 여울
쿵쿵쿵 지나가는 가슴의 혼잣말.

그것은 성주사 밤 불빛의 때아닌
벚꽃이 되다가,
뻐꾸기 먼 울음, 구슬픈 또 하나의
바다도 된다.

—「성주사 벚꽃—연 (3)」

"그리움 때문에" 오히려 "말을 못"하는 역설적 사랑 속에 시에 대한 오랜 순정이 도사렸다. 사정없이 "쿵쿵쿵 지나가는" 시의 여울에 그는 언제 한껏 젖어 들었던가. 시인이 살고 있는 집 가까운 곳일 듯한 '성주사' 밤 벚꽃 아래서 시인이 손 가득 환히 펼쳐 내보여 주는 속 깊은 '바다'가 우리에게 뜻하는 바가 그것이다. 시대와 세월이 그를 시 바깥으로 끌어 내릴 때에도, 그를 기억 아래로 묻으려 할 때도 청년 하연승이 한결같이 시 속에 살았음을, 끝없이 언어에 대한 초발심을 잊지 않았음을 나는 이 짧은 시에서 확인한다.

하연승의 시는 우리 시대에 남아 있는 몇 되지 않는 1950년대 시의 초상화다. 시대의 삼각파도 앞에 서서 못내 가누지 못할 것 같았던 절망과 포기할 수 없었던 열정 사이에서 몸서리치면서 세월의 기슭을 떠돌았던 1950년대 한 젊은 시인이 우리 곁에 있다. 경남・부산 지역문학의 몇 되지 않는 원로로서, 1950년대 세대의 막바지 풍경으로서 세상에 들키고 싶지 않았을 그의 순결과 순정을 나는 읽는다. 무거운 청동의 관을 쓰고 묵묵히 푸른 녹꽃을 피워 낸 한 세대가 있다. 1954년생인 내가 태어나기도 앞서 이미 너무 푸르고 깊었던 그 바다의 막무가내에 나는 늘 절망하곤 했다. 그러나 이제 하연승 시인의 시로 말미암아 안심한다. 그의 새삼스러운 젊음을 나 또한 조바심치는 까닭이다.

남정강 시인, 남정강 노래

김해석론

1

얼핏 보아 날카롭다. 여윈 듯한 얼굴선이 그렇고, 단정한 말씨가 더욱 그렇다. 함께 있다 보면 그러한 날카로움은 명민함에 닿아 있음을 알겠다. 날카로우면서도 명민한 이가 김해석 시인이다. 그런데 그러한 날카로움은 그가 사람에 대해 베푸는 깊은 예의와 배려에서 말미암은 것이라는 것을 알아채는 데는 그리 오랜 시간이 걸리지 않는다. 시인은 오히려 소탈하고 도량 큰 사람이다. 소탈한 그대로 멋스러움이나 잔 기교가 드문 시를 보여 주는 이가 그다.

시의 됨됨이가 곧 사람 됨됨이라는 말은 김해석 시인의 경우에는 썩 걸맞다. 어느 해 여름 그의 집 모과나무 아래서 한 차례 저녁 모임이 있었다. 서울서 내려온 황동규 시인과 합천문학회 회원이 어울린 자리였다. 알싸한 모깃불에 자주 눈을 비비면서 바라본 시인의 집 마당에 솟아 오른 해묵은 모과나무. 무성한 잎사귀 사이로 힘살을 강건하게 벋어

올린 모과 줄기를 보면서 시인을 빼닮았다는 느낌을 지녔던 기억이 새삼스럽다.

그의 늦깎이 등단 작품이 남정강 노래였다. 그는 남정강 노래를 한 곬로 꾸준히 불러 왔다. 이제 지역사랑이 담뿍 담긴 노래 연작으로 첫 시집을 묶는다. 그다운 일이고 그답게 이룬 바라 아니 할 수 없다. 비록 세월의 건너뜀이 있으나 남정강이 피워 올린 파란 물안개를 보면서, 그 찬물에 발을 적시며 자란 뒷사람으로서 깊은 감회가 없을 수 없다. 그런 감회가 어찌 나만의 것일까 보냐. 김해석 시인의 남정강 연작을 읽는 일은 어느새 고향을 가슴에 품고 살아갈 수밖에 없는 오늘날 우리 모두가 겪는 바, 아름다움과 슬픔의 이중주를 듣는 경험이다.

> 대암산 약초 몇 뿌리 바구니 담아 이고
> 종강나루 건너서 이 장터 나온 까닭
> 구리실 시집간 큰딸 소식 듣고 싶어서
>
> —「남정강 42—샘실댁」 가운데서

'대암산'을 바라보며 자란 이에게 이 시는 각별한 그리움을 일깨울 것이다. 남정강 '종강나루'를 건너서 합천장을 드나들거나, '연호사' 법회 길에 할머니며 어머니를 따라 오갔던 어릴 적 기억을 가진 이에게 이 작품은 애틋한 감흥의 첫 단추를 풀어 줄 것이다. '샘실'은 또 어디던가. 그 마을 분들이 '장전고개'를 지나고 '땅고개'를 거쳐 '종강나루'로 읍내 나들이하는 모습을 남정강은 오래도록 지켜보아 왔다. 그 샘실댁이야말로 우리 할머니며, 어머니다. 아니면 그리 눈에 밟혀 당신을 울적하게 만들던 "시집간 큰딸"이기도 하다.

남정강은 남강 또는 남지이강으로 일컫기도 한다. 덕유산에서 비롯하여 낙동강으로 들어서는 황강 줄기 가운데서 용문정, 합천읍을 거쳐 초계로 돌아나가는 자리에 이르는 강줄기를 굳이 남정강이라 일컬어 옛사람들은 풍광을 각별하게 여겼다. 남정강은 합천 사람뿐 아니라, 합천을 오갔던 많은 이에게까지도 추억의 강이기도 했다. 예로부터 많은 시인 묵객이 빼어난 그 풍광에 숱한 시로써 응답했던 까닭이다.

찌걱찌걱 배 저어라
어기어차 노 저어라
물 위에 배 띄우고
배 위에 몸 실으니
물 가는 곳 배도 가고
배 가는 곳 마음도 가네

찌걱찌걱 배 저어라
영주산이 어델런고
배 가는 곳 이 아닌가
신선네야 좋다 한들
우리 또한 붊지 않네

— 유완희, 「합천에 배를 띄워」

이미 칠십 년도 더 지난 옛날인 1920년대, 남정강에서 돛단배를 띄워

강을 오갔거나 뱃놀이가 이루어졌음을 알 수 있는 시다. 어떤 까닭으로 합천에 머물게 되었는지는 알 수 없으나, 한때 계급주의 시를 썼던 유완희 시인은 남정강 물 흐름 위에서 '신선네'도 부럽지 않을 마음에 흠뻑 젖었다. 비록 표현력이 떨어지긴 해도 남정강 풍광이 시인에게 얼마나 아름답게 비쳤던가를 노래하고 있는 시다.

오늘날 남정강은 오랜 모래흙의 퇴적에 가슴이 짓눌려 버렸다. 합천댐 건설을 뒤이어 짐작하지 못했던 갖은 변화를 합천사람들과 함께 겪어 왔다. 김해석 시인은 그러한 남정강의 흐름을 오래 지켜보아 온 사람이다. 합천에 태를 묻고 남정강 물속에서 추억을 키우며 자신의 심지를 가다듬었을 시인이 이제 남정강 노래를 묶어 세상에 내놓는다.

2

이번 시집에서 시인은 3부에 걸쳐 73번까지 번호를 달아 남정강 노래를 얹었다. 그러나 제4부에 실린 나머지 9편도 남정강 유역, 합천 지역과 관련한 시이니만큼 82편에 드는 작품이 모두 특정 장소 남정강을 다룬 장소시라 할 수 있다. 이 자체로서도 우리 시사에서 그리 유래가 많지 않은 일이다. 게다가 시인의 남정강 노래를 따라가다 보면 남정강 노래가 빚어내고 있는 화음이 매우 다양하고도 큰 진폭을 이루고 있음을 알 수 있다.

사람살이 건너 쪽에서 펼쳐지는 경관공간으로서 남정강을 중심으로 이루어지는 식생과 계절의 흐름에 대한 감각, 구체적인 생활공간으로서 남정강이 품고 있는 장소의 됨됨이, 또는 남정강으로 말미암은 개인의 추억이나 남정강 풍광에 대한 형상화. 남정강은 김해석 시인의 섬세한 눈길에 힘입어 여러 길 여러 물빛으로 되살아난다.

얼굴만큼이나 흰
삐삐풀 속살 뽑아

내 손에 쥐어 주고
말없이 떠나더니

이제는
모래톱 새긴
발자국 시우고 있다

—「남정강 6—바람」

남정강은 아름다운 곳이다. 어느 고향 어느 물줄기가 그러하지 않을까마는 시인에게 있어 남정강이 마련해 주는 식생과 풍광은 "삐삐풀 속살 뽑아" 떠나던 어린 시절부터 "모래톱 새긴 / 발자국"을 지워 주며 오늘날까지 다함없이 불어 왔다 불어 가는 남정강 '바람'과 같이 한결같다. '발자국'이 표상하는 남정강의 오랜 흐름과 거기에 깃든 갖가지 삶의 내력을 시인은 차분하게 떠올린다. '얼굴만큼이나' 희다는 표현에서 그것을 추억하는 시인의 생생한 감각을 잘 담아냈다. 아래 시는 남정강의 추억이 얼마나 구체적이고도 다양한 변주를 이루는가를 잘 보여 주는 본보기다.

> 은모래 넓은 밭에 알몸으로 뒹굴며
> 긴 여름 해를 먹어 까맣게 탄 몸뚱이
> 외밀밭 숨어들어 노고지리 알 줍고
> 콩사리 밀사리로 허기진 배 채우고
> 온 얼굴 깜정칠하고 강물에 뛰어들어
> 은어랑 피라미 쫓아 넓은 강 쓸고 다니다
> 송사리 몇 마리 잡아 깜정 고무신에 담아 놓고
>
> —「남정강 21—여름 강 아이들」 가운데서

> 병골 약골 손주놈
> 꺼질까 날아갈까
> 오뉴월 염천에도
> 약탕기 끌어안고
>
> 할머니
> 흘리신 땀은
> 손(孫)을 꿰는 은구슬
>
> —「남정강 49—할머니 생각 2」

꽈악꽉 꽈악 꽈악

꽈악 꽉꽉 까르르

꽉꽉꽉 꽈악 꽈악

꽈아악 꽉까르르르

밤 밝힌

사연 때문에 설레이는 이 아침

—「남정강 29—기다림」

첫 작품은 와룡담 가까이서 물놀이하며 지냈던 어릴 적 여름 추억을 그렸다. 남정강 물가에서 이루어진 "콩사리 밀사리"에다 '송사리' 잡기까지 생생하게 묘사하고 있다. 여름 남정강 이저곳을 누비며 물놀이하는 아이, 어른의 웃음소리, 별들이 한꺼번에 이를 부딪는 소리와 남정강 물 위로 마구 떨어지는 별빛. 그러한 추억은 남정강이 아니더라도 어느 때 어느 물가에서나 우리의 유년이 가닿아 있는 새삼스러운 즐거움의 뿌리다. 시인은 그러한 즐거움을 속속들이 보여 주기 위해 굳이 능청능청 장시조 가락을 골랐다.

두 번째로 올린 작품은 '할머니'와 얽힌 추억을 그렸다. "오뉴월 염천에" "약골 손주"를 위해 약을 끓이시던 할머니의 손자 사랑이 살뜰하다. '약탕기' 안에서 오래 끓고 있는 약에다 할머니 흘리신 '땀'은 액체라는 데서 하나다. 그러한 액체가 손주의 목숨을 오래오래 잇게 해 주신 '은구슬'로 고체화해 가는 상상적 전이야말로 할머니의 손주에 대한 내리사랑에다, 시인의 오랜 할머니 사랑을 한꺼번에 담아내는 뛰어난 능력을 잘 보여 준다.

세 번째로 올린 시 또한 시인의 추억을 뛰어난 표현력으로 갈무리하고 있는 작품이다. 겉보기로는 철 따라 남정강을 오가는 기러기나 오리무리의 울음소리를 그린 것으로 여겨진다. 너절한 서술이나 명료하지 않은 묘사를 늘어놓지 않고 철새 모습을 온'밤' 내내 거듭하던 의성어로 단출하게 바꿔 놓았다. 남정강이 시인에게 마련해 주곤 했을 간곡한 설렘을 이보다 더 나은 표현에 담아내기 힘들 정도다. 시인은 기러기, 오리 모습뿐 아니라 온갖 목숨까지도 넉넉하게 안아 주는 남정강 너른 모래벌과 유장한 물길에 대한 사랑까지 자연스레 불러 앉혔다.

김해석 시인은 남정강 노래를 빌려 강이 지역인의 추억을 갈무리하는 아름다운 장소임을 새삼스럽게 보여 준다. 시인에게 남정강은 유년과 청년, 그리고 장년의 세월을 거쳐 온 추억의 장소며, 시인이 태어나기 앞서부터 그의 할머니와 어머니를 부드러운 치마폭처럼 싸안아 주었던 그리움의 장소였다. 한 장소가 공동의 추억이 깃든 곳, 더불어 꿈꾸는 자리가 될 수 있음을 시인은 잘 보여 준다. 시인에게 남정강은 과거와 현재 그리고 내일로 거슬러 오내려가면서 개인의 동일성뿐 아니라, 지역적 동일성을 지키고 이끌어 나가는 합천의 중요한 자연 중심인 셈이다.

이 강을 건너지 못해
마음 항상 아픔이야

그리워하는 것도

천벌인 듯 가슴에 묻고

이 강은
언제 건너나
뻐꾹뻐꾹 뻐뻐국

—「남정강 9—뻐꾸기」

가냘픈 몸매만큼
마음은 더 야려서

가까이 오지 못하고
저만치 멀리 서서

날 오라
손짓하더니
다가서면 또 그만큼

—「남정강 24—아지랑이」

첫 작품은 남정강 물가 어느 짙은 녹음 속에서나 늦은 봄부터 들을 수 있는 뻐꾸기 울음소리를 글감으로 끌어온 시다. '뻐꾸기'가 남정강 저쪽에서 이쪽 읍내 쪽으로 "건너지 못"하는 '아픔'을 지닌 존재로 그려진다. 강을 삶의 간난을 가로지르는 경계로 마련했다. 나날살이 속에서 사람이 겪는바 끝내 넘어설 수 없을 괴로움과 어려움은 어찌 한 두

번에 머물겠는가. "뻐꾹뻐꾹 뻐뻐국" 멀린 듯 가까인 듯 울음을 거듭하는 뻐꾸기의 모습이야말로 내 고향 안에서도 때로 사람과 사람 사이, 일과 일 사이, 알게 모르게 그어지던 사회심리적 경계 위에 놓인 정황을 잘 보여 준다. 다음에 든 작품은 남정강 풍광이 지니고 있는 뜻을 보다 부드러운 느낌으로 감싸고 있다. 흥미로운 점은 남정강 가에 봄 내내 피어오르는 '아지랑이'에 대한 의인화가 아니다. 오히려 아지랑이와 시인 사이에 놓인 "가까이 오지 못하고 / 저만치 멀리 서서" 있을 수밖에 없는 거리 감각이다.

고향을 지녔다 해서 어찌 고향에서 이루어지는 삶이 아름답기만 했을 것인가. 그런데 시인은 그러한 삶의 간난과 고통도 남정강 물살 속에 실어 보내는 넉넉한 마음씨를 보여 준다. 그의 작품 속에 농촌에서 겪는, 또는 남정강 가에서 겪었던 삶의 간난스러움이 부드러운 묘사로 녹아들거나 잔잔한 풍경으로 담기는 까닭이 거기에 있다. 남정강의 줄기찬 흐름이 일찍부터 고통을 넘어서고 고통을 품어 안은 이의 성숙한 목소리를 일깨워 준 탓인가. 남정강은 시인에게 삶을 위무하는 큰 그릇이며 하늘이다. 삶의 어두움이 짙어 가는 나날 속에서도 "마음속 / 깊은 곳에서" 빛나는 '별님' 같은 존재다.

> 금잔디 꽃대궁 뽑아
> 거꾸로 입에 물고
> 하늘 향해 누워서
> 가만히 눈 감으면

마음속

깊은 곳에서

별님 하나 빛난다

—「남정강 44—시월」

강이 별로 흐르고, 그 빛이 다시 물가 너른 세상을 환하게 밝혀 주는 풍경. 시인이 꿈꾸는 남정강은 이와 같이 마음 안밖으로 온통 난만하는 별빛 자리다. 시인에게 남정강은 삶의 저 밑에서부터 비춰 주는 축복인 셈이다.

수없이 많은 밤을

나름대로 밝혀도

아무도 보는 이 없는

서러움 주체 못해

제 몸을

태워 떠나며

한 획 빛을 보란다

—「남정강 67—별똥별」

남정강의 아름다움이 더할 바 없이 잘 옹근 작품이다. 시인에게 남정강은 "아무도 보이는 이" 없어도 "제 몸을 / 태워" "한 획 빛"으로 흐르는 별똥별과 같은 장소다. 시인의 남정강 사랑, 합천 사랑은 무한하게 되풀이하는 별빛의 움직임에 닿아 있다. 시인이 품어 안고자 하는 별은 땅금 바로 위에서 환하게 비치는 샛별도, 늘 멀리 북쪽만을 가리키는 북극성도 아니다. 때론 서쪽에서, 때론 동쪽에서, 훌쩍 나타났다 사라졌다 갖가지 빛깔과 소리로 밤하늘 가득 채워 주는 별똥별이다. 그 음계이며, 화음이다.

난 떠날 수 없네
이 강(江) 저버리고

어릴 적 꿈 키우며
뼈 늘리고 살찌운 곳

죽어서
떠난다 해도
넋이 되어 살으리

—「남정강 61—심상 6」

김해석 시인이 첫 시집을 낸다. 늦깎이 문단 등단에 이은 늦은 시집 간행이다. 남다른 겸손과 명민함으로 합천 사랑을 올곧게 감당하고자 했던 그의 깊은 심지가 언뜻 비치는 대목이다. 그러한 모습을 첫 시집은 고스란히 담았다. 그는 자신이 고향에서 겪었던 삶, 그리고 앞으로 향리를 지키며 살아갈 마음자리를 시집 곳곳에서 아낌없이 보여 준다.

어떤 이는 그의 시가 생활 경험에서 비롯한 개별성이 덜하다고 말할 수 있을 것이다. 눈물과 한숨으로 드높은 감정의 드라마가 엷다고 뇌일 수 있을 것이다. 시인에게 좀 더 빠른 숨길과 적극적인 수사를 원할 수도 있다. 그러나 시인이 남정강 사랑을 빌려 담아내고 드러내고자 하는 바는 그런 길이 아니었다. 담박한 표현에 얹어 놓익은 그의 고향 사랑, 남정강 사랑은 삶의 나날로 밀려드는 슬픔이나 비극조차도 오가는 별똥별을 바라보듯 넉넉하게 싸안았다. 허튼 말과 산만한 정서 표출로 사랑을 강요하지 않는 데에 시인의 남정강 노래가 지닌 미덕이 있는 셈이다.

원래 가진 것 없어 떨칠 것 또한 없네
이 세상 처음부터 맨몸으로 왔잖은가
그래도 이 세상 사는 품위 지켜 살라네

돈에도 눈귀 있어 갈 곳을 안다는데
아직껏 갖지 못한 것 욕심으로 채워질까
어차피 인연 없는 것 마음부터 비우라네

친구께 술을 빌어 취한 기분 사설하고
이만한 인정 탓에 남정강변 사는 것을
가난은 죄 아니라며 노래하고 살라네

—「남정강 28—빈부의 노래」

말을 줄이던 시인답지 않게 겉으로 속내를 드러내 놓은 작품이다. 게

다가 표현조차 직설적이어서 긴장이 덜하다. 그럼에도 시인이 품어 안고자 했던 삶의 자세만은 분명하게 드러난다. "원래 가진 것 없"다며 '가난'한 이라 스스로를 일컬었다. 그런데 이 말은 겸사에 지나지 않는다. 남정강 노래 여든두 수를 이미 가슴에 가득 품은 이가 김해석 시인이다. 어찌 가진 것 없다 할 것이며, 가난하다 이를 것인가. 첫 시집에서부터 벌써 저 유장한 남정강을 온전히 자신의 것으로 품었음에랴.

3

좋은 문학은 향토와 나날의 삶터에 뿌리를 둔다. 새로운 세상이 열린다며 발 빠른 변화와 어수선한 분위기가 우리 둘레를 떠돌고 있다. 그러나 어느 세상이나 중요한 것은 자신이 선 삶자리에서 이루어 내는 구체적이고도 실천적인 일이다. 산업・정보 기술의 발전에 따라 세상의 시공간이 더욱 압축하면 압축할수록, 더 중요한 문제는 삶과 직접 관련을 맺고 있는 지역의 문제며, 개별 장소의 문제다. 합천이 지니고 있는 고유한 지역성을 몇몇 유명 인사나 널리 알려진 유적 이름 몇 개로 마무리할 일은 아니다.

합천인이 보고 느끼며 나날살이의 곤궁함과 즐거움을 나누는 합천의 하늘과 땅 그리고 강, 사람의 경험이야말로 합천의 진정한 합천다움, 지역성을 처음부터 마지막까지 보증해 주는 터무니다. 합천을 사람살맛나게 하는 장소, 사람답게 살아갈 수 있는 자리로 만들기 위해 합천 시인이 맡아야 할 책무는 크다. 그리고 그러한 책무를 누구보다 먼저, 한결같이 맡고자 한 이가 김해석 시인이다.

우리 근대 시문학사에서 특정한 장소, 그것도 강을 글감이나 주제로 삼아 꾸준히 읊은 전통이 없었던 것은 아니다. 한강은 한강대로, 낙동강은 낙동강대로, 또는 금강은 금강대로 나름의 사랑을 받아 왔다. 그러나 황강이, 그것도 남정강이 이러한 문학적 사랑을 받기는 유래가 드물다. 앞으로 합천사람들은 김해석 시인의 남정강 노래를 함께 읽으면서, 남정강에 대한 공통의 장소 경험을 나누면서, 합천사람으로 거듭날 것이다. 그리고 더 많은 사람에게 그의 남정강 노래는 합천을 꿈꾸는 장소로 만들어 줄 것이다. 이런 점에서 이번 시집은 현재적이라기보다 오히려 미래로 열려 있다.

시인은 남정강에서 어린 키를 키웠고 마음을 키웠다. 이제 남정강은 그로 말미암아 널리 함께할 수 있는 노래를 얻었다. 앞으로도 그의 남정강 노래는 굽이굽이 맑은 남정강 줄기처럼 이어질 것이다. 어찌 어려움과 괴로움이 없겠는가. 도시로 도시로 사람들이 흘러들고, 끝내는 남아 있는 고향마저 온통 도시를 흉내 내며 도시로 바뀌어 버린 오늘날, 합천은 김해석 시인의 남정강 노래로 말미암아 오래도록 갚아야 할 큰 빚을 그에게 졌다.

김해석, 그는 태어날 때부터 남정강 시인이었다.

바다로부터 바다로 가는 그리움

김연동론

1

김연동 시조는 바다에 바친 노래다. 바다에서 비롯하여 바다처럼 떠돌다 바다로 간다. 바다의 소리와 빛, 물금이 가두었다 다시 풀어 놓는 넉넉한 바다 노래다. 그의 삶은 바다에 지치고, 그의 그리움은 무작정 사그라지는 물너울 같다. 작품 곳곳에서 파도 흥건한 그늘이 펼쳐지고, 곁을 서성거리는 외로움이 보인다. 바다를 따라 걷는 이의 닳아 버린 신발 뒤축. 고적한 물휘파람 소리 낮게 가라앉는 바다 위로 그의 별이 떠 있고, 그가 놓아 준 발자국이 홀로 물살에 섞이고 있다. 김연동은 일찍이 바다가 데려다 놓고 제대로 키워 낸 소년이었을까. 소년은 어느덧 파란 바다 한 귀퉁이를 들쳐 메고 도시 한복판을 맞닿을 데 없는 파도같이 떠돈다.

뒤척이던 해 하나를 순산한 아침나절

고운 이 손길 같은 미풍을 맞은 바다
밤새운 낮달을 끼고
몸을 열고 누웠다.

해녀는 발기하듯 물옷을 입었다
한낮의 정사는 거품으로 부서지고
올가즘
휘파람소리
소라
　전복
해삼
　멍게……

—「바다와 해녀」

아침 바다는 수선스럽다. 수선스러운 깊이로 바다는 한없는 사람의 무자맥질을 허락했다. "밤새운 낮달을 끼고 / 몸을" 연 바다 속으로 "발기하듯 물옷을" 입은 검은 해녀가 몸을 들이미는 놀라운 대자연의 성희를 시인은 천연덕스럽게 그린다. 성숙한 알집처럼 환한, '낮달'을 향한 "한낮의 정사"는 바다와 함께하는 시인의 고양된 마음을 그대로 보여 준다. 우리는 시인의 그러한 상상력 속에서 '전복'이 못 되더라도 '소라'나 '멍게' 쯤은 될 건가. 도심의 포장마차에서 만나는 삶은 소라 껍데기 몇.

2

김연동의 시조에서 바다는 단순한 배경 정황이 아니다. 해방감과 두려움을 한꺼번에 껴안고 있는 긴장된 내면공간이다. 그 마음에는 훌륭한 교육자로서 이룰 바 꿈과 좋은 시인으로서 지닐 바 고독이 함께 깃들여 있다. 그의 시가 담아내는 이야기는 바다처럼 넓다. 시조라는 형식 질서 안에 어떻게 자유로운 정신을 담아낼 것인가라는 운명적인 물음 앞에서 그는 늘 바다를 가리킨다. 그는 스스로 바다 깊숙이 몸을 던진 동백 꽃잎 같다. 물낯 위를 붉게 압인하는 시.

솔숲 깊은 곳에 시린 칼날이 되던
대숲에 은밀히 살아 푸른 파도가 되던
들꽃들 무수한 밀어
양각으로 날이 서고,

찢긴 흰옷 자락 여윈 강물 위에
살 에인 바람이 오고 또 지나는 동안
목 잘린 새순 하나 둘
지울 수 없는 상흔으로…….

흰 속살 핏물 젖은 저 강안 갈비뼈 밑
새 떼 돌아가는 어두운 길목에도

보인다 못 박힌 자국

굳어 버린 근육까지.

—「강」

강은 바다의 추억이다. 바다로 내려선 추억이며, 바다에서 되돌아보는 그리움이다. 시인은 '들꽃들' "양각으로 날이" 선 듯 두 갈래 핀 강안에 서서 은밀히 파도치는 '대숲'을 본다. 강은 "지울 수 없는 상흔"이기도 하면서, 늘 푸른 바다처럼 시인을 압도하는 자리다. 강으로 말미암은 그 '상흔'이 무엇인가는 불분명하다. 그럼에도 "못 박힌 자국 / 굳어 버린 근육"이라는 놀라운 상상력으로 비늘 져 살아나는 강줄기는 그에게 이미 강 이전이거나 그 이후다. 곧 바다의 무게와 깊이로 시인을 압도하는 시린 그리움이다.

목탄차 연기로 나는 그리움의 흰 녹물이

산란꽃 외투를 벗어

이 밤 더욱 시려오고……

이끼도 슬지 않는 포도 위 찬 가슴은

침울한 하늘 아래 속이 까만 새가 되어

물 푸른 길섶을 베고

별을 짚어 흐른다.

—「고향길」 가운에서

시인은 "물 푸른 길섶" 고향에 돌아왔다. "그리움의 흰 녹물"처럼 성에가 자라는 겨울밤, 시인의 고향은 그대로 가라앉은 바다였다. "침울한 하늘 아래 속이 까만 새"처럼 "별을 짚어" 흐르는 시인은 바닷속을 헤엄치는 아이, 깊은 파도가 공명하는 소리를 듣는다. 그의 시 곳곳에서 강은 흘러 바다로 들고, 시인은 이제 그 아픈 기억의 '길목'으로 '홍건히' 밀려간 셈이다. 그는 운명적으로 바다 바깥 떠돌이일 수밖에 없었던 것인가. 그런 깨달음이 일찍부터,

천년 유랑아로 돌종 흔드는 바람으로

유곽을 돌아오던 나는 지금 풍각쟁이

피 묻은 역신의 뜰에

꽃을 심는 풍각쟁이

북창 문풍지처럼 우는 밤을 이고 앉아

달빛도 죽어 버린 서울 어느 골목길을

암 병실 간병인 같이

신발 끌며 가고 있다.

—「처용」

스스로 "암 병실 간병인 같이 / 신발 끌며" 가는 '풍각쟁이'로 운명 지운 것인지도 모른다. "천년 유랑아"로 표현한 시인의 자학은 깊다. "서울 어느 골목길"이란 다름 아니라 "역신의 뜰"처럼 어찌할 수 없는 시대일 터인데, 굳이 '꽃을' 심고자 하는 심사는 무엇인가? 시인이 홀로 끌며 가는 신발 뒤끝이 비장하게 '달빛' 파도를 튕겨 낸다. 시대 앞에 휘청거리는 시인의 아픔이 음울하게 옹글었다.

지름길 없는 먼 길
빛살 트는
아침을 향해

그냥 달려
이지러지고
구겨진
삶의 파편

바닥난
신발 한 짝을
멍에처럼
끌고 간다.

—「신발」

"지름길 없는 먼 길"을 스스로 택하고자 하는 시인의 아픔도 이에 이르면 의젓하다. 숱한 "삶의 파편"을 파도처럼 일궈 내면서, 시인의 '바닥난' 삶은 '멍에'처럼 자신을 옥죈다. 그와 나란한 그의 걸음걸이 또한 거칠다. 바다에 산란하며 돌출한 바위섬처럼 위태로운 정황까지 그의 시는 서슴없이 따라간다. 따라서 그의 시가 보여 주는 자학과 아픔에는 현실에서부터 오는 긴장과 비켜서지 않고, 마주 서려는 이의 당당한 몸짓까지 스몄다. 그러면서 시인의 눈은 다안 렌즈처럼 세상과 시대의 곳곳을 요모조모 훑어 낸다. 표현의 진폭이 크고, 주제의 영역이 다양한 것은 자연스런 귀결이다.

3

김연동 시조의 표현가치는 감각적 섬세함에 있다. 그런 점에서 여느 시인과 크게 다를 바 없어 보인다. 그러나 각별히 시각과 청각의 교묘한 교직으로 이루어진 감각의 적확성은 그의 바다 상상력의 깊이와 너비를 완성하는 데 중요한 몫을 한다.

어제는 물안개에 꽃향기에 취했더니

아침햇살 빗질하는 새소리에 문을 연다

빈집도 파도에 닮아 맑은 악기 되느니.

—「욕지」

어둠도 접고 사는 아득한 요새라지만
다 삭은 시대의 끝 환한 물길 위로
교회당 종소리처럼 찬바람이 다가선다.

(…중략…)

이 시간 예전같이 동백꽃 핀 봄이다만
야윈 산 능선 아랜 흔들리는 핏빛 노을
아낙네 가난한 푸념 눈물처럼 흩날린다.

—「욕지도에 부는 바람」 가운데서

옮긴 두 편은 모두 그가 현재 일터로 머물고 있는 '욕지' 섬을 글감으로 끌어온 시다. 그러면서 서로 맞서는 듯한 그의 두 발상법을 잘 보여 준다. 앞의 것은 젊은이들 너도나도 떠나고, 소식 끊일 줄 모르는 갯가 '빈집'에 대한 시인의 깨달음을 짧게 옮겼다. "아침햇살 빗질하는 새소리"라는 시청각의 교직은 이어진 파도에 닳아 "맑은 악기"가 되는 '빈집'에서 그대로 거듭한다. "맑은 악기"처럼 세월에 줄을 고른 듯한 빈집은 다름 아니라, 시인의 마음의 울림을 일깨워 주는 매개물이다. 그 마음이 공명하는 소리는 단아하고도 맑다. 그의 바다 체험이 가닿은 한 갈래 길이 여기 있다.

이어진 시는 갯가 풍경에 대한 인식적 깊이를 좇는 시가 아니다. 앞의 시와 다르게 둘레의 정황 묘사를 빌려 섬의 정경을 떠올려 주려는 너비의 시다. 첫머리에 "어둠을 접고 사는 아득한 요새"라 해, 뭍으로부터 떨어져 나앉은 외딴섬을 끌어 앉힌 뒤 욕지도의 봄 풍경을 잔잔하게 그려 준다. 표현의 신기함을 애써 좇지 않으려는 시인의 심지가 "야윈 산 능선" 아래 서 있는 "아낙네 가난한 푸념"을 끌어들였다. '눈물처럼' 흩날리는 "가난한 푸념"에서 그의 공감각이 또 한 번 돋보인다. 묘사적 가치만으로는 뛰어나지 않을지 모르나, 바다가 보여 주는 여러 정황의 역동을 끌어안기 위한 노력이 웅숭깊다. 그 결과가 다음과 같은 풍경을 들앉힐 수 있게 한 셈이다.

바다로 가는 길이 그 끝을 사리었다

흩어진 폐가 몇 채 주인 잃은 앞 바다는

적막만 앓고 있다

말라 버린 소똥처럼.

—「혼곡리(昏谷里)」

공복의 눈언저리로 비린내가 출렁인다

일 원짜리 성냥개비로 태우고픈 이 피로

혈관에 비늘이 돋은

비명 같은 삶의 소리.

—「어시장」

바다를 바로 시의 바탕에 마련한 작품이다. 앞선 것이 시골의 갯가 정황이라면, 뒤선 것은 번잡한 항구 풍경이다. 두 시 모두 시인이 지니고 있는 너르고도 따뜻한 심성을 잘 드러낸다. 앞선 시가 표현하고자 하는 바는 분명하다. 오늘날 우리 바다가 안고 있는 정황 그대로, "흩어진 폐가 몇 채"로 남아 "주인 잃은 채" 적막과 황폐의 변두리로 밀려난 삶에 대한 깨달음이다. 시인은 그러한 장소감을 "말라 버린 소똥"이라는 적확하고도 빼어난 표상을 빌려 마무리한다. 내용의 비극성과 표현성이 절묘하게 어우러진 아름답고도 슬픈 바다시 한 편을 이루었다.

뒤선 시 또한 마찬가지다. '공복'의 '피로'로 표현한바, 삶의 어려움을 향한 시인의 내밀한 공감은 "혈관에 비늘이 돋는 / 비명"이라는 놀라운 감각을 얻었다. 시인에게는 우리의 몸조차도 축약된 바다였던 셈이다.

삶의 나날은 한 마리 물고기처럼 비늘 퍼덕이며 우리 몸에 각인된다. 쉬 위로받지 못할 삶은 가깝고 먼 곳곳에서 바다처럼 들끓고 있다. 시인은 그 곁에서 홀로 '성냥개비'를 태워 그들을 불러 앉힌다. 환하게 타오르는 그 불길 속에서 삶의 비참도 어느덧 넉넉하게 갈기를 내리는 물살과 같이 위로받을 수는 없을까, 시인이 괴로워하는 바다.

세상을 향한 넓고 깊은 시인의 관심은 그의 시를 다양하면서도 두터운 표현공간으로 이끌어 간다. 그 안에서 자학을 강요하는 지나간 세월의 기억도, 보듬어 줄 수 없는 삶의 비참도 바닷속의 아름다운 물풀마냥 소담스런 풍경으로 흔들린다. 그렇다고 삶의 고통이 사그라지는 것은 아닐 터,

> 우수 덮인 손금처럼 겹겹이 균열 지는
> 사념의 한복판을 웃고 섰는 저 빙벽,
> 이제는 말하지 않겠다
> 철이 덜 든 저 시계를,
>
> —「오늘 4」

"겹겹이 균열지는" 삶의 간난이 시인에게 숱한 사념의 물기둥으로 되돌아오는 일을 잘 보여 주는 작품이다. 시간이라는 '빙벽' 앞에서 시인은 마음 깊숙한 곳으로부터 우수와 고통의 신음소리를 조용히 꺼내 놓는다. "이제는 말하지 않겠다"는 시인의 다짐에는 더는 녹아내릴 것 같지 않은 '빙벽'을 앞에 두고 선 시인의 막막한 절망이 묻어난다. 바다는 현실의 창턱이나 방 모서리로 들어와선 어느덧 푸른 꿈을 간직한 빙

벽으로 들어앉아 버린 것이다. 시인은 그 빙벽 속에 갇힌 파도소리, 물소리로 귀를 열고 앉은 막막한 심정을 차가운 '시계'를 두고 노래한다. '오늘'이라는 커다란 고통의 공간을 "웃고 선" 소리 자질로써, 곧 뜻대로 돌아가지 않는 나날의 어려움을, "철이 덜 든 저 시계", 소리를 제대로 내지 못하는 은백색의 차가운 사물로 놓아 보내고 있는 셈이다. 시청각적 교직을 향한 시인의 깊은 취향은 한결같다.

혜초가 천축국에 쪼그리고 앉았다

봄꽃보다 싱그러운 계절이 밀려와서

엄나무 가시 끝에도

기도 같은 눈이 핀다.

그늘을 눌러쓴 보리수가 다가서고

삭은 가지 사이를 말없이 지나는 동안

모래알 밟히는 소리

아내의 쌀 씻는 소리.

—「적요(寂寥)」

"혜초가 천축국에 쪼그리고 앉았다"라는 다소 엉뚱한 첫 시줄에 놀랄 필요는 없다. 시인은 봄날의 꽃피고 움트는 드라마를 아름답게 다듬어 보고 싶었을 뿐이다. 봄날이 오는 시간의 추이 과정을 혜초가 사막을 가로질러 천축에 머물러 열반에 이르고자 하는 양, 심각한 의식의 진행 과정과 맞물리게 이끌었다. 놀라운 상상공간이며, 발상의 역동이 힘차다. 그리고 그러한 지리적 상상공간의 마지막에서 시인이 듣는 것은 늘 곁에서 삶의 간난을 함께해 주는 "아내의 쌀 씻는 소리"다. 꽃 지고 피는 찬란한 봄의 드라마를 쌀 씻는 소리로 바꿔칠 수 있는 힘은 아무나 얻을 경지가 아니다. 시인의 바다 상상력은 어느덧 땅 위 안온한 일상 속으로 다가서서도 바다가 가르쳐 준 그 깊이를 유창하게 펴 올리기 시작한 셈이다. 분주한 일상의 드라마를 화사하고도 단아한 언어로 아름답게 그렸으면서, 늘 밑을 알 수 없는 우울한 물살의 적요를 남겨 놓았다.

> 창동 환한 불빛으로 허기진 배를 채웠다.
> 별이 부르는 창가 장미 핀 식탁에서
>
> 어두운 외식을 하였다
>
> 에이프런을 풀었다.
>
> 아내는 지금쯤 자정을 접고 누워
> 냉장고에 닫아 버린

밥알처럼 식었겠지만

목마른 나비 한 마리

파도 위를 날고 있다.

—「외출」

시인은 의도적으로 거듭 서술형 시줄을 이끌었다. 아마 '아내'로 표현하고 있는바, 가족에게로 향하는 깊은 사랑을 짐짓 무연한 듯해 보이려는 몸짓에서 말미암은 바리라. '밥알처럼' 식어 가는 삶의 하루하루를 아내는 오래도록 잘도 견뎌 주었다. 시인이 "창동 환한 불빛" 아래서 '냉장고' 마냥 얼어붙은 세상 속에 한가지로 휩쓸리지 못하고, "목마른 나비"처럼 사람의 바다 위를 겉돌 때에도 아내는 늘 고만한 자리에서 시인을 기다려 주었다. 아내는 바다며, 가족은 섬이었던가. 시인은 그 바다와 그 섬이 함께 만들어 내는 파도에 기꺼이 몸을 던져 익사할 준비가 되어 있다. 시인이 투시하는 깊은 바다 상상력이 자신의 일상 가까이에서 그늘을 드리운다. 다음을 보자.

창밖 바람소리 배음(背音)처럼 들린다.

떨고 섰는 나무보다 더 아린 잎의 비명

마지막 악장쯤에서

음표 지우듯

떨어진다.

젖은 음계 위에 지친 눈을 뜨면

낙엽만 가라앉아도 흔들거리는 지표(地表)

잊혔던 도돌이표 하나

행간 위를

걸어오네.

—「창밖에는」

창밖은 커다란 시간의 바다다. 봄 여름 가을 겨울 철 따라 바뀌는 시간 파도 위에서 시인은 보이지 않는 '배음'을 듣는다. "낙엽만 가라앉아도 흔들거리는 지표"가 뭍에까지 점령해 버린 그의 바다 상상력의 크기를 잘 보여 준다. 그 바다 위에서 "잊혔던 도돌이표"처럼, 그렇게 또 하나의 '낙엽'처럼 외로움을 익히며 사는 '나비'가 바로 자신이다. 뭍을 바다로 돌려세움으로써 시인은 자기 현실로부터 보다 명료한 자의식을 얻어 내는 익숙한 변형을 즐기고 있는 셈이다. 시인에게 바다는 카멜레

온의 장벽이다. 이제 그는 더 깊은 삶의 바다로 기어 들어가 온몸을 꽃 피울 준비를 한다. 창밖에 보이는 모든 것은 균형 잡힌 감각적 표현 안에서 바다의 높이와 너비를 조용히 완성한다.

4

김연동은 우리 시조시단에서 드물게 언어와 시인 사이에 놓인 거리를 제대로 알고, 그것의 조정에 능한 시인이다. 그만큼 그의 시는 알맞게 절제된 균형 감각을 느끼게 한다. 태작이 드문 까닭도 거기에 있다. 그러면서도 표현가치가 높다. 언뜻언뜻 삐져나오는 상상적 촉수는 작은 것에서부터 큰 것에까지, 나에서부터 우주 바깥까지 고루 넘나들면서 다양한 영역을 훑어 나간다. 경남의 시조 전통에서만 보더라도 이러한 균형은 일찍이 이룩된 적이 드물었다.

이은상과 김상옥, 그 둘의 시조는 서로 다른 듯하면서도 미학적인 편향 한쪽으로만 너무 마음을 두었다. 박재두의 화려하고 예각적인 언어는 중요한 성취를 보여 주었으나 현실이 자꾸 빠져 버렸다. 따라서 경남의 시조는 일찍부터 언어 형식과 내용 표현 사이에서 삐걱거림이 들리기 일쑤였다. 김연동 시인은 그런 흐름 위에 든든히 그의 자리를 잡았다. 드넓고도 깊은 부분까지 그의 몫으로 도맡아 갈 만큼 당당한 의욕마저 보인다. 그 의욕이 쉬 시들지 않게 되기를, 그의 시어가 더 큰 표현가치를 얻는 자리가 경남시조뿐 아니라, 우리 시조의 한 너른 텃밭으로 무성하기를 바란다. 그러한 바람이 무망하지 않은 까닭은 커다란 바다를 등에 지고 살아온 이의 성실한 정진에 있다.

무심한 철새들이 가로질러 가는 바다.

무심을 건져 올리고픈 절정의 이마 끝

바람이 스칠 때마다

굽이 닳는 신발짝.

—「바다와 신발」

시인이 말하는 '절정'이란 그 어디 어느 자릴까. 먼 데 파도가 슬쩍 데려다 놓고 가 버린 구름의 '신발짝'이 고요히 바다 위를 떠도는 갯가. 우리 또한 슬쩍 달려가자, 파도의 칙칙폭폭. 목을 꺾고 우는 재갈매기 곁에서 시인은 바다, 조용히 우리의 등을 떠밀어 뭍에서 하늘로 실어 주리라.

애도시의 논리와 사랑의 방법

정의태론

1

죽음은 사람을 비롯한 모든 유기체가 겪는 한계상황이다. 몸과 의식의 소멸을 특징으로 지닌 죽음을 벗어날 수 있는 사람은 없다. 사람은 죽을 수밖에 없는 유한한 유기체, 즉 '죽음으로 향하는 존재'다. 그러면서 겪는 당사자를 제쳐 두고는 죽음이 무엇인지 아무도 알 수 없다. 누구나 한번은 겪는 것이면서 그것이 무엇인가를 아무도 알 수 없다는 역설. 우리에게 죽음이 늘 그것에 대한 비유로 이해될 뿐인 까닭이 여기에 있다.

때로 죽음이란 그것을 겪는 이보다 그것을 지켜보는 이들에게 더 절실한 것으로 여겨진다. 갑자기 찾아온 가까운 이의 상실과 그로 말미암아 겪게 되는 충격이야말로 견디기 어려운 고통일 것이다. 이런 까닭에 죽음은 살아남은 이들에게 오히려 삶의 열정을 불러일으키는 계기로, 또는 현재 삶을 헤아려 살피게 하는 거울로 작용하기도 한다. 어찌 보면 삶이란 죽음을 준비하는 과정이며, 모든 유기체가 겪는 '자연적 죽음'에 길들여지기 위해 나날이 되풀이하는 '상징적 죽음'의 과정인 셈이다.

역사를 거슬러 올라갈수록 죽음은 오늘날과는 견줄 수 없을 만큼 중요한 문제였다. 어떻게 죽일 것인가, 어떻게 죽을 것인가 하는 물음과 그에 대한 답이야말로 고대 권력을 이해하는 눈이라고 말하는 이도 있다. 먼 예부터 숱하게 이루어져 온 죽음에 관련한 제의와 이야기, 노래는 바로 그러한 점을 두루 되비춘다. 특히 죽은 이에 대한 비탄과 진혼, 그리고 찬송을 품어 안은 애도시는 사랑시와 더불어 가장 오래고도 한결같은 서정적 관습이었다.

블랑쇼 같은 서양 사람은 죽음과 관련해 재미있는 생각을 편다. 그에 따르면 문학, 곧 글쓰기란 우리가 늘 무의식적으로 얼굴을 돌리고 생각하기를 꺼리는, 삶에서 죽음과 만남이라는 불합리한 체험으로부터 비롯하는 것이다. 그리하여 그곳에서부터 삶을 되비추거나, 뚜렷한 언어로 표현할 수 없는 그 체험을 언어화하고자 하는 일이 문학이다. 문학이란 바로 삶과 죽음 사이에 열리는 공간인 셈이다.

우리 시가 갈래에서만 보더라도 멀리 「공후인」을 비롯해 시가사 곳곳에서 애도시는 뿌리가 깊다. 애도자가 겪는 죽음의 꼴을 따라 살펴볼 때, 이러한 애도시는 임금의 죽음이나 나라의 멸망을 다룬 것에서부터 가까이 남편의 죽음을 애도하는 상부가(喪夫歌)나 아내의 죽음을 노래하는 도망시(悼亡詩), 자식의 죽음을 다룬 곡자시(哭子詩), 벗의 죽음을 다룬 도붕시(悼朋詩)와 같은 여러 가지로 나뉜다.

이러한 애도시 전통은 오늘날까지도 꾸준히 이어지고 있다. 어린 자식의 죽음으로 말미암은 슬픔을 훌륭하게 형상화하고 있는 정지용의 「유리창」이나 김광균의 「은수저」와 같은 곡자시, 벗 김현의 죽음을 애도하고 있는 황동규의 「K에게」·「너 죽은 날 태연히」를 비롯한 여러 도붕시는 잘 알려진 본보기다. 이런 도붕시나 곡자시와 견주어 도망시는 우리 현대시사 속에서 비중과 몫이 두드러진 바가 있어 찬찬히 짚어 볼 필요가 있다.

1980년대 중반 들어 더욱 예사롭지 않은 뜻을 지니게 된 도망시는 도종환의 「접시꽃 당신」 연작이 불을 댕기기 시작하여, 박의상의 「내 안에 사랑이」에 이르기까지 시집으로 묶인 굵직한 보기들만 해도 몇이 있다. 물론 이러한 도망시는 가까이 살을 맞대고 살았던 배필, 곧 짝벗의 죽음이라는 충격적인 일을 겪은 당사자의 개인적인 슬픔에서 비롯된 것이다. 그러나 넓게 보면 이것은 전통 가족주의 행태와 의식이 내외가족 중심으로 바뀌어 가는 자연스러운 사회현상에서 말미암은 것으로 여겨진다. 게다가 이러한 도망시는 이해인 수녀의 시가 대표하는 부드러운 사변시의 선풍과 함께 결과적으로 1980년대 딱딱한 사회시의 큰 흐름과 맞서는 자리에서 일정하게 시의 대중성 확보라는 순기능을 보여 준 시사적 의의를 인정할 만하다.

이제 글쓴이가 살필 정의태 시인의 시는 이와 같이 오랜 애도시 전통 가운데서도 도망시라는 문맥에서 다루어져야 할 것들이다. 스스로도 죽음으로 향하는 힘없는 존재인 시인이 먼저 떠나보낸 아내에게 다하는 곡진한 의례를 따라가면서 우리는 애도시의 전통 문맥이 빚어내는 한 아름다운 변주곡을 새로이 들을 수 있을 것이다.

2

사람이란 만나는 일과 헤어지는 일을 되풀이하면서 살아간다. 삶과 죽음이란 바로 되풀이하는 그 일의 보다 큰 매듭 가운데 하나일 뿐이다. 헤어질 일이 있기에 만날 일이 있고, 헤어지는 일이 슬프고 견디기 힘들기에 만나 함께하는 시간이 아름답고 소중한 것 아닌가. 시인이 아내와 만나 함께했던 나날이 "내 안에 가득 고이는 강"(「만남」)처럼 풍요롭고 행복했다고 말하는 것은 당연하다. 그런데 죽음이라는 양식은 갑작스레 들이닥친다. 죽음은 깨닫지 못하는 사이에, 준비하지 못했던 사이에 찾아오는 낯선 일이거나 짐짓 고개 돌려 모른 체해 왔던 일이기에 우리들은 참기 어려운 충격과 두려움에 휩싸인다. 죽음을 곁에서 지켜보는 시인에게도 이 일은 예외가 아니었을 것이다.

> 내가 디디고 선 땅
> 넉넉지 못한 병원의 복도
> 절망 속으로 곤두박질하는 모습을
> 끝까지 방관하는 형광등 불빛
> 돌지 않는 선풍기 매달린 천정
> 피를 탐하던 모기 떼까지
> 모두가 구경꾼이었습니다.

「그날」이라는 작품 가운데 자리다. 시인의 말대로 죽음은 죽음을 겪는 이와 그것을 지키는 가까운 이들에게 있어서는 "절망 속으로 곤두박질하는" 일일 터이다. 나머지 의사나 간호사, 이웃은 모두 '방관자'일 수밖에 없다. 그러나 죽음을 지켜 주는 이마저도 끝내는 또 다른 방관자로 밀쳐 내면서 죽은 이는 저 홀로 가장 확실한 고독 속으로 떨어져 간다. 시인은 몹쓸 병으로 무너져 가는 아내를 곁에서 지키면서 죽음이야말로 그러한 완벽한 고독을 조금씩 자기 몫으로 가져가는 어처구니없는 일임을 깨닫고, 그 일을 함께 나눌 수 없는 남편의 무력감 앞에서 '절망'한다.

이렇듯 사랑하던 이의 죽음은 아주 가까이서 재빨리, 도무지 견디기 힘든 일로 선뜻 다가선다. "엄지손가락 마디만한 혹들이 / 어디서 침범하여 그대 몸속으로 갔는지"(「빗소리」) 물을 사이도 없이 아내는 이 세상과 맺은 끈을 놓은 채 조용히 다른 곳으로 떨어져 갔던 것이다.

> 가락(駕洛) 한 골에 평반(坪半) 땅을 사서
> 봉분(封墳)을 세우고
> 곁에 다시 평반(坪半)의 땅을 비우고
> 합쳐 세 평(坪) 땅을 저더러
> 지키라 하고

아내와 영원한 '별거(別居)'를 마련하고 있는 시인의 울음소리가 담겨 있는 듯한 시다. 그 울음을 억누르며 이 땅에서 시인은 차근차근 죽은 이를 위해 곡진히 치성을 다한다. 내외의 사랑이란 "세월이 가는 만큼 / 자꾸 남이 되어"(「별거(別居) 2」) 버리는 일인가. 시인이 할 수 있는 일이란 먼저 커다란 죽음의 충격과 슬픔에 젖어 들거나 추억에 몸을 내맡기는 일밖에는 달리 도리가 없어 보인다.

일찍부터 사람은 죽음이나 상실 체험에 대한 반응을 제대로 이해하기 위해 애를 써 왔다. 단계를 지어 그것을 설명하려는 틀, 곧 단계이론도 그런 가운데 하나다. 그런데 단계적 흐름은 절대적인 것이 아니다. 모든 이가 모두 그런 단계를 거치지도 않는다. 단계이론은 전반적인 슬픔의 과정을 알아보기 위해 마련한 것에 지나지 않은 셈이다. 따라서 흔히 단계라기보다는 반응으로 이해하는 것이 옳다는 생각도 만만찮다.

그럼에도 단계이론은 죽음과 상실 체험의 과정을 이해하는 데 유효한 틀이 되고 있음은 사실이다. 여러 사람의 생각을 모아 살피면 그 단계나 반응은 셋으로 나누어진다. 크게 충격을 받고, 상실을 받아들이기에 무력하거나 상실을 부정하는 회피 단계가 첫째다. 애통이 가장 크며 상실에 대한 정서적 반응이 긴박하고 격하게 움직이는 대면 단계가 둘째다. 그리고 차츰차츰 슬픔의 상태를 해결하고 정서적으로나 사회적으로 나날살이로 되돌아가기 시작하는 재복귀 단계가 셋째다. 곧 회피에서 대면을 거쳐 해결에 이른다는 생각이다.

너의 얼굴이다
너의 얼굴이 아니다
막막하여
오래 앉아 울었다.

「주검 앞에」라는 짤막한 작품이다. 이 작품은 아내의 죽음에 대한 회피의 반응을 잘 나타낸다. 어느새 이승과 저승으로 갈라서 있는 아내와 자신의 현실을 끝내 받아들이기 힘들었던 시인의 마음을 간결하고도 간절하게 표현했다. 이러한 회피 반응은 참기 힘든 현실 상황을 한동안 벗어나게 해 줄 수 있다. 부정과 눈물이 엇갈리는 것은 인지상정이다.

상실에 대한 두 번째 반응은 대면이다. 이 단계에서는 실의와 우울, 그리고 비탄이 이어지고, 거기다 죽은 이에 대한 명확한 기억과 동일감을 유지하기 위해 추억에 젖는 일이 잦다. 한마디로 상실된 것에 대한 강렬한 집착을 보여 주는 단계다. 정의태 시인의 시들은 거의 모두 이 단계나 반응의 결과를 그린다. 따라서 상실에 대한 격렬한 반응이 자연스레 시의 문맥을 끌어 잡는다.

> 나는 날마다
> 네게로 가는데
> 갔다가 다시 오는데
> 너는 내게로 와서
> 다시 가지 않는구나
>
> 너는 날마다
> 내게로 오는데
> 왔다가 다시 가는데
> 나는 네게로 가서
> 다시 오지 않는구나.

절망에 몸을 맡긴 시인에게 세상은 온통 슬픔에 잠겨 있는 듯싶다. 그런 슬픔에 잠겨 시인은 나만 뎅그러니 버려진 것 같은 고립감을 참을 수 없어 그녀를 '찾는다'. 그러면 그녀는 '어디에나' 있다(「창가에서」). 슬픔에 젖고 그리움에 몸부림칠 동안 그녀는 늘 나와 함께한다. 그러나 그것은 거짓이며 착각이다. 슬픔이 크면 클수록, 그리움이 깊으면 깊을수록 둘 사이 거리를 메꿀 수 없을 것이라는 절망 또한 깊어간다. 그는 이제 역설을 되풀이할 수밖에 없다. 경구의 형태를 빌려 이승과 저승 사이, 그리는 이와 부재하는 그리운 대상 사이에 가로놓인, 끝내 이을 수 없을 거리와 절망적인 상황을 뛰어나게 읊었다. "산 자는 살아서" 울지만 "죽은 자는 말이" 없는 상황(「산막(山幕)에서」)이 그것이다. 그리하여 시인은 다시,

> 창밖 내다 선 겨울 해거름
> 그리움마다 문턱을 넘고
> 술 마신 저녁바람 멀리서
> 수은등 켜 들며 걸어서 온다.

라 「그리움」을 말한다. 아침에서 저녁까지 문득문득 낙담의 길로 내모는 깊은 상심의 속내를 내보인다. 그러나 아내의 죽음과 그로 말미암아 빚어진 슬픔은 바닥 모를 허방이었다. 「겨울비 오는 밤」·「북창에 매달려」·「달 보며 가는 이는」과 같은 작품에서 시인은 다스릴 수 없는 애통을 되풀이한다. 그 밑 모를 바닥을 "비 되어 그대 오는 산속에 / 돌 하나 차지하고 우는 / 저 새 울음"(「추억」)이 채우기도 하며 때 없이 기차에 몸을

내맡긴 채 쓰러져 있는 "설움의 등허리"(「겨울비 오는 밤」)가 들앉기도 한다.

때로 시인은 아내와 같이했던 시간을 되살리고자 함께 노닐었던 "빈 강바닥"이며 '자드락길'을 따른다. 거기서 아내의 "모습을 찾다" "다시 빈 가슴으로 / 시외차를" 타고 홀로 되돌아오는 일이 잦았다(「그대여」). 그러는 동안 고인과 함께할 수 없다는 사실만은 더 뚜렷해진다. 비탄은 깊어만 가서 아내의 죽음이라는 상실 체험은 어느덧 시인에게서 두루 현실감을 빼앗아 세계의 상실까지 경험하게 한다. 시인은 세상이 온통 죽음으로 뒤덮인 듯한 확대 감정에 휩싸인다. 이렇듯 강력한 슬픔에 몸을 맡겼던 때를 시인은 "목숨만 비워둔 채 / 술로 피를 달랜" 처참한 '한 시절'(「백양동」)로 표현한다.

슬픔의 과정은 매우 사적이다. 쉽게 중재할 수도 없다. 그러나 비탄에 몸을 맡긴다고 죽은 이가 되살아날 리도, 죽은 이와 처지가 바뀔 리도 없다. 시인은 이제 사별을 받아들이고 슬픔을 간추리며, 새로운 나날살이 속으로 복귀하려 한다. 비탄에서부터 벗어나 오히려 죽은 이의 혼을 달래며 자신의 둘레를 보다 성숙한 눈으로 바라보려 다짐한다. "그대 인해 삶을 뉘우친"(「새벽」) 시인의 목소리가 그것이다.

① 이제 우리 가깝다 하나
실은 멀고 멀도다.
그대 향해 가까이 다가설수록
뒤돌아 가는 길이 멀고 멀도다.
눈앞에 섰는 그대에게 가는 길
두 갈래 길

가장 가깝고

먼 길

그러니 알도다 그대여

마음 울적한 날 동산에 올라

우리의 등이 서로 따스함을 알고

우리가 서로 등을 기댄 채

멀리 보면

지구 한 둘레만 한 거리를

마주보며 앉았을 우리.

② 아이 둘 얼만큼 키운 후 아무 날에든

당신이 서른 셋에 간 곳으로

나도 간다면

젊은 여인과 쪼그랑 할아버지와

무슨 기쁨 되어 만날는지

저승에서도 세월이 있어

함께 늙고 만다면

무슨 기쁨 되어 만날는지

세 번째 지방(紙榜) 사르며

당신의 모습 그대로

이 다음 저승에서 우리가 만나면

젊은 여인과

쪼그랑 할아버지가 다시 만나면,

①은 「이제 우리 가깝다 하나」라는 표제시며, ②는 「저승에서 우리 만나면」이라는 시다. 둘 다 아내의 죽음에서 거리를 띄우고 자신과 둘레를 찬찬하게 살피며 새로운 사랑을 믿기 시작하는 시인의 속내 깊은 목소리가 담긴 시다. 그런데 ①과 ②는 목소리 방향이 조금 다르다. ①은 이승에 남게 된 시인 자신의 깨달음에, ②는 저승에 있을 죽은 이에게로 향하는 마음에 초점이 가닿아 있다.

이제 시인은 이승과 저승 사이가 "가장 가깝고 / 가장 먼 길"임을 깨닫는다. "그대 향해 가까이 다가"서려는 사랑과 그리운 마음에서 보면 그 거리는 "서로 등을 기댄 채" 따스함을 느낄 수 있을 정도로 가깝다. 그러나 시간이 가고 세월이 흐르면서 저승과 이승의 거리는 "실로 멀고" 먼 것이다. 시인은 이제 "그 님은 더러 먼 데로 가시고 / 아이 둘 갈수록 어미를" 잊어 가는(「내 사랑 무엇으로」) 나날살이의 이치를 받아들인다.

②는 그러한 현실 앞에서 망자에게 먼 뒷날을 기약하고자 하는 마음을 내비친다. '저승에서' 만날 날을 말하고 있는 시인의 목소리에는 이제 충격과 비탄을 딛고 일어서 오히려 아내를 진혼하고 아내의 죽음을 받아들이는 담담함이 서렸다. 그녀의 이른 죽음을 보다 새로운 사랑으로 거듭나는 계기로 삼아, 외곬으로 막아 선 죽음 앞에서 이승의 삶을 넉넉하게 받아들일 것을 다짐한다. 「죽산일기(竹山日記)」는 그러한 다짐을 단정한 묘사적 눈길을 빌려 들내 보고자 하는 노력을 담은 시다.

호오이 호오이 늦겨울 저녁
너를 부르노니
수많은 날들 설움이 단숨에

어둠의 길로 오누나.

별 하나 떠올라

청솔가지 위에 앉으면

등불 하나

죽산의 가슴에 매달린다

연작시 「죽산일기(竹山日記)」 가운데서 두 번째 작품이다. 구체적인 대상에다 죽음이라는 슬픈 상황을 가탁하고 그것을 나름대로 간추린 이의 균형 잡힌 눈길이 시줄 사이에 스며 난다. 죽음이라는 견디기 어려운 개별 체험과 그것을 시라는 문화 관습으로 들내는 것은 사뭇 다른 일이다. 죽음 앞에서 그것을 아예 부정하다가, 비탄과 실의에 빠졌다. 마침내 어처구니없는 그 죽음을 받아들이고 그로 빚어진 삶의 슬픔과 고통을 받아들이기로 한 이의 담담한 눈길이 "죽산의 가슴에 매달린" '등불'이라는 적확한 상관물을 얻었다.

3

되풀이하건대 죽음이야말로 문학의 영원한 주제며, 동기다. 다양한 삶의 면면만큼이나 죽음을 대하는 태도나 그것을 극복하는 길 또한 다양하다. 크게는 종교나 인종, 문화권의 차이에서부터 개인차에 이르기까지 마땅히 큰 편차가 있다. 글쓴이는 앞에서 정의태 시인의 시가 아내와 때 이른 사별이라는 고통스런 일을 겪으면서 그것을 시라는 관습적 장치로 이겨내는 과정을 살펴 온 셈이다. 이 일을 빌려 그의 시가 우리 서정문학의 오랜 애도시 전통에 긴밀하게 닿아 있으며, 이번 시집은 읽는이에게 특별한 감동을 안겨 줄 도망시로 짜여 있음을 살폈다.

그러나 이번 시집에 실린 그의 시가 애도시에만 머물고 있지는 않다. 가족이나 이웃과 얽힌 나날살이나 추억을 두루 담는 한편, 관념과 사변에 치우친 명상시 요소를 지닌 것도 보인다.

> 보아라 세상이여
> 나는 너희를 모르지만
> 너희는 알지니
> 나는 새이노라 한 마리
> 처음과 나중의 이름이 같은
> 새이노라
> 처음에 걷고 나중에 날으는 만큼
> 발자국은 늘더라도
> 배반하지 않는
> 나는 새이노라
> 너희가 이름 붙인.

「새 1」이다. 생각이 구체적인 표현력의 뒷받침을 받지 못하고 잠언적 말투로 사변을 겨우 버티고 있다. 힘있는 생각을 힘있게 읽는이의 몫으로 되돌려 주려는 서정적 울림이 약하다. 이런 면모는 이미 첫 시집에서 그가 자주 내보였던 흠이기도 하다. 그런데 이번 시집에서는 이런 면모가 뚜렷하게 뒤로 물러섰다. 말씨도 명료해지기 시작했다. 대상이나 현실을 담아내는 눈길이 매우 구체적이고도 감각적인 결을 얻었다. 사변이 줄고 힘있는 이미지 제시를 빌려 시적 절제가 이루어지고 있는 셈이다. 이런 점은 「소토리(所土里)」 연작에 이르러 뚜렷하게 드러난다.

경사진 지붕 위로
구름만 한 보퉁이 하나
물길 따라 흘러간다
친정집 왔다 가는 꼭지언니 발목에서
빙빙빙 간살 떨던 모래무지 한 마리.

「소토리 1」에서 옮겼다. 간명한 수사로 뒷받침하고 있는 강가 정황 묘사가 뛰어나다. 하늘의 '구름'과 강을 건너가는 '꼭지언니'의 '보퉁이' 사이의 유추, 그리고 그 둘이 함께 비춰지고 있는 강물에다 '모래무지'를 끌어들여 엮은 동적 이미지 공간은 매우 섬세하고도 단단하다. 이런 점에서 이 짧은 시줄은 시인이 적절한 욕망의 절제와 단련을 거쳐 든든한 '창조적 개성'을 마련했다는 사실을 잘 보증한다. 이러한 힘이 흔한 가을 저녁 분위기를 시줄 몇에다 예각적으로 담아내고 있는 「고성 가는 길」, 또는 아래와 같은 시를 낳게 하는 밑거름이 되고 있다.

소석리 가랑이 사이로

속없이 흐르는 강을 보며
강만 한 속을 내가 채운다
모래무지 한 무리 구름에 매달려
하늘로 가면
내 속에도 강이 흐른다
내 속보다 더 큰
강이 흐른다.

「강」이라는 시다. 소석리는 아마 시인의 일터가 있는 양산 어느 한 마을일 것이다. 말라붙고 물길마저 끊기곤 하는 그 마을의 "속없이 흐르는 강"을 시인이 비로소 채우게 되었다고 말하는 "강만 한 속"이란 무엇일까. 그것은 우리가 앞에서 살펴 온바 아내와 때 이른 사별을 겪고 그것을 넉넉하게 받아들인 뒤의 마음 아닌가. 아내의 죽음은 "내 속으로" 이겨 내기엔 너무 '큰' 시련이었다. 그러나 한때 "사랑하다 그로 병든 넋"(「목련 3」)이었던 시인은 그 시련을 딛고 서서 "내 속보다 더 큰/강"을 새로이 넉넉하게 지니게 되었음을 말한다. 아내의 죽음으로 말미암은 상실 체험과 그것의 극복이라는 애도시의 주제가 절제된 묘사와 잘 어울려 이룬 아름다운 작품이다.

4

정의태 시인은 젊다. 젊다는 말은 무엇보다 그가 문단에 나선 지 오래지 않다는 뜻이다. 그러나 그를 젊은 시인이라 부르는 것은 이 때문이 아니다. 문학이라는 '상징적 재화의 시장'에서 젊음이란 새롭고 눈여겨볼 만한 힘과 개성을 지녔음을 뜻한다. 따라서 얼굴을 내민 햇수의 이르고 느림, 작품량의 많고 적음은 문학마당에서 별스런 뜻이 없다. 그것을 앞세우는 시인은 이미 시 호사가로 머물기를 작정한 사람, 또는 넘보지 못한 문학 바깥쪽 권력을 넘보는 흔한 정치술사이기 쉽다.

돈벌이와 별도로 그의 작품을 하나의 문화로 남게 하는 개성적 요소가 있는가 없는가 하는 점이 무엇보다 먼저 젊음의 잣대다. 일류의 좋은 시인이 늘 젊은 시인으로 남아 있는 까닭이 여기에 있다. 이런 점에서 정의태 시인은 젊다. 그의 시에 넓게 터 잡기 시작한 적확한 묘사력과 간결한 말솜씨는 무엇보다 그가 젊은 시인일 수 있는 힘을 잘 보여준다.

글쓴이는 정의태 시인이 인간적 욕망과 미학적 성취라는 사뭇 모순되는 두 계기 사이의 균형을 힘있게 잡아 나가기를, 그의 시가 우리 시 전통 속에서 부박하지 않은 개성을 멀리 펼쳐 보이기를, 그리하여 늘 젊은 시인으로 남기를 바란다. 아내 잃은 슬픔으로 네 벽을 검게 바르고, 그 벽에 기대어 술과 낙담으로 보냈을 한 시절의 삶을 어렵게 노래로 엮은이가 정의태다. 그런 다음 그것의 풀이를 글쓴이에게 떠넘겼다. 감당하기 힘든 그 일을 맡긴 인연에 대한 글쓴이의 지나치지 않은 요구라 생각한다. 그리고 그는 이번 시집에서 자신이 젊은 시인임을 이미 스스로 증명하고 있다. 정의태는 누구도 쉬 건널 수 없을 '강' 한 줄기를 품에 안은 시인이다. 그 강이 흘러흘러 우리 시단을 더욱 넉넉하게 적셔 줄 것을 믿는다.

마음의 현상학

문옥영론

1

어딜 가나 몸에 대한 관심이 넘쳐난다. 비만치료에다 성형을 부추기는 광고, 몸을 절대화하려는 화장술, 옷가지에다 흥미로운 성 상품이 거리에 지천이다. 여자 잡지의 광고문 속에서나 볼 수 있을 화려한 몸 이미지는 도시의 전자 경관 곳곳에서 그대로 실현되고 있다. 사람이 보여 주는 자신의 몸에 대한 관심과 관리는 이미 가학 · 자학의 수준에까지 이르렀다. 예술 작품 속에서 광고 속에서 거리의 갖가지 영상 속에서 몸담론은 지칠 줄 모르는 욕망과 의지를 드러낸다.

사람과 사람, 사람과 사물 사이에서 벌어졌던 경제 · 권력 투쟁이 그대로 몸으로 옮겨 앉은 형국이다. 덕지덕지 각인된 권력과 자본의 흔적으로 우리 몸은 어디 한 곳 성한 데가 없을 지경이다. 사람의 살갗이나 몸은 얼마나 구체적이면서도, 확인이 손쉬운 장터인가? 자본주의의 불가사리와 같은 화폐권력은 이제까지 짐짓 비밀스러운 것으로, 개체의 개별성이라는 믿음이 살아 있는 것으로 여겨 왔던 몸이라는 땅덩어리를 이윤 추구의 확실한 식민지로 개척한 셈이다. 그것을 부추기든, 거기에 대들든 넘쳐나는 몸담론에서 놀라운 자본주의의 자기 갱신력을 암시받는 것은 뜻밖의 일이 아니다.

마음이 새로운 문제로 떠오르는 까닭이 여기에 있다. 몸에 말라붙은, 생기를 앗겨 버린 마음이 아니라, 몸의 노예화에 다부지게 대드는 마음이 그것이다. 자본과 권력의 식민지로 몸이 재편되고, 욕망의 누더기로 덕지덕지 칠해져 자신에게마저 낯설어 갈수록 더욱 마음의 선택과 실천이 문제 중심에 선다. 마음의 시적 의미가 새삼스럽기도 마찬가지다. 오래도록 사람이 좇아 다녔던 합리적 주체나 욕망주체와는 다른 생명주체 또한, 마음의 문제로부터 말미암은 바다. 마음은 이제 어디에 깃들어 어떻게 살아가야만 하는가?

나는 문옥영 시인의 시 속에서 마음의 한 길을 본다. 조잡스럽게 부풀린 자의식, 개성을 앞세웠으나 실상은 지나친 감상성, 가치중립이라는 이름으로 겉칠된 세상에 대한 무관심과 분열감, 온 생명을 말하면서 차별을 제도화했던 마음, 지난 시기 우리가 좇아왔던 마음의 다채로운 모습들이었다. 그런데 문옥영 시인의 시는 그런 것들과 떨어져 있다. 그런 만큼 건강하고, 당당함마저 풍긴다. 울림 크고 넉넉한 마음자리를 나는 그녀의 시를 빌려 암시받는다. 그러한 마음속에 세상은 두 개의 방식으로 들앉아 우리를 빼꼼히 내다보고 있다. 보인다.

손 닿지 않는
깊은 우체통에

소리내어 읽고 싶은
사람들 마음 있다
한밤의 편지와
첫새벽의 편지가 있다
비 오는 날의 편지
눈 오는 날의
편지가 있다

—「우물」

우물에 마음이 있는가? 시인은 우물을 "손 닿지 않는 / 깊은 우체통"이라 읽는다. 우물은 타인의 마음으로 내려뜨리는 깊은 동아줄이다. 반가운 전화며, 정다운 인사다. 긴 밤 긴 시간 공들여 쓴 편지와 같이 갈고 닦은 마음의 깊이로 우물은 바뀌고 있다. 절묘한 공간의 시간화이며, 시간의 공간화다. 이렇듯 시인은 즐겨 바깥 자연이나 사물 속에서 자신의 마음을 찾고 발견한다. 사물에 가탁한 마음 읽기라는 전형적인 '동화(同化)'의 기법이다. 그럼에도 시인의 비유는 낯익거나 경박하지 않다. 사물의 마음은 시인의 맑은 눈길 아래서 적극적으로 제 모습을 자랑한다. 시인의 날카로우나 치우치지 않은 상상력이 한껏 드러난다. 다음 시를 보자.

버리고 떠나라
사람들은
쉽게 말하지만

버려지고 남겨진 남루의
이 쓰라림을 어쩌랴
넌, 아니 난
밖이 보이지 않는 안이 지쳐 쓰러질 때까지
엎드려 절하길 수만 배
결국
찢어져 슬펐던 마음 불손한 그리움 모두
한 솔기로 통하는
질긴 사랑이 되어야 하는 걸
지상에 마지막 순정파일지도 모를
너와 나
만성 소화불량의 몸
너덜너덜 상처투성이 아픈 몸
서로 받아 주어야 하는 걸

—「바느질」

"밖이 보이지 않는 안"인 마음은 깃들 제 길을 찾지 못해 떠도는 "불손한 그리움"인가 보다. 깃들 자리를 찾아 마음은 늘 제 자신이 감당하기 힘든 무게의 바퀴로 우리를 짓누를 뿐이다. 기워도 기워도 해지는, "버려지고 남겨진 남루"와 같이 늘 쓰라린 까닭이다. "만성 소화불량의 몸 / 너덜너덜 상처투성이 아픈 몸"으로 곤혹스럽다. 세상 남과 더불어 사는 일이란 버리고 싶으나 버릴 수 없는 마음을 빚처럼 지닌 삶이 아니던가. 시인은 곤혹스러운 그 마음 자리를 바느질하기라는 행위를 빌려 일깨워 준다. 그리고 시인은 이제 힘주어 말한다, 우리의 "찢어져 슬펐던 마음"도 "한 솔기로 통하는 질긴 사랑"이어야 함을. 맞닥뜨리는 마음 마음의 매듭마다 그에 걸맞은 적확한 비유를 재치 있게 끌어와 '조절(調節)'하는 경우다.

문옥영 시인은 우리 둘레의 사물과 세계가 지녔을 법한 속성을 읽어내는 동화의 감각에서나, 자신의 마음을 알맞은 비유적 연관 속에다 담아내 놓는 조절의 감각에서나 능숙한 솜씨를 보여 준다. 이번 시집 곳곳에서 그 점을 확인할 수 있다. 여느 시인에게도 이러한 두 발상법은 낯설지 않다. 그런데 어느 하나에 치우친 경향을 보여 주는 것이 일반적이다. 그에 견주어 본다면, 문옥영 시인은 마음과 바깥 세계 사이의 연관을 두루 걸림 없이 넓고 깊게 담아내고 있는 셈이다.

이러한 동화와 조절의 두 발상법은 마침내 시인이 세상을 제대로 읽으려는, 또는 세상에 제대로 마음을 실현시키려는, 폭넓은 삶에 대한 관심으로부터 말미암은 바다. 그것은 나와 도시, 그리고 자연으로 이루어진 세 수준의 영역을 오가며 제 모습을 실현한다. 그만큼 시인의 마음은 넓고 먼 데까지 오가는 셈이다. 흔하지 않은 넉넉함과 섬세한 표현력으로 담금질한 시인의 마음과 그것이 마련해 주는 넉넉한 터와 길은 여느 시인의 경우와 달리 이채롭다.

2

나는 나에 대하여 너무나 많다. 우리 마음의 첫 자리는 너무도 잦은 자의식이다. 나는 나 속에 너무도 많은 나와 함께 섞이고, 괴로워하고 기뻐하며 나를 일으켜 세운다. 이론적으로 보면 '주체아'와 '객체아'를 오가기도 하고, 무의식적 자아와 의식적 자아를 넘나들기도 한다. 그리고 무엇보다 나는 나의 '탈', 역할이다. 우리는 일과 환경에 따라 스스로 자신의 역할에 내맡겨진 사회적 인격인 셈이다. 그래서 나에 대한 나의 소외는 운명적이다. 우리 마음이 더욱 괴롭고 아픈 까닭이다.

하얀 달 드러누운
접시 위에서
다 자란 나와 어린 내가
붉고 노란 살점 파먹으며
놀고 있을 때
문득 상처난 내 안의 가시
붉은 피 흘리며
산으로 달아나고 말아
내 마음 울면서
잃어버린 가시를 찾아
가시뿐인 산으로 갑니다

—「가을바람」

멀어져 가는 네게
내 앞가슴 풀어 헤쳐
속마음 아름다운 걸
보여 주고 싶어
아쉬운 듯 따라 걷는
광장 언저리로
꽃씨 흩어진다

—「불꽃놀이」

첫 작품은 지나간 옛 마음의 그늘을 보여 준다. 잠시 식탁에 앉아 시인이 헤아리는 옛날의 '상처난' 자신과 그 마음속의 '가시'가 무엇이었는지는 잘 드러나지 않는다. "다 자란 나와 어린 내가" 놀다 얻은 상처라 했으니, 어른의 바람과 그에 미치지 못했던 어린 자신 사이에 가로놓인 거리로 말미암은 아픔이었으리라는 암시를 얻을 따름이다. "붉은 피 흘리며" "산으로 달아나" 버린 마음의 아픔에 대하여 시인은 이미 아련한 추억으로 그 일을 돌려세우고 있다. 알 수 없는 억울함과 피해망상으로 짓눌린 여느 시인의 유년 체험과 다를 뿐 아니라, 바탕에서부터 그러한 강박으로부터 자유로운 시인의 남다른 면모가 드러난다.

두 번째 올린 것은 흔히 나날살이 가운데서 겪게 되는바, 사람과 사람 사이의 단절감을 노래한 시다. "멀어져 가는 네게" "앞가슴 풀어 헤쳐" 보여 주고 싶을 만한 '속마음' 아름다움을 그녀는 자신 있게 말한다. 마침내 그런 마음이 자신에게 덧칠되어 멍에로 되돌아올지 모를 일이지만, 허랑한 자의식에 갇혀 대타적인 아픔을 부풀리는 여느 시편과는 다른 모습이다. '불꽃놀이'의 불꽃처럼 세상사람 속에서 아름다움을 가꿀 수 있으리라는 시인의 믿음이 넉넉하고 소담스럽다. 보여 주고 싶어도 보여 줄 수 없는 마음에 대한 아쉬움을 노래하고 있는 시인의 간명한 언어가 뜻한 속내가 그것이다.

시인의 마음자리는 우리 시가 예사롭게 보여 주었던 풍경과는 다소 비켜선 곳에 있음을 살핀 셈이다. 특수함과 개성을 앞세우며 오히려 강요하듯이 내뱉는 허랑한 자의식이나 수다에서 시인의 자리는 멀다. 요즘 시의 자아상과는 다른 시인 특유의 평상심이 돋보인다. 그러한 마음의 균형이야말로 시인이 지니고 있는 넉넉한 사랑의 또 다른 표현이 아닐 건가. 지나간 추억이나, 어두운 자의식, 고통스런 자아상에 마음을 낭비하지 않으면서 시인은 이제 도시의 벽들 사이에서 전형적인 도시인의 자아를 보여 주는 데 능숙한 솜씨를 드러낸다. 도시 속을 걷는 마음의 외출이 그래서 시인에게는 잦다.

밤새도록
원고지 몇 장 펼쳐 들고 있는 종합병원
중환자실 유리창엔
꺼지지 않는 불빛
떠나는 이의 마지막을 받아 적고
어둠이 반을 차지한
후박나무
고개 숙인 이마엔
잠들지 않는 바람

그리운 그대, 그리운 그대
썼다가 지운다

—「그림자」

저기, 저
어둠 속으로 파고드는
누군가에게 버림받은 상처들
끼리끼리 모여서
따뜻한 내를 이룬 거야
세상 더러운 것들과 가벼운 것들 어울려
아름다운 무늬가 되는 걸
오늘도 썩어 가는 속살이 아파
함께 울면서
환한 웃음쯤으로 떠밀려 온 꿈들이
다리 난간 눈부시게 흔들면
한아름 불빛을 게워 내고 있는 거야
부숴지고 낮추인 마음
말없이 흘러
나 늘 이만큼의 거리에서 바라보듯
그가 늘 저만큼의 거리에서 바라보고 있는 거야

—「하천」

시인에게 시를 쓰는 마음은 "어둠이 반을 차지한 / 후박나무" 그늘에 깃든 아픔을 읽어 내는 일이다. '그대' 그리움이란 다름 아니라 "꺼지지 않는 불빛"처럼 '유리창' 밖을 흘러가는 세상에 대한 사랑이다. 시인은 타인의 임종 곁에서 썼다가 지우고 썼다가 지우며, 도시 길거리에 또박또박 그 사랑을 찍고 싶었다. "끼리끼리 모여서 / 따뜻한 내를" 이루어 살아야 할 마음 앞에서 "더러운 것과 가벼운 것"이 어찌 짧은 사람의 생각으로 경계 지어져야 할 일인가. "부서지고 낮추인 마음"으로 세상을 보고, 사람을 보면, 세상은 온통 눈부시고 "아름다운 무늬"의 물길이 아니었던가. 시인의 겸손과 열린 마음결을 든든하게 보여 주는 시편이다. 사람과 사람 속에서 만들어지고, 부풀어 오르는 온몸의 '가시'도 시인의 넉넉한 겸손과 부드러운 자애의 물길 속에서 날카로움이 덮이고 만다.

따라서 시인에게 도시는 이를테면 '여백으로 남은 거리'이거나,

> 저녁마다 노을 등지고
> 겉장 하얗게 바래진
> 장서들의 행간을 건너는 이여
>
> 섞일 듯 섞이지 않는 페이지마다
> 애니메이션으로 물드는 맘
>
> —「아파트」 가운데서

와 같이 "공중의 어두운 문" 앞에 선 듯 "겹겹이 / 얇은 껍질의 슬픔"(「눈 내리는 밤, 네온사인」)으로 쏟아져 내리는 아름다운 눈발의 배경이거나, "섞일 듯 섞이지 않는 페이지"로 다채로운 시인의 독서를 기다리는 책

장이다.

이제 시인의 마음은 마치 가는 실타래 같다, 실타래……. 도시 안에서 숱한 사람과 이루어 내는 만남을 시인은 피륙을 짜듯 두텁게 기워 나간다. 그러다 시인은 때로 엘리베이터처럼 남의 시선으로부터 갇히기도 한다. 시인은 도시 안에서, 자연과 경계에 남아 온몸을 하얗게 빛내며 오내리는 엘리베이터다. 도시에서 도시로, 거리에서 거리로, 한없이 욕망을 짓누르며 흐르는 삶의 층층을 바라보며 엘리베이터에 갇힌 채 마음은 조금씩 상처나는 잎 큰 나무거나 늘 푸른 나무다.

누군가는 숨어 휘파람을 불었다

환한 유리의 심장으로도
캄캄한 그 소리

—「꿈꾸는 엘리베이터 2」 가운데서

"유리의 심장"을 가진 그녀의 섬세한 아픔을 잘 보여 준다. 시인은 도시를 벗어나 자연으로 나서기도 하고, 다시 돌아와 도시 속의 불편한 삶을 되새김질한다. 우리 사회와 같이 하향평준화를 지향하는 분위기 아래서 모나지 않게 살아가기란 쉬운 일이 아니다. 둥글게 둥글게 살라는 말은 곧 위선과 위악을 교묘하게 저지를 줄 알아야 한다는 일깨움일 따름이다. 원만하려면 원칙 없이 이저리 눈치를 보고 이익을 챙기며 살아갈 수밖에 없을 터이고, 모나지 않으려면 특별히 뜨이지 않기 위해서 무색무취한 표정을 지을 수밖에 없는 것이 아니던가. 늘 푸른 시인의 마음은 남들 속에서 쉽게 금이 간다. 시인은 "유리의 심장"을 가진 채 살아갈 수밖에 없음을 조용히 말한다.

질긴 사랑
닳고 닳아 편안한 바닥에 이르기까지
얼마나 많은 그리움 누비고 다녔던가

구멍난 밑창에
물집 터진 길들의 아픈 상처가
숨어 살고 있는데

돌아보면 지나온 길 보이지 않고
앞으로 가야 할 먼 길 보이지 않아

낡은 신발을 벗으며
누군가는 맨발의 자유를 말할 테지만
나는 맨발의 아픔에 운다

—「낡은 신발」

그녀의 아픔이 보다 노골적으로 드러난 시편이다. 자신을 "낡은 신발"이라 한 데서 아픈 자의식이 깊이 묻어난다. 그녀는 세상살이로 말미암은 '가시'를 얼마나 마음속에 숱하게 지니고 살아가고 있었던 이인가. 그녀가 "닳고 닳아 편안한 바닥에 이르기까지" 누비고 다닌 그리움의 오르내림은 숨가쁘지만 아름답다. 아픔의 역설적인 아름다움을 그녀의 낡은 신발 한 켤레가 대변해 준다. "물집 터진 길들"이 시인이 걸어온 길의 아픔을 잘 드러낸다. 시인은 낮춘 마음에 더하여 세상 넓은 길을 따라 사람에 대한 사랑과 관심을 아끼지 않았음을 조곤조곤 말한다. 그녀에게 "꿈꾸는 엘리베이터"는 사람들 속에서, 사람들을 향하여 하염없이 흐르고 퍼져 나가는 빛의 우산이었던 셈이다.

문옥영 시인의 마음에는 아픔을 거치고 난 이의 넉넉함이 있다. 여유가 있다. 그녀가 빛살처럼 사람의 삶이나 자연을 향해 내보이는 연민과 사랑의 눈길에는 구질구질한 장식이 붙어 있지 않다. 그만큼 진솔하고 깊다. 이를테면 말장난을 가장한 아래와 같은 시줄에서도 그 진솔함은 참으로 큰 감동으로 살아난다.

> 달이 전봇대 가까이 내려와
> 달 셋방을 놓으려 했어
> 아니야
> 달빛 아래선 누구나 달빛의 주인이 되는 거야
> 희고 부드러운 달무리를 시종으로 거느리고
> 아무렴 달빛 속에 쥐고 달빛 기차를 타고
> 달빛 시간 속을 여행하는 거야
> 달빛 그리움으로
> 달빛 둥근 사랑을 하는 거야
> 바보야
> 간암의 그가 달덩이처럼 부풀어 올랐어

만삭의 아내는 몸을 풀고
아무 곳에도 없는
어디에나 있는
달
빛
지독하게 아픈
삶의 가시였던 거야

—「달빛 아래서」

그녀의 세상에 대한 관심이 얼마나 소중한 사랑의 구현인가를 보여주는 시편이다. 달빛 아래 이루어지는 환한 사랑의 드라마를 시인은 차분한 목소리로 재현한다. '달빛' '셋방'에서 "만삭의 그와" 벌이는 "달빛 둥근 사랑"이란 처절하면서도 아름다운 삶에 대한 긍정이다. 시인은 타인에 대한 자신의 사랑이 "지독하게 아픈 / 삶의 가시"였다고 말한다. 그렇지만 그녀의 사랑은 "어디에나 있는" 듯하면서도 "아무 곳에"서도 쉽게 찾아보기 힘든 사랑의 실천을 잔잔히 말한다. 그녀의 사랑이 지닌 값어치를 재게 하는 시다.

그녀는 남몰래 사랑하는 이다. 그 남모를 사랑을 나는 차마 잴 수가 없다. 저 서해 해넘이 격포의 채석강에서 겹겹이 시간을 개고 앉은 노을의 순간이 그녀 것일까. 아니면 곰소 내소사 대웅보전 부처님 광배 뒤에서 400년 긴 세월 하얀 옷으로 몸을 치장한 채 세월을 가르쳐 주면서 앉아 계시는 백의관음과 같이 세상 널리 흰 자비를 생각하는 것인가? 아니면 마리아 마리아 꽃길로 밝히는 은총의 바람이고자 하는가?

그녀의 상상력은 이제 자연 속의 작은 이웃인 거미에게로 향한다.

오늘은 무얼 먹지
현관문을 나서면
그곳이 곧 허공인 걸
잔뜩 웅크린 구름 아래
잎 좌—악 벌리고 있는
꽃모종 허브를 러브라 굳게 믿으며
커피숍을 거미 숲처럼 바라보며
놓아 버릴 듯 놓여날 듯
누군가의 절망 높이 걸린 동자보살집 대나무
바람 불 적마다 휘청
한쪽 삶이 기울었어도
인대 늘어난 팔에 매달린 갈치 몇 토막이
칼날로 번득였어도
통증을 살아 있음의 입증이라 감사하며
천천히 눈물을 훔치던 거미야
아직도 크라운 베이커리를
그리운 베이커리라 희망하며
끝없는 거미줄 위에서
홀로 서 있는 거니?

—「울지 마 거미야」

여기 거미집이 있다. "동자보살집 대나무"가 "높이 걸린" 언저리, 그 집에도 여느 곳과 마찬가지로 '문'이 열리고 길 건너에는 '커피숍'이 자리 잡았다. 둘레가 온통 정원이다. 그러나 그 거미집이 떠받치고 있는 삶은 그야말로 암담하다. '휘청' 기운 절망이거나 '홀로' 감당할 수밖에 없을 허기진 '눈물'이 흥건하다. "끝없는 거미줄 위에" 떠있는 위태로운 가족의 삶, 그러나 그들은 끝내 "꽃모종 허브를 러브라 굳게" 믿고, "커피숍을 거미 숲처럼 바라" 본다고 시인은 힘주어 말한다. "아직도 크라운 베이커리를 / 그리운 베이커리라 희망"하는 한 거미집 가족의 고난은 이겨낼 수 있을 삶의 한 갈피일 뿐이다. 세 차례나 거듭하고 있는 언어 일탈, 곧 '허브 / 러브', '커피숍 / 거미 숲', '크라운 / 그리운'은 거미집 가족들의 '절망'에 대해 시인이 기울이는 아낌없는 사랑의 표지다. 구름 걷힌 푸른 숲속, 행복 가득한 살림은 결코 이르기 힘든 경지가 아니다. 시인의 굳건한 마음의 뜨개질을 따라가던 우리는 어느새 그것을 깨닫는다.

3

문옥영 시인의 시에는 각별한 면모가 있다. 몸의 신비화, 몸의 절대화에 쉴 짬 없는 세월 속에서 시인이 펼쳐 보이는 다채로운 마음의 모자이크는 그만큼 각별하다. 은총이 어찌 하늘에서만 올까. 눈처럼 햇살처럼, 자연 속에서만 올까. 그렇지 않다. 사람 속에서, 사람 곁에서 가끔 우리는 은총의 기쁨을 누린다. 한 사람 한 사람의 삶이 불꽃놀이에 사라지는 아름다운 불꽃처럼 보이는, 그 순간의 은총과 아름다움을 우리는 간직하고 있다. 우리 곁 사랑의 불꽃놀이는 섬세하고 아름답다. 나는 「불꽃놀이」 도시, 마음의 불꽃놀이를 찬탄하며 바라본다.

어쩌면 문옥영 시인이 지닌 사랑의 마음법은 전면적이며 전체적이다. 사랑할 만한 것인가 아닌가라는 판단을 버린 자리에 그녀의 마음법이 있는지 모른다. 궁극적으로 사랑이란 자신에게서 벋어 나가는 것일 터. 일방적으로 벋어 나가는 것일 그 마음의 빗살은 이와 같으리라. 친절・관용・자비・용서・관심과 같은, 사람의 의지에 따라 이루어질 수 있는 덕성이다. 따라서 계율적인 명령과 계약이 개입할 수 있다. 아마 그녀가 시를 통해 세상에 말하고자 하는 바는 그것을 뛰어넘는 우애에 기반한 마음인지 모른다. 그녀 온몸이, 불꽃놀이의 불꽃처럼 타오르리라.

'가시'의 길과 돌 깨지는 소리 소리 들리는 마산 거리를 걸으며, 나는 문옥영 시인이 지녔을 마음의 불꽃을 듣고, 사랑의 목소리를 본다. 흔하지 않으면서 예사롭고, 내세우지 않으면서 당당한 마음의 손길이 시인의 전 시편을 한결같이 매만지고 있다. 사소하지 않은 섬세함, 삶에 대한 깊은 믿음, 문옥영을 읽는 일은 요즘같이 허황한 말의 성찬으로 칠갑한 유행 속에서 놀라운 경험이다. 그리고 그 경험은 경건한 아름다움을 위한 학습마당이다. 거미의 사랑과 촛불의 눈길을 지닌 시인을 따라 걷는 마산 합성동의 번잡함을 나는 사랑한다.

싱싱함의 정체

이자영론

1

이자영 시인이 두 번째 시집을 낸다. 여덟 해 만에 이룬 일이다. 이미 첫 시집에서 보여 준 시인의 활달함은 많은 이에게 강한 인상을 남기기에 모자람이 없었다. "님아 / 다음에 오실 땐 / 벨을 누르지 마시게 / 전화도 하지 마시게"로 시작하는 「생활 III」의 거침없는 직정, 가을 밤톨 떨어지는 숲속 풍경을 놓고 장희빈을 중심으로 얼룩졌던 조선 왕궁사로 읽으면서 "툭툭, 여기저기 / 아람 떨어지는 소리 / 몰라, / 후회와 사죄로 / 장희빈이 고개 떨구는 소리일는지"로 마무리한 「아람」의 재치는 지금도 새삼스럽다.

게다가 "나는 신비스런 열쇠 하날 가졌어"로 시작하는 「열쇠」의 노골적인 관능은 떨어져 뒹구는 단풍나무 잎과 아직 매달린 잎 사이의 대비로 진짜 / 가짜의 뒤바뀜이 일상화한 거짓 삶에 대한 성찰과 어울려 더욱 빛났다. 이번 시집에서도 시인의 그러한 활달함은 곳곳에서 모습을 드러낸다. 오히려 한풀 껍질을 녹이고, 속도를 더한 듯싶다. 거침없는 말씨는 자신감을 얻었고, 세상에 대한 높낮은 관심은 한결 다채로움을 얻었다.

> 방금 비질한 듯
> 빗자루 흔적 선연한 마당
> 세모시 사이로 아른거리는
> 여자의 속살을 닮아 가고
>
> 부끄럽게 돌아앉은 뒤채 댓돌 위
> 남녀 고무신은
> 알몸이 된 지 이미 오래다
>
> —「전망 좋은 집」 가운데서

천연덕스럽다. 한차례 소낙비 내리고 갠 여름 한낮, "전망 좋은" 어느 집안의 마당 풍광을 벌건 대낮에 치르는 '알몸'의 성희로 바꾸었다. 쉬 찾아보기 힘든 싱싱함이며 적극적인 표현이다. 시집 곳곳에서 이 점을 거듭 확인한다. "가끔 이 삶에서 멀어"진 듯이 보이는 솔직한 태도나 모반을 꿈꾸는 듯한 말씨 속에서 그것은 후광을 더한다. 따라서,

> 비는 내리는 게 아니라
> 바람이 발겨 놓은 바다 속살이
> 아프도록 튕겨 오르는 것
>
> —「바다 속살과의 한때」 가운데서

이라 시인이 말했을 때, 나는 오히려 그녀의 상상 기계가 내뱉는 발랄하고 싱싱한 자기 고백을 듣는다. 그녀 시가 보여 주고 있는 이러한 싱싱함은 어디에서 말미암는가. 나는 이미 들을 질러 한길로 나섰다.

2

이자영 시인의 눈빛은 세상과 사물에 대한 집요한 관찰과 호기심으로 반짝거린다. 게다가 그 과정을 막힘없이 표현해 내는 재치까지 지녔다. 자갈밭을 바삐 떠도는 햇살같이 그녀의 시가 지닌바 톡톡 튀는 듯한 신선함의 첫 번째 정체는 이것이다.

> 날 사랑하지 말아 줘 내게 관심 갖지 말아 줘
> 팔랑거리는 내 사랑 대체 무얼 믿을 게 있다고
> 날 가졌다는 이유 하나가 그렇게
> 구들장 만한 배짱을 디밀게 하는 거냐
>
> —「지폐가 하는 말」 가운데서

> 노고지리 울든지 말든지 제 맘대로
> 해 뜨고 지는 산장의 창은 사연도 많았다
> 산마루 저 너머엔 해도 지지 않을 것 같아

모롱이 돌아가면 얼음꽃 아작아작

피든지 말든지 제철도 모르는 개나리

―「겨울 개나리」 가운데서

첫 시는 대신 말하기라는 꾀를 끌어들였다. 종이돈의 입을 빌려 말하는 이러한 체험의 전이는 사물에 대한, 상황에 대한 새로운 깨달음을 이끌어 내는 효과적인 방식이다. 시인은 자본주의의 핵심 욕망인 화폐 권력을 놓고 그것과 가벼운 승강이를 벌인다. '팔랑거리는' 종이돈에 힘입어 "구들장 만한 배짱을" 염치없이 디미는 세상 곳곳의 허세에 대한 은근한 비난이다. 조금도 새로울 것 없을 사물에 대한 자각의 자리가 마련된다. 「머리카락의 독백」이나 「먼지, 개 같은」과 같은 시에서도 이런 방식을 거듭한다.

그녀를 읽는 재미는 시각 전이와 같은 기법적 탐색에만 머물지 않는다. "어쩜 모든 사물이 이토록 경이로울까 / 같은 곳을 수없이 다녀도 언제나 새로운 듯 / 코를 / 킁킁대고 귀를 쫑긋"(「먼지, 개 같은」)거린다는 직접 진술이 새삼스럽다. 순발력 갖춘 그녀의 걸음걸이는 두 번째로 올린 「겨울 개나리」와 같은 작품을 마련했다. 철 이르게 핀 개나리에 대한 돌발적인 말건넴이 신선하다. 가볍지 않은 관찰과 발견의 순간을 표현의 가벼움으로 살려내는 그녀의 재치, 상상의 유연성이야말로 읽는 이에게 울림 큰 재미를 선사하게 하는 요소다.

고둥을 다 파먹고 그 속으로 들어간다

꼬부랑길이 정겹다

오래 비워 둔 빈집에 든 나는
모처럼 알맹이다
고둥을 굴린다
알맹이가 부실했던지
고둥은 굴려지지 않는다
껍데기만 닳아 규각들이 둥글어진다
껍데기여 나는 그대가 좋다
텅 빈 눈동자로 알맹이를 기다리고 섰는
외로운 빈집의 그대가
장마비 허느적거릴 때
불현듯 떠오르는
기억 속의 방 같은 그대가
빈 그대 속에 들어가 나는
다시 고둥을 굴린다

—「나는 껍데기를 사랑한다」 가운데서

먹고 내버린 작은 고동 껍데기 하나를 두고도 그녀의 눈길은 요모조모 상상 기계를 맹렬하게 움직인다. 하찮은 그것을 내 몸 깃들일 '빈집'으로, 그대와 함께할 집으로, 다시 내가 들어가 안겨 들 그대 사랑의 공간으로 의인화하는 연상의 고리가 걸림이 없다. 상상의 헤엄이 즐거운 시줄이다. "허물어지는 살점 허물이 되는 젊음 군데군데 뚫리는 허파 군데군데 널리는 허무"(「묵은 감자는 억울해」)와 같은 말장난은 이에 견주면 오히려 격이 낮다. 시인의 이러한 발랄함은 공공 영역으로 눈길을 넓혀 나가면서 보다 든든한 밑자리를 얻는다.

> 얽힌 실타래 같은 표정의 사람들
> 빠른 걸음의 종아리엔 긴장이 밴다
> 저마다 표준 규격으로 살았노라는
> 서류뭉치 사이로 찬바람이 인다
>
> ―「법원 풍경」 가운데서

'법원'으로 대표되는 공간에서 삶은 모습을 보다 뚜렷하게 드러낸다. 시인이 자문하고 있는 바와 같이 다 "풀리지 않는 실꾸리 허리춤에" 차고도 "표준 규격으로 살았노라" 착각하는 거짓의 허방놀이가 삶일는지 모른다. "오늘의 원고 내일은 피고 되"는, "끝내 모를 세상"의 삶자리까지 시인은 눈길을 놓치지 않았다. 하급 경찰관으로 한눈팔지 않고 살다 정년 뒤 아파트 경비를 맡고 있는 "박 씨"에 대한 공감을 이야기하고 있는 「차선 변경」 또한 마찬가지다. 무거운 주제를 가볍게 오가는 시인의 '차선 변경'이 오히려 읽는이를 즐겁게 하는 경우다.

이러한 유연한 관찰력과 함께 이자영 시인의 특징이 잘 살아나는 두 번째 자리는 여자의 삶에 대한 자각과 관심을 보여 주는 곳이다. 가다듬지 않은 마음의 모서리들이 마구 제 모습을 드러내는 모래밭이 거기에 있다. 그녀는 우리 사회에서 무거운 무게로 여자들을 내리누르는 가족 체험이나 성 고정관념의 덫에서 어느 정도 자유롭다. 가족 이미지조차 잦지 않다. 여성 화자의 입을 빈 성적 관능도 예사롭다. 주류적인 여자의 자의식과는 낯선 도발이요 재미인 셈이다.

"화산 분화구처럼 숭숭 뚫린 / 뼈마디에선 오늘도 / 무릎 시린 바람이 일어 / 나날이 부서져 가루가 되는 어머니"(「방파제」), 또는 "삶에서 어머니가 차단되는 입관의 순간 / 나무 못질 그 모진 소리가 못내 아파 / 나는 곡보다 환청을 택했다"(「어머니, 꽃씨 되셨다」)라는 시줄에서 보는 바와 같이, 어머니 세대와 동일시를 겪으면서 여자의 보편적 삶에 대한 공감으로 나아가는 경우가 없는 것은 아니다. 그러나 그런 보기는 흔치 않다. 게다가 많지 않은 가족 체험도 짓눌린 여자의 자의식에 머문 경우는 찾기 힘들다. 그녀는 거기에서 한발 더 올라서 자신의 이야기를 꾸미지 않은 목소리로 내뱉는다. 아마 시인이 꿈꾸는 삶의 서사에서 주인공은 적어도 남성 타자에 의해 미리 주어진 허상이 아닌 것만은 분명하다.

> 가슴에 있는 대로 불을 놓고는 그 불 번지기도 전에
> 저 홀로 먼저 타서 뼛가루로 흩날리는 여자
>
> —「뼛가루로 흩날리는」 가운데서

제 불에 제 스스로 남 "먼저 타서" 흩날리고자 하는, 나이에 걸맞지 않은 가벼움이 배어 있다. 여자로서 살아가는 삶의 불편을 말할 때도, 솔직함이라는 미덕을 시인은 잊지 않는다. "세상에게 미쳤던 하루"라고, "늘어난 기타줄처럼 뒤채이"(「미치는 아름다움」)며 살지 않으리라고 당당하게 말한다. 그러한 낮과 밤을 보내고 난 "비린 피의 아침"(「선홍의 아침」), '강렬한' '피돌기'(「햇살은 구름을 쪼고」)를 그녀 시는 연출하고 싶은지도 모른다. 우리의 여성시가 즐겨 기대 온바 어름한 관념놀이나 열등감을 부풀린 인욕의 제스처가 끼어들 자리는 그만큼 좁은 셈이다. 여성적

자의식에서 멀찌감치 떨어진 채 순간순간 즉각적인 반응을 즐기는 데 시인의 관심이 쏠려 있다. 말씨가 투박하나 간결하고, 몸짓이 한결 싱싱한 까닭이다.

> 피 볼 일 많은 세상
> 그대의 피흘림을 차마 볼 수 없어
> 깍쟁이같이 대일밴드처럼
> 그대 몸에 마음에
> 찰싹 붙어 살 거야
>
> —「발렌타인 데이, 대일밴드를 선물하다」 가운데서

남성 이미지를 끌어올 때도 싱싱한 몸짓이 거듭함을 본다. 남자의 "몸에 마음에" '대일밴드처럼' "찰싹 붙어 살 거"라는 익살스러운 말 속에 남자에 대해 주눅 들지 않은 찬탄이 즐겁다. 이러한 자신감은,

> 이 세상에 와서 내가 쓴 무수한 종이들. 내가 소비한 종이 같은 남자들 나 죽기 전에 몇 그루의 나무를 심어야 옳은 셈이 될는지. 단 한 줄의 마음도 적히지 않던 허여 멀건한 남자, 뻣뻣이 거드름을 피우다 사정없이 구겨져 처박히던 남자, 내 마음 빼곡이 양면으로 적히던 그 남자는 어디 갔을까
>
> —「종이와 남자」 가운데서

와 같이 의뭉스런 장난질의 대상으로 남자를 마주 세운다. 한때 "마음 빼곡이 양면으로 적히던 그 남자", 짐짓 하찮은 '재활용'의 대상인 '종이'가

되어 버린 남자들은 어디 간 것일까. 늘 가볍게 쓰던 '티슈처럼' '솔직하게' 남자에게 '다가서서' 그들과 '부대'끼며 살고 있음을 말하는 손쉽지 않은 여성적 자각이다. 남성우월주의로 말미암은 피해망상은 보이지 않는다. '종이'의 동어반복으로 엮인 이 시의 고르지 않은 숨길이 그러한 자의식을 벗어나려는, 또는 벗어난 이의 솔직한 고백으로 읽히는 까닭이다.

따라서 "처지는 것들의 자신만만함과 / 느슨한 것들의 여유를" 모른 채 "스물과 서른"의 세월을 '꼼짝없이' 가두었던 '팽팽'한 몸매에 대한 신화에서 벗어나, "브래지어 과감히 벗어 던지"고 '처지는' 젖무덤 그대로 "오래된 젖몸살"(「처지는 것들을 위하여」) 풀겠다는 시인의 진술은 부풀림이 아니다. 이자영의 시가 지닌바 싱싱함이란 가학적으로 남성 이데올로기를 거꾸로 강박하는 섣부른 에로티시즘이나, 여태껏 우리 여성시가 이루어 왔던 순결 이미지를 벗어나, 하루하루 부딪치는 생활 속에서도 주눅 들지 않은 채 자신의 여성을 확인해 가는 긍정적인 눈길에서 말미암는다. 남성 중심적인 주류 사회의 인식틀 속에서 그녀의 자세는 쉽지 않은 자신감과 포용력을 보여 주고 있는 셈이다.

이자영 시인의 시에서 맛보는 싱싱한 즐거움의 세 번째 정체는 대립과 모순을 그대로 받아들이는 체험의 적극성에 있다. 싸워야 할 대상에 대한 맞받아치기, 고정관념에 대한 돌발적인 뒤집기뿐 아니라, 아이러니나 역설 또한 시의 울림을 더하게 하는 요소로 눈을 뜨게 한다. 시점 설정과 인식 태도, 기법 모두에서 시인의 적극성이 빛난다. 그리고 그것은 무엇보다 부재와 불능의 현실에 그냥 가라앉지 않겠다는 의지의 도움을 받고 있다.

"죽이고 싶은 사람 없는 세상은 빈 칼집이야 살아 들어갈 칼 없어 넓어 황량"(「죽이고 싶은 사람이 용서되던 바로 그날 나의 사랑은 죽고 말았다」)할 뿐이라는 역설이 낯설지 않는 까닭이다. 지리멸렬한 현실 속에서 늘 증오와 모반의 꿈으로 말미암아 더욱 신선하게 담금질하는 것이 삶이라고 시인은 우리를 부추기는 듯싶다. 부드러운 사랑과 화해의 제스처에 쉽게 마음을 놓아 버리기보다는 망가지고, 부서진 시간에 더 조바심치는 이가 그녀다. 마치 "죽이고 싶은" 세상에 대한 더 참된 방식이란 이것 말고는 없다는 듯이. 부재와 불모의 감각을 빌려 그 점을 잘 드러내고 있는 경우가 아래에 있다.

> 불빛이 마구 휘저어 놓아야 물이 오르는 밤
> 수컷들의 집요한 번식욕은 끝없이 다산을 부르지만
> 검은 달빛의 광휘 속에 하루에도 수많은 정자들이 죽어 간다
> 활기찬 대낮의 수다로움도 입을 다물고
> 말수를 줄일수록 더욱 외설스러워지는 밤
> 파충류 같은 긴 환각을 지나
> 잎새 없는 몇 개의 꽃들을 만난다
> 잎새 없는 꽃
> 그들에겐 눈이 없어 진실을 맞추지 못한다
> 어디까지가 인간이고 어디서부터 동물은 시작되는지
> 그들 사이의 묘연한 경계구역은 아직껏
> 탐사된 적도 없고 탐사 될 수도 없어야 한다
> 그래야 왕국이다 혈통 좋은 왕조가 있는
> 다시 꽃이 없는 잎새를 찾아 나선다

꽃이 없어도 충분히 아름다운 무성한 잎새

—「동물의 왕국에 반영된 이 도시에서」 가운데서

시인의 작품 가운데서 결코 뛰어나다 할 수 없는, 그럼에도 이자영다운 거침없는 말씨가 잘 들나고 있는 작품이다. 담고자 한 뜻은 분명하다. 불임이 표상하고 있는바 도시 현실에 대한 대응의지다. 여덟 차례나 거듭하는 '없다'라는 말에다 불능의 감각을 사슬처럼 친친 감은 모습에서 그것의 강도를 짐작한다. '인간'과 '동물'의 경계라고는 이미 온데간데없는 참혹한 현실에 그대로 매몰될 수 없음을 분명히 한 셈이다. 비록 패배가 예정된 것임에도 결코 만만치 않을 그 대거리를 빌려 시인은 사랑을 위악적으로 표현하고 있는지 모른다. 그러한 역설적 정황이 그녀를 술 취한 바다로 내몰았다.

밤바다는 참 더디게 취한다 사람들이
뜨겁게 사랑할 때 볼 것 다 보고도 엉큼하게
얼굴 하나 빨개지지 않고 함께 달아 오르지도
않고 차가운 이마로 저의 사랑 조곤조곤
부수고만 있다 물빛은 달빛을 달빛은 물빛을
제 몸에 들이고 반쯤 취한 바닷돌 흥건한

—「바다가 취할 즈음」 가운데서

시인이 받아들이고자 하는 부재와 모순의 정황은 "물빛은 달빛을 달빛은 물빛을 / 제 몸"처럼 하나로 끓이는 '밤바다'로 미화되고 있다. 시인이 밤바다에 서서 상상하는 것은 "잔 속에 빠뜨린 별"을 보며, "서로의 가식을" 벗은 채, "가슴속에 화아 꽃길이 열"(「참인간이었던」)리는 시간이다. 그러나 막막하게 짓눌린 삶의 갈피 속에서 시인이 얻을 수 있는 위안이란 술 취한 순간처럼 짧게 왔다 갈 뿐,

> 밤을 새워 언어를 빚습니다 벗겨진 피복전선처럼 문드러진 살갗 사이로 허연 뼈가 그리움으로 누워 있습니다 나의 언어에도 모호한 물집이 맺히고 그리움으로 누웠습니다 나의 언어에도 모호한 물집이 맺히고 핏물이 돕니다
>
> ―「밤새 빚은 그리움으로」 가운데서

"벗겨진 피복전선처럼 문드러진 살갗"이 아프다. 시인은 밤새 안고 뒹군 아픔을 불쑥 꺼내 놓고 쉽게 화해할 수 없었던 삶의 불편함을 웅변하고 있다. "죽고 싶어 하는 절실한 생명들이 / 수절하며 간직해야 하는 사랑의 범위는 / 대체 얼마큼인가"(「가끔씩 이 삶에서 멀어지고 싶듯」)며 그녀가 열뜬 목소리로 되묻는 '절실한' 자리는 어딜까. '핏물' 도는 그곳이 지나간 추억이나 장식적인 감상으로 겉칠될 자리가 아닌 것만은 확실하다. 그녀는 현실주의자며, 적극적인 점에서 더욱 그렇다. 시시각각 맞부딪쳐 오는 현실 앞에서 "육질 좋은 세상을 난도질하는 꿈으로 / 칼날을"(「칼날을 세운다」) 세운 채 그녀는 이제 순간순간 꽃으로 핀다.

> 동그랗고 빨간 꽃
> 은밀한 곳의 상처는 누구도 보지 못한다
> 통증은 안에서 키울 때만 쾌감이 된다

빨간 꽃송이에 노르스름하고 파리한 잎이 돋는다
무시무시한 것에서 환상적인 것으로의 변화
상처가 멍으로 성숙되는 시간
쾌감의 통증을 위하여 사람들은 사랑을 하고

—「무시무시한 것에서 환상적인 것으로」 가운데서

한껏 타오르는 물, '술'과 '피'의 두 이미지가 하나로 옹근 절정의 자리에 꽃이 있다. "동그랗고 빨간 꽃", "쾌감의 통증"이 키운 '꽃'이다. 아마 그녀는 여성 경험 가운데서도 성애와 임신 그리고 출산이라는 가장 극적인 생애 주기에 기대지평을 두고 있는지 모른다. 그만큼 삶은 격렬하고 따라서 '상처' 또한 깊다. 시인의 표현대로 "무시무시한 것에서 환상적인 것으로의 변화"도 한순간에 일어난다. 그로부터 빚어진 팽팽한 충일감이 "상처가 멍으로 성숙되는 시간"의 속뜻이다. 시인은 거듭 싱싱한 '꽃'으로 피었다 진다.

3

어떤 이는 이자영의 시가 거칠다고 말한다. 말씨가 그렇고, 체험의 진폭이 큰 데서 더욱 그렇다. 그러나 섣부른 개성론의 잣대로 가져다 대기 힘든 열정을 그녀는 밀고 왔다. 손과 다리는 두고 맨배, 맨살로 기어온 듯한 시간의 기억은 자신의 의도와는 관계없이 곳곳에서 생생하다. 아마 앞으로도 그녀는 손쉬운 양식화를 물리치는 길로 걸을 가능성이 크다.

세련된 수사와 틈 없는 언어 세공은 그녀가 처음부터 노린 바가 아니다. 그럴 수 없는 삶의 불편함과 마주 선 자리에서 그녀의 나들이는 잦다. 나날의 삶이 지리멸렬하고 꽉 짜인 바지 속에 갇힌 듯 답답할 때면, 그녀가 이끄는 대로 뭉텅뭉텅 구름 꽃밭 너른 바닷가로 달려가 볼 일이다. 거기서 손톱을 꽃차례처럼 붉게 키운 그녀를 만날 수 있을 것이다.

잠 속에 빠져 있는 모든 것들 스스로
무너지는 밤 홀로 깨어 매니큐어를 칠한다
무게를 털고 하얗게 벗고 앉아도 가볍게
날지 못하는 사랑 손톱 위에 서 있다
화학원소들의 강렬한 반란이 피워 내는
시간의 틈 그 틈을 채우는 입자 한 개를 만난다
무른 나의 가슴은 늘상 단단한 손톱 하나
길러 내지 못하고 뚝뚝 마른 가지로 부러지곤 했다
애써 기른 손톱을 세워 입자를 찌른다
남자의 코피처럼 입자에서 피가 흐른다
바닷가 작은 마을에 피어 있던 칸나가
절뚝이며 걸어온다 새하얀 휴지에
칸나 비린내로 번지는 바다
모래톱 속으로 이울어 간 나의 삼십 대가

파도친다 비늘 싱싱한 바다고기가

손톱에서 헤엄친다

—「비늘 싱싱한 1」

자신의 시작에 대한 자의식이 아름답게 옹근 시다. "싱싱한 바다."

갈매기는 오늘도 태화강까지 거슬러 올랐다. 바쁘다. 이자영 시인의 잰 걸음은 방어진에서, 주전 '바닷가'에서, 또는 학성공원 한 모서리에서 "강렬한 반란"을 꿈꾸며 '싱싱한' 바람의 '비늘'을 세울 것인가. "살아 있는 아름다움으로 깨어나는", "끝까지 만지작거려야 할"(「내 삶은 퇴고 중」) 그녀의 시작에 보람 많기를 바란다. "아름다운 죄"(「뼛가루로 날리는」) 자주 지으며 거침없는 "자태로 맘껏 헤엄"(「이자영」)치기를. "모래톱 속으로", 입 안 가득 모래를 머금은 채 숨차게 '헤엄'쳐 온, 시인의 삼십 대와 사십 대의 비린 나날에 나는 붉은 '칸나' 꽃다발을 한아름 건넨다.

2부
지역시의 속살

시는 구체적인 데 뜻과 힘이 있다

좋은 시와 다르게 쓰일 수 없음

경남시단의 여름 나기

지역시가 나아갈 바

전쟁 속에 얼어붙은 꽃봉오리
고석규의 시

수직성의 자유와 칼날의 온도
이형기의 시

바다와 함께 가는 한마음 두 길
김성춘과 김성식의 시

이름씨 공간과 긴장된 사회 서정
강영환과 정순자의 시

시의 총알택시를 타고
최영철의 시

사랑의 길, 길의 사랑
김미숙과 조연향의 시

시는 구체적인 데 뜻과 힘이 있다

1

지난 1995년『경남문학』겨울호에 실린 시들을 읽어 내려간다. 오늘날 우리 시가 이룬 높낮이를 두루 따라 서고 있지는 않았지만, 큰 밑자리는 잘 드러내고 있었다. 두 가지 생각이 든다. 시단이 많이 황폐해진 것이 아닌가 하는 생각이 처음이다. 눈길을 끌어당기는 작품 찾기가 힘들었다. 우리 시가 오랫동안 모자람 없이 쌓고 올려 세워 놓은 바람직한 시의 규범과 잣대가 너무 느슨하게 적용되고 있는 듯싶다. 그렇지 않아도 시쓰기가 하찮은 일로 졸아들고 있는 요즈음 형세로 미루어 예사롭지가 않다.

우리 지역에도 이렇게 많은 시인이 살고 있었던가 하는 놀라움이 둘이다. 이제 시쓰기도 교양 취미 가운데 하나로 자리를 굳힌 셈인가 보다. 신춘문예라는 신문사의 문화 축전이 해마다 벌어지고 있다. 아직까지 잘 팔리는 책 목록에 시집이 심심찮게 오르내리고, 출판사에서 돈을 들여 시집을 찍어 주는 나라다. 판매를 돌보지 않고 꾸준히 나오고 있는 문학잡지가 수를 헤아리기 버거울 뿐 아니라, 글쓰는 이들이 나라 단위로나 크작은 행정단위로 단체를 만들고 자리를 만들어 이익집단[1] 으로 나돌고 있는 나라답다.

이러한 현상을 두고 쉬운 말로 '시의 위기'니 '하향평준화'니 무어니 거들다 말 일이 아니다. 오히려 다른 나라에서는 찾아볼 수 없는 문학 풍토다. 이것을 우리 사회의 바람직한 힘으로 살려 나갈 방안을 서둘러 찾아 나서야 할 것이다. 소박한 바람이지만 시인으로 이름을 내걸고 있는 이들만이라도 남이 낸 시집을 한 해에 한 권씩 사 주고, 읽어 가면서 시에 대한 감각을 더욱 키워 나간다고 생각해 보자. 우리 시가 놓일 경제적 · 문화적 · 제도적 위상이 어떠할 것이라는 점은 불 보듯 뻔하지 않은가.

2

오래도록 많은 사람이 시의 뜻을 짧게 매겨 보려 했다. 그럼에도 아직까지 보편타당한 이해 지평 위에 올라설 개념은 없다. 분명한 점이 있다면 시도 사회 구성원이 오랜 시간을 두고 전승, 변화시켜 온 관

---

1 그 가까운 뿌리는 나라잃은시대 왜로(倭虜)가 저들에게 빌붙어 충성하도록 부추기기 위해 만든 이른바 '조선문인협회'니 '조선문인보국회'니 하는 부왜(附倭) 단체에 있다.

습 · 제도 가운데 하나일 뿐이라는 사실이다. 시 개념은 역사 개념, 형성 개념인 셈이다. 다만 사회 안쪽에서는 그것을 널리 시로 믿고 동의한다고 여겨지는 통념과 규범이 있다. 작품의 높낮이를 나누고 값어치를 따지는 것은 자연스런 일이다.

따라서 천재가 아닌 다음에야 제가 쓰고 싶은 대로 쓰면 된다느니, 다른 사람이 제 시를 알아주지 않느니 해서 소란을 피우다 말 일이 아니다. 주먹다짐을 잘한다고 해서 좋은 권투선수가 될 수는 없다. 시의 역사란 어찌 보면 그러한 관습 · 제도의 틀 속에서 이루어지는 힘겨루기의 기록이다. 그 속에는 전문시인 · 대중시인 · 교양시인과 같은 여러 무리의 시인[2]이 낱낱의 몫과 의의를 다하며 얽혀 들기 마련이다.

시쓰기를 더불어 즐기기 위해서는 먼저 좋은 시, 바른 시로서 갖추어야 할 바 자질로 널리 받아들여지고 있는 것들을 익힐 필요가 있다. 그 가운데서 새삼스럽게 문제 삼고 싶은 점은 시란 무엇보다 구체적인 데에 뜻과 힘이 있다는 사실이다. 시가 집단의 노래였던 예부터 개인 제작의 문자시로 옮아온 오늘날까지 철학과도 맞서고 역사와도 스스로를 떼어 놓을 수 있었던 한결같은 정당성이 여기에 있었다. 시인 쪽에

2 엄밀한 나눔은 아니지만 전문시인은 문학 제도 그 자체나, 내적 정당성 또는 문학사를 겨냥한다. 대중시인은 문학적 유행이나 당대적 대중성에 눈길을 두며 세상 물정을 살핀다. 교양시인은 좁은 범위에 머물러 자신의 소박한 취향에 따라 시쓰기를 되풀이한다. 전문시인 탓에 관습으로서 시의 생산이 멈추지 않으며, 대중시인에 의해 시의 사회 유통이 보장받으며, 교양시인에 의해 시가 삶 속에 지속적으로 내재화한다. 오늘날 우리 시단은 매체 혁명과 거대 자본주의의 재편이라는 격변 상황 아래서 전문시인의 역할이 뚜렷하게 축소하고, 교양시인이 대중시인이 지녔던 행태와 영역을 차지해 가는 제도 내적 규범의 재편 정도와 범위가 큰 상승기에 들어 있다. 이 과정에서 바람직한 시의 변화는 제 몫을 다하는 전문시인이나 문화 이벤트를 만들 만한 대중시인 못지않게 건전한 취향과 노력을 다하는 교양시인이 이끌 가능성이 높다. 시쓰기와 읽기가 더 넓게 우리 사회 여러 곳에 건전한 취미문화, 여가문화로 자리 잡을 수 있도록 사회의 배려가 자라야 할 것이다.

서 보면 이 점은 다시 둘로 나뉜다. 첫째 나날살이에서 겪는 직접 체험의 구체성, 둘째 작품에 담긴 표현의 구체성이 그것이다.

① 옥포만을 울리는
그날의 함성
백의민족의 흰 날개 힘차게 퍼덕이던
그 바다 위,
오늘은 충무공의 후예들이
조선한국(造船韓國)의 힘찬 기상 앞세워
오대양 헤치고
학익진(鶴翼陣)을 펴 나간다.

옥포만에 퍼지는
바람결 속 승전고 소리
둥 둥 둥 둥
신명나게 울릴 때마다
그날의 넋들이 일어서고
겹겹이 가라앉은 민족의 한이
거북등처럼 굳은 다짐이
성난 파도로 일어선다.

4백 년을 다져 온 민족의 힘을 어깨에 싣고
진군하는 배들.

현해탄을 건너는 반 세기 한풀이와
북녘을 향한 40년 염원을 싣고
민족의 바다를 향해 간다.

큰 바다의 꿈으로 가슴이 일렁이는 옥포만,
그 가슴에 가만히 귀대어 보면
희망에 벅찬 고동소리,
함께 닻 올리는 내 가슴의 고동소리.

— 정용원, 「옥포만의 노래」

② 바다가 보이는 곳이 아니어도 창문 넓은 커피점은 간판의 모양새만큼 저마다의 이름을 매달고 있었네 이층 계단은 좁지도 않았고 삐걱이지도 않았지 중세시대 기사풍의 DJ박스 대신 대형멀티비전에는 헐리우드식 인생을 화면 가득 담아 두었더군 창밖에는 바람도 없이 흩어지는 새 떼들이 분수처럼 튀어 오르고 생수를 받쳐 든 그녀의 유난히 짧은 꽃무늬 스커트가 일시에 꽃을 피워 대기 시작하였어 순간 무거운 침묵이 그리웠지만 그러나 새롭게 변해야 할 번민마저도 빠트려선 안 되는 코드로 설정하기로 하였지 아코디언처럼 접혀진 시간들을 죄다 다시 펼치면 건초더미 같은 삶이 먼지 가득 뒤집어쓴 채 푸석푸석 걸어 나오지만 쓰윽 닦아 보면 묻어나는 오래 동거한 너 어디 갔었었니?
푸른 내 감각들아

— 정이경, 「늦게 도착한 시」

③ 내가 이렇게 자란 것은
하늘에서 쏟아 주신 시원한 소나기로
뙤약볕 갈증에도 목을 축이며
생기를 얻었기 때문입니다.

햇볕도 무기질도 당신의 것이지만
아침저녁 이슬 내려
날마다 쑥쑥 키가 자라서
봉오리가 맺히고 꽃이 피었습니다.

찌는 듯이 무더운 삼복더위
말라빠진 박토에도
그대 내리신 사랑의 선물
이토록 탐스럽게 성숙되어 있어요

폭풍우 쏟아지고 한발에 시들어도
열매 맺기 위하여
내리신 생수로 목을 축이고
밤새 역사하여 미소짓고 있어요

— 김성진, 「야생초」

④ 저 산에 나는 갈 수 없네
숨 쉴 수 있는 모든 것들이

겹겹으로 되살아 돌아오는
저 산으로 나는 갈 수가 없네

돋는 해와 저무는 해
돋는 달과 저무는 달이
억겁 세월 사려밟아
오롯이 떨군 영욕(榮辱)의 슬픔을
깊은 달관으로 품어 내는
저 무지막지한 사랑을 안을 수 없어
나는 저 산에 갈 수가 없네.

— 강신형, 「그대가 그립다—저 산에」

옮겨 놓은 ①은 "옥포대첩 전승탑 앞에" 서서 옥포만의 발달한 조선 산업 현장을 기리고자 한 시다. 가슴 벅찬 모습에서 지나간 역사의 어둠이 말끔히 걷힐 만한 밝은 미래가 느껴진다고 했다. 생각은 마땅하나 거기에 이르게 된 구체적인 체험이 빠져 버렸으니, 틀에 박힌 관념을 줄을 바꾸어 가며 늘어놓아 시가 허황되다는 평가를 벗어나기 어렵다. ②도 이와 비슷하다. 바다 가까운 곳에 있는 듯싶은 2층 찻집의 특이한 분위기를 그려 보고자 한 뜻은 알겠다. 그런데 그것을 "중세시대 기사풍"이니 "헐리우드식 인생"이니 해서 읽는이를 놀라게 한다. 어름한 정황 인식이다.

③은 시인 스스로 글감으로 삼고자 한 들풀이 무슨 풀이며, 어떤 삶꼴을 지니고 있는지 알려고 하지도 않은 채, 그것이 "그대 내리신 사랑

의 선물"로 '밤새' 꽃을 피워 '미소하고' 있다고 들떴으니 한참 억지스럽다. 자신을 짐짓 '야생초'로 세워 두고, 자신이 입고 있다고 여겨지는 은총에 눈물겨워 하는 종교 알레고리로 이 시를 읽는다 해도 사정이 나아지지는 않는다. ④는 가까이 "갈 수가" 없다는 뜻을 말해 '산'이 지니고 있음직한 어떤 힘에 대한 외경심을 보여 주고자 했다. 그런데 목숨 가진 것을 해마다 되살려 낸다고 여겨지는 그 힘을 해와 달이 "억겁 세월" 동안 돌면서 남겼을 "영욕의 슬픔"조차 "깊은 달관으로" 이겨 낸 "무지막지한 사랑"이라 한껏 부풀렸다. 억지스러움이 ③과 다르지 않다.

시인이 틀에 박힌 통념이나 손쉬운 관념, 부풀린 느낌에 몸을 맡긴 채 체험 결핍에 이르고 있는 보기를 몇 들었다. 사람은 세상을 아는 만큼 보고 느낄 수밖에 없는 존재다. 그러니 시인은 무엇보다 구체적인 장소 안에서 구체적인 정황을 바탕으로 현실에 대한 앎을 쌓고, 꼼꼼하게 관찰하는 힘을 길러야 한다. 아무리 뜻 높고 힘찬 생각이라도 구체 체험에 뿌리를 내리지 못한 것이라면 시시하다는 느낌을 벗기 힘들다.

그런데 시인이 손수 겪은 바가 작품 안쪽에 뜻대로 담기는 것은 아니다. 나날이 겪는 체험의 강도와 질로 보면 시인이 예사 사람들에 견주어 새삼스러울 것도 유별날 것도 없다. 다만 시인은 그것을 제대로 담아낼 수 있는 길을 익힌 사람이다. 그것은 비유니, 시침떼기니 번잡한 지식을 들먹거려 배워질 일은 아니다. 시인 스스로 자신이 쓴 글을 남이 보듯 떼어 놓고 바라볼 수 있는 힘을 기르는 훈련이 빠른 길이다. 실제 체험과 문맥 체험 사이의 거리를 조절하는 일이 이와 다르지 않다.

① 승용차로 양산 어디를 다녀오는 길이었다 한다 바람이나 쐬자며 평소

잘 어울리는 사돈끼리 정답게 얘기 나누며 돌아오는 길이었다 한다 가만 고개 숙여 발밑에 뭔가 떨어진 걸 줍는 듯 그 불완전한 자세가 어째 좀 길다 싶었다 한다. 황급히 병원으로 달렸으나 어쩔꺼나 그렇게 조순 시인 벌써 이승을 떠난 후였다 한다.

— 오하룡, 「조순 시인」

② 너는 견고한 욕망, 혹은
심각한 고민은 접어둔 채
색다른 내일을 꿈꾸는
신세대.

죽음보다 단단한 어둠 속에서
숨을 죽인 채
화려하게 투신할 순간을 기다리는
견고한 슬픔 혹은
580미리리터의
오, 부드러운 평화!

— 김성춘, 「캔맥주」

③ 한 잔만, 딱 한 잔만
지랄 염병할, 그렇게 빛나는 삶을 퍼마시는 거야
몰라도 돼, 그렇게 고단한 어둠은 내 것이 아니지
중앙동 오거리를 꽉 차도록 그렇게 휘저어 보는 거야

기우는 달빛, 꺼져 가는 네온, 이미 내 것이 아닌 거야
취한 만큼 좁아 드는 길, 웬 놈이야 발목을 잡는 놈이
머리통이 다 깨지도록 한 번 받아 보는 거야
대단한 놈, 피멍 한 점 들지 않는 번들거리는 이마
몇 cc인지 나는 모르지, 엎어터지고 마는 거야
코피를 철철 쏟으며 잠시 쉬었다 가는 거야
그러다 보면 그 지독한 세상 향기 속에서
달이 보이겠지, 별이 보이겠지
내일이, 빛나는 내일이 그렇게 또렷이 보이겠지

— 최범수, 「술잔 속에 떠오르는 태양」

옮겨 놓은 ①은 지난해 돌아간 의령 출신 조순 시인을 글감으로 삼아 그가 '그렇게' "이승을 떠난" 사정을 남으로부터 듣고 옮겨 놓는 짜임새를 갖추었다. 시인은 보고자 자리에서 그 일을 진술하고 있다. 이로 미루어 시인은 자신이 겪은 바에 충실하려 한 것으로 보인다. 그러면서 '황급히' '어쩔거나'라는 말로 짐작하듯 아는 이의 임종으로 말미암은 안타까운 심회를 바로 드러냈다. 간접 진술 탓에 생긴 임종 현장으로부터 지닌 거리감과 뒷부분에 드러난 시인의 정서 사이에 켜가 있다. 그렇다면 시인이 직접 체험에서 떨어져 나와 스스로 조순 시인의 임종을 겪는 것으로 짜임새를 바꾸면, 곧 네 번에 걸쳐 되풀이되는 "…… 한다"라는 말을 지워 버린다면 작품은 어떻게 달라질까?

②는 '캔맥주'를 두고 그것이 자신에게 끼치는 뜻을 새삼스럽게 찾아보려 한 작품이다. '캔맥주'라는 구체적인 대상과 달리 그것을 '색다른'

'신세대', "견고한 슬픔", 그리고 "부드러운 평화"라 한 시인의 깨달음은 "심각한 고민"을 거친 것 같지 않다. 시인은 나날살이 가운데서 자주 캔 맥주로 아련한 '슬픔'과 '평화'를 즐기며 남다른 위안을 얻어 내곤 했을 것이다. 그러나 '견고한', '색다른', '단단한', '화려'하고도 '부드러운'과 같이 거듭하는 꾸밈말이 마련하는 몽롱한 분위기로는 그것을 시 속에 제대로 살려 내기 어렵다.

③은 부쩍 눈에 띄는 '술노래' 가운데 하나다. 살다 보면 술 마실 일도 많고 술로 위안 받을 일도 많다. 이 시인도 극단에 이른 말을 주정하듯이 뱉어 놓고 싶을 만큼 험한 사정을 겪었음에 틀림없다. 그런데 이 시를 읽는 예사 사람이 궁금해 할 것은 앞뒤 사정 돌보지 않고 뱉어 놓은 지껄임이 아니다. 시인이 "머리통이 다 깨지도록 한 번 받아"보고 싶을 만하다고 말하는 "지독한 세상"은 어떤 세상이며, 그 속에서 시인이 겪는 "고단한 어둠"과 "그렇게 빛나는 삶", 그리고 앞으로 '또렷이' 보일 "빛나는 내일"은 또 어떤 것인지 짐작이나 할 수 있도록 이끄는 솔직한 내력이다.

실제 겪은 체험과 작품 속에 담긴 체험 사이에 놓인 거리를 조절하는 일 못지않게 필요한 다른 하나는 당대시의 낯익은 주류와도 거리 조절을 잘 하는 일이다. 시가 사회 관습·제도 가운데 하나인 만큼 시에 있어서 완전한 독자성, 개별성이라는 생각은 꿈에 지나지 않는다. 여러 방식으로 영향을 주받고 패러디, 곧 짜깁기를 되풀이하는 것은 문화 일반과 마찬가지로 시의 학습과 창조를 위한 기본 행위다. 다만 주류를 따라 서서 얻을 이익과 손해뿐 아니라, 그것을 벗어나서 얻을 이익과 손해를 함께 잴 줄 알아야 한다. 주류적 유형의 시들과 크게 경계를 나

놀 만한 양식적 긴장이 그것이다.

물에 잠긴다 빈 병
가뭇없이 기울어진다
물결에 떠밀릴 때마다
주둥이로 울컥
썩은 물이 흘러 넘어간다
바둥거리지 않는다 빈 병
두어 번 뽀글거릴 뿐
소리 질러서는 안 되는 백주
깜빡 잠겼다 떠오르는
떠오르는 빈
병, 모가지를 누군가
지긋이 밟아 누른다

— 김언희, 「지긋이」

언뜻 보기에는 보잘것없는 현실에다 기교가 앞선 시로 보인다. "소리 질러서는 안 되는 백주"라는 서툰 시줄도 눈에 뜨인다. 그러나 찬찬히 읽다 보면 다부진 눈길로 담아 놓은 하찮은 "빈 병"의 정황이 예사롭지 않은 뜻과 울림을 준다. 그것은 내남없이 억눌려 살면서 겪는 아픔에 대한 연민일 수도 있고, 하찮으나 짓밟힐 수 없는 삶에 대한 항변일 수도 있다. 보잘것없는 체험을 볼 만한 것으로 만드는 힘을 이 시는 꼼꼼한 관찰과 절제된 묘사라는 미덕을 빌려 얻고 있는 셈이다.

3

나날살이에서 겪은 바를 작품 속에 오롯이 되살려 내는 일은 쉽지 않다. 게다가 그것을 당대 시양식의 주류적 흐름 가운데서 뜻있는 작품으로 올려 세우는 일은 더욱 어렵다. 그럼에도 시인들은 읽는이의 마음을 속속들이 울려 주는 행복한 글쓰기를 늘 꿈꾼다. 자신을 최소독자로 삼건, 먼 뒷날의 잠재독자를 겨냥하건 이 점은 한결같다. 이런 욕망이 강한 시인일수록 체험 현실과 작품 현실 사이의 거리조절을 더 깊이 의식하지 않을 수 없다. 좋은 시인일수록 거기에서 생기는 긴장을 즐거이 자기 것으로 삼는 방법을 많이 익히고 있는 법이다.

따라서 읽는이와 행복하게 결합하는 일 못지않은 시쓰기의 뜻과 재미를 이 과정에서 찾을 수 있다. 의도와 작품, 일상적 자아와 창조적 자아 사이의 역동적 과정에서 얻는바 삶의 변화에 대한 믿음과 생생한 즐거움이 그것이다. 오늘날 황폐한 물신 시대의 시쓰기가 자본주의의 질 나쁜 상품 논리에 떨어지지 않고, 말글을 고리로 하여 마땅한 삶에 이르기 위한 한 길일 수 있는 터무니가 여기에 있다. 이제 시쓰기는 소박한 반영론의 볼모가 아니다. 늘 새로운 삶의 과정, 성숙시간 작용을 일컫는 말로 올라선다. 행복한 시쓰기의 처음과 끝이 마침내 여기에 있을 터이다.

세상 속으로 몸을 낮추어 더 나은 삶으로 변화하려는 겸손한 마음이 구체적이고자 하는 노력 속에 담겨 있다. 내세우려는 욕망, 섣부른 정서에 빠져 우격다짐을 일삼거나 거대 담론과 추상 관념에 기대어 손쉽게 살고자 하는 욕망으로부터 벗어나게 해 주는 힘이 이 속에 있다. 굳이 내 생각과 느낌을 시라는 언어 관습을 빌려 나누고자 하는 데 따른 소박하나 힘있는 자기성찰이 이 속에 오롯이 담겼다.

우리 시대 시인이 구체성이라는 미덕을 쉬 버리지만 않는다면, 자신의 시가 "아예 모르는 것이 아는 것의 전부"인 "말갈보들의 메아리 없는 소리"나 "헛것과 헛것이 건배"(「노을의 잔영(殘影)에 바치는 노래」)하는 소리일지도 모른다는 끔찍한 자학으로부터는 적어도 벗어날 수 있을 것이다. 극단을 좇아 말한다면, 세상에 시마냥 나돌지 못할 목숨이 어디 있으며, 시보다 값없는 삶이 어디 있을까 보냐.

좋은 시와 다르게 쓰일 수 없음

1

문학은 현실을 다르게 말하는 양식이다. 문학이 문제가 되는 것은 그것이 무엇보다 현실이 아닌 데 있다. 현실이 아니면서 현실을 더 잘 말하는 힘을 지닌 것이 문학이다. 문학은 다시 말하기, 다르게 말하기라는 일을 제도적 정당성으로 삼는다. 다시 말하고, 다르게 말함으로써 문학은 현실이라고 믿고 있는 것과 다른 허구공간, 담론공간이다.[1] 따

1 여러 가지 각도에서 이 점을 살필 수 있다. 여기서는 문학이 기본 이음매로 삼고 있는 언어를 문제 삼아 보겠다. 구조주의자 소쉬르는 언어의 짜임을 '기의'와 '기표'로 나누고 기의 중심, 주체 중심의 언어 관점을 널리 퍼뜨렸다. 그런데 이러한 그의 생각은 언어의 실상과 떨어진 단순도식일 뿐이다. 그래서 그를 이어받으면서 더욱 나아간 옐렘슬레브는 언어를 기의와 기표의 이원적인 것으로 보지 않고, 그것을 다시 나누었다. 그에 따르면 언어는 '표현'과 '내용'의 두 기본 범주로 이루어지며 이것 없이는 의사소통이 이루어질 수 없다. '내용'은 구체적 실재성이며, 이것에 관하여 어떤 전달이 행해지는 것이다. '표현'은 '내용', 곧 실재성에 어떤 전달이 이루어질 때 사용하는 모든 수단이다. 언어학으로 옮겨 생각하면 '표현'은 곧 언어에 해당한다. 그런데 의사소통 과정에서는 '내용'에서 두 가지 면, '표현'에서 두 가지 면이 다시 나뉜다. 곧 '실체'와 '형식'의 나눔이 그것이다. '내용의 실체'는 기존하는 실재성 자체(사물, 사람, 우리 둘레의 전체 세계)를 포괄한다. '내용의 형식'은 내용의 실체에 대한 정신적 표상이다. 우리가 우리를 에워싸고 있는 실재성을 의사소통 과정에서 어떻게 받아들이며 이해하는가를

라서 모든 문학은 현실을 뛰어넘는 또는 그것으로 향하는 비유거나 시침떼기다.

문학 가운데서도 소설은 다시 말하되 상대적으로 길게 늘려 말하는 갈래다. 이와 달리 시는 더욱 줄여서 말하는 갈래다. 그러므로 소설을 읽는 일은 줄여서 읽는 것이 처음이 되고, 시를 읽는 일은 늘려서 읽는 일이 처음이 된다. 줄여서 다시 말하고자 하는 시는 다 말하지 않음으로서 다 말하려고 하는 역설적 성격을 갖는다. 시가 압축과 유기성, 조직성과 고도한 긴밀성에 기대지 않을 수 없는 까닭이 여기에 있다.

따라서 그 시가 잘 쓴 시인가 아닌가를 알기 위해서는 먼저 그것이 같은 시로서 다르게 쓰일 수 있는가 없는가를 따져 보는 일이 긴요하다. 한 낱말에서부터 짜임새, 생각과 느낌뿐 아니라 그 표현법에 이르기까지 다르게 쓰일 수 없는 힘과 뜻을 지녔다고 여겨질 때 우리는 그런 시를 잘 쓴 시라 할 수 있다. 그리고 그것을 알아보는 가장 간단한 방법이 시의 여러 부분을 지워 보거나 바꿔 보는 일이다. 그럴 경우 시가 더 나빠진 듯이 여겨지거나, 적어도 바뀔 만한 가능성이 없어 보이는 작품이야말로 잘 쓴 시, 곧 좋은 시로 올라설 자격을 갖추었다 하겠다.

뜻한다. '표현의 실체'는 언어의 물리적 음성 면이다. '표현의 형식'은 표현의 실체에 대한 정신적 표상, 곧 우리가 언어기호를 의사소통 과정에서 어떻게 받아들이며 이해하는가를 말한다. 그리하여 '형식'은 '실체'에서 나눌 수 있으며, 독립적으로 연구할 수 있다. 그에 따르면 언어학자의 과제는 마침내 표현의 형식을 내용의 형식에 연관시켜 연구하는 일이다. 이렇게 하여 그는 언어학을 관계를 중심으로 하는 형식론적 방법으로 제시했다. 옐렘슬레브의 생각이 문학 논의에 중요하게 이바지하는 점은 문학이나 문학에 대한 담론은 마침내 실제 세계나 언어의 물리적 세계라는 두 실체가 아니라 그 안쪽에 놓여 있는 '형식'의 문제라는 사실이다. 다시 말해 문학의 세계는 표상, 허구의 세계라는 것이다. 언어학 쪽에서 이에 대한 간략한 이해는 또도로프와 듀크로가 엮은 『기호학사전』(이화여대기호학연구소 옮김, 우석출판사, 1990)에서 도움 받을 수 있다. 문학 쪽으로 끌어들인 논의는 기롤라모(Constanzo Di Girolamo)가 쓴 *A Critical Theory of Literature*(The Univ. of Wisconsin Press, 1981)의 들머리 부분에서 잘 설명하고 있다.

2

시는 현실을 다르게 말하는 양식이면서 줄여서 말하는 것을 큰 제도적 정당성으로 지니고 있다는 점을 살폈다. 읽는이 쪽에서 보면 마땅히 빈 곳을 채워 늘려 가며 상상할 수 있는 힘이 기본이다. 이제 보기를 내놓고 생각해 보기로 한다. 권충욱 시인이 쓴 「논실리」를 골랐다. 이 시는 무엇보다 생각하고 느낀 바를 대단한 양 젠체하는 듯한 나쁜 글버릇에 빠지지 않았다. 시인이 말하고자 하는 바를 구체적인 감각으로 되살려 놓겠다는 건실한 미덕이 살아 있는 작품이다. 좋은 쪽으로든 나쁜 쪽으로든 논의에 올릴 만한 값어치가 있는 작품인 셈이다.

논실리

산 겹겹 구비구비 돌아서 갑니다 봇도랑 물 찰랑 찰랑한 낮은 다리를 아득한 농로길 타박타박 따라갑니다 용용 버드나무 심심한 그늘을 지나 잠자리 떼 빙글빙글 날으는 고추밭 둔덕도 지나 수숫대 흔들리는 산비알 긴 다락밭 너머 거기 꼭꼭 숨어라 까치집 매달린 당산나무 보일라 동구 밖이 보일라 씨이롱 씨이롱 매미 울음소리 들리는 그리운 풍경 시방 기동 못하는 우리 엄마 아픈 꿈결에도 옥색고름 입에 물고 친정 가는 먼 논실리

*논실리 : 경북 경주군 안강읍 하곡리 자연마을.

이 시는 논실리라는 특정 농촌 장소를 배경 정황으로 마련했다. 그런데 이 시 속에서 보는 논실리는 실제 논실리는 아니다. 언어를 빌려 경주군에 있는 논실리의 한 비유로 마련한 허구공간이다. 시인의 의도와는 관계없이 읽는이 쪽에서는 논실리로 이름 붙여진 하나의 언어공간, 의미공간을 만날 따름이다. 이 점을 머리에 두면서 꼼꼼하게 따져 읽어보자. 그리고 그 일을 위해 편의를 좇아 낱말, 월, 텍스트와 의미로 수준을 나누어 놓고 살피고자 한다.

낱말 수준에서 이 시를 살펴볼 때, 먼저 눈에 드는 특징은 잘못 쓰인 낱말과 빈번한 첩어, 곧 거듭말 쓰임이다. 잘못 쓰인 것으로 먼저 '농로길'이 문제로 떠오른다. 굳이 '로'와 '길'을 되풀이 쓸 필요가 없다. 이 낱말은 그냥 '농로'로만 쓰든지, 아니면 '논길'로 바꾸어야 바로잡힌다. '엄마'라는 낱말도 문제다. 이 시의 말할이는 문맥으로 볼 때 "기동 못하는" 어머니의 '친정 가는' 걸음을 상상할 수 있을 정도로 철든 어른이다. 그러니 말할이는 실제시인 권충욱과 거의 일치한다고 보아 잘못이 없을 것이다. 그렇다면 어른인 말할이가 '엄마'라고 부르는 것은 잘못이다. '엄마'라는 부름말은 아이말이다. 아이말인 '엄마'를 쓰고 있으니, 말할이는 생각이 아이에 머물러 있거나, 엄마와 어머니도 분별할 수 없는 이라 할 것이다. 그러니 철없이 아이 같은 생각에 머물러 있는 사람이 "아픈 어머니"의 속내를 헤아리며 공감하고 아파하는 정황 설정은 진실하지가 않다. '엄마'라는 낱말은 어머니로 바뀌어야 하며, 그런 다음 '친정 가는'은 '친정 가시는'으로 고쳐야 한다. 그래야만 "아픈 꿈결에"라도 '친정'에 가 보고자 하는 어머니의 고향 그리움에 대한 어른 된 공감과 그 일을 쉬 이루어 드릴 수 없어 자식이 겪는 아픔이 곡진하게 드러난다.

다른 쪽에서 보면 이 시는 많은 거듭말이나 거듭말 성격을 지닌 낱말로 시를 이끌고 있어 눈길을 끈다. '겹겹', '구비구비', "찰랑 찰랑한", '타박타박', '용용', '빙글빙글', '꼭꼭', "씨이롱 씨이롱"과 같은 낱말과 '보일라'의 되풀이가 그것이다. 거듭말의 틀은 반복, 곧 되풀이다. 되풀이는 강조 효과와 더불어 특정한 고정 정서 속에 읽는이를 묶어 두거나, 쓰는 주체의 상태를 강요하는 힘이 강하게 드러나는 기법이다. 읽는이의 상상 속으로 시를 열어 놓는 힘은 오히려 약한 방식인 셈이다.

이렇듯 되풀이는 단순하면서도 힘있는 기법인 탓에 한 텍스트 안쪽에서 잦게 쓰일 때는 그것들끼리 서로 부딪쳐 힘이 상쇄되어 버린다. 이 시가 그런 경우를 잘 보여 준다. 되풀이 거듭말을 끌어들임으로써 '그리움'이라는 고양된 느낌을 드러내고는 있으나, 바람직한 구실을 하는 것으로 여겨지지는 않는다. 장식적일 뿐 아니라 자의적으로 여겨진다. 그 점은 되풀이하고 있는 거듭말의 많은 경우를 빼거나 다른 것으로 바꾸어 보면 알 일이다. 말하자면 이 시에서 거듭말은 주제에 걸맞도록 필연적인 조건에서 골랐다는 인상을 주지 못한다.

월 수준에서 큰 특징은 수식언, 곧 꾸밈말이 많이 쓰이고 있다는 점과, 낱말 수준과 마찬가지로 되풀이 요소가 중요하게 작용하고 있다는 점이다. 먼저 꾸밈말 경우, 거의 모든 이름씨 앞에는 그림씨나 어찌씨(부사), 또는 꾸밈말 마디가 덧붙어 있다. 몇 군데를 들어 보자. '아득한' 농로, '심심한' 그늘, "잠자리 떼 날으는" "고추밭 둔덕", "수숫대 흔들리는" '산비알' '긴' '다락밭', "까치집 매달린" '당산나무', "매미 울음소리 들리는" '그리운' '풍경'에다 "기동을 못하는" '엄마', '아픈' '꿈결'이며 "옥색 고름 입에 물고" 가는 '친정', 거기다 '먼' '논실리'가 금방 눈에 뜨인다. 그런데 이러한 꾸밈말이 이미지의 구체성을 북돋아 주거나 느낌의 적확성을 얻게 하는 데 이바지하고 있는 것으로 보이지는 않는다. 시인의 개성 있는 관찰이나 묘사력, 또는 새롭고 힘있는 깨달음을 보여 주는 것은 더욱 아닌 듯싶다.

효과 없는 꾸밈말이 많이 쓰이고 있다는 사실은 시인이 스스로 그려 보이고자 하는 그림과 느낌에 대한 깊은 깨달음이나 남다른 특성을 발견하지 못한 데 말미암은 바 크다. 덕지덕지 붙은 꾸밈말은 이 시의 또렷한 그림을 번잡스럽게 만들고 있을 뿐이다. 더운 여름에 너무 많은 겉옷을 껴입은 상태라 하겠다. 말은 다 뱉는다고 제 몫을 다하는 것은 결코 아니다.[2] 시는 다 말하지 않음으로써 다 말하겠다는 역설을 큰 정당성으로 지니고 있는 갈래라는 점을 다시 한번 짚을 필요가 있다. 덧붙이고 꾸며 나간 말버릇을 바로잡는다면 이 시는 훨씬 통일된 이미지에다, 명료한 그림을 얻을 수 있었을 것이다.

월 짜임에서 볼 때도 이 시는 되풀이 요소를 핵심 특징으로 마련하고 있다. '(나는) ……로 (어떻게) 간다'는 월 되풀이가 그것이다. 시 앞자리에서는 그것이 겉으로 들나고 있고, 뒤로 가면서 생략되거나 월 밑으로 숨어들었다. 그리고 맨 뒷부분도 '어머니께서도 논실리를 찾아 간다'는 비슷한 월을 바닥에 깔고 있다. 그러나 월 수준에서 보이는 이러한 되풀이 경우는 낱말에서 보는 것과 달리 시의 얼개를 끌어 잡는 알맞은

2 생각을 더 나아가면, 읽는이 마음을 울려 주는 생생한 힘은 이름씨(명사)나 이름씨 몫을 하는 체언, 곧 몸말에 있는 것이 아니라는 점을 짚어 두고 싶다. 오히려 그것은 몸말을 이어 주는 용언, 곧 풀이말에 있고 특히 그 가운데서도 동사, 곧 움직씨에 있다. 삶의 상태는 움직씨라는 평범한 명제를 되뇌어 볼 필요가 있다. 일류의 좋은 시인이란 언제나 번지르르하게 내지르는 이름씨의 세계가 아니라, 알맞은 움직씨를 발견하는 힘을 남달리 지닌 사람을 일컫는다. 움직씨야말로 시인이 세계와 관계 맺는 모습과 깨달음을 구체적으로 보여 준다.

요소로서 모자람이 없어 보인다.

텍스트 수준에서 보면 이 시는 제목과 본문, 그리고 곁텍스트로 짜여 있다. 본문 안쪽은 다시 겹짜임을 이루었다. "그리운 풍경"에서 한 토막이 끝나고, 그 뒤가 다른 토막을 이룬다. 따라서 이 시는 겉으로 보면 한 토막으로 된 줄글시지만, 짜임으로 볼 때 두 토막 시가 된다. 앞 토막은 '(나는) ……로 (어떻게) 간다'는 월을 되풀이해서 이어 가다가 토막 끝에 가서 '풍경'을 찾아 '가는데' 그 풍경이 그립다는 뜻을 말했다. 따라서 앞 토막이 말할이가 어릴 적 가본 적이 있었을 듯싶은 어머니 친정 마을, 곧 외갓집 마을인 '논실리'를 현재 되살려 내고 있는 부분이다. 그에 견주어 뒤 토막은 '시방' 아픈 몸에도 어머니께서 친정 마을로 가고 싶어 하신다는 뜻을 드러낸 자리다. 마침내 이 시는 과거 회상과 현재 정황의 겹짜임 속에서 '논실리' 풍경을 그리워하며 다시 가 보고 싶다는 뜻을 그림으로 그려 보인 시다.

그리고 그 뜻은 제목인 논실리가 묶어서 보여 준다. 제목이 주제를 보증하는 구실을 맡는다. 본문의 문맥을 벗어나거나 그 뜻을 덧붙여 주는 재미를 좇지 않고 이 시의 제목 붙이기는 흔한 길을 따르고 있는 셈이다. 그리고 맨 끝에 논실리에 대한 구체적 행정 명칭과 위치를 알려 주는 곁텍스트를 붙였다. 중요한 점은 그것이 시를 읽는 데 신선한 정보를 주고 있지 않다는 사실이다. 외갓집을 논실리로 가진 시인 본인이나 논실리 사람, 또는 그곳을 잘 아는 이에게는 중요한 정보다. 그러나 예사로운 읽는이에게는 그것이 오히려 읽기를 가로막는 군더더기 요소가 될 수 있다.

이렇게 볼 때, 이 시는 "그리운 풍경"인 논실리를 제목에서부터 본문으로 다시 겉텍스트에 이르기까지 큰 변화 없이 되풀이해서 보여 준다. 본문 앞 토막과 뒤 토막 사이에 단층이 있음에도 이 시는 읽는이에게 발전적인 깨달음이나 울림 큰 공간을 마련해 주지 못한다. 논실리가 있고, 그리운 그곳을 떠올려 보기도 하는데, 그곳은 어디에 있다는 거듭하는 생각에 읽는이는 마냥 갇혀 있게 마련이다.

의미 수준에서도 '논실리가 그립다'는 시의 뜻이 읽는이에게 중요하게 다가설지 생각해 보아야 한다. 시인이 그리고 있는 '논실리 풍경'은 새삼스럽게 읽는이가 눈을 크게 뜨고 보아야 할 만한 특이 요소가 있거나, 놀랄 만한 것은 아니다. 따라서 제목을 논실리로 하지 않고 '영해들'이라거나 '난들마을', 또는 '한실리'로 바꿔 놓아도 읽는이 쪽에서는 달라질 것이 크게 없어 보인다. 그리움이라는 예사로운 의미 차원을 벗어나 농촌 공간을 바라본다든지, 논실리만이 가지고 있을 법한 풍경을 보여 주거나, 읽는이가 관심을 크게 가질 만한 개성과 참신한 깨달음에 이르렀어야 했다. 그러할 때 읽는이는 최소한 논실리에 대한 시인의 그리움이라도 깊게 공감할 수 있었을 것이다.

그렇다면 이 시는 좋은 시인가 나쁜 시인가? 이 물음에 대한 답은 읽는이의 계층이나 정서 바탕, 사회 조건에 따라 다를 수 있기 때문에 섣불리 말할 일은 아니다. 그럼에도 분명한 점은 이 작품이 서툰 시라는 사실이다. 장식적이고 부가적인 시어 선택에다가 평범한 표현 특성이 너무 강하다. 앞에서 죽 살핀 것처럼 더 바꾸어야 하고, 바뀔 수 있고, 빼어 버려도 좋을 부분을 너무 많이 가지고 있다. 차라리 이 시에서 몇 줄 더 늘려 붙이고 살을 붙여 가벼운 수필 한 편을 만드는 쪽으로 갔더라면 어떨까라는 엉뚱한 제안에 대해 이 시는 크게 맞서기 힘든 입장에 있는 것으로 보인다.

물론 그러한 약점을 알았던 탓에 시인은 되풀이라는 특별한 요소를 낱말 수준에서부터 텍스트 수준에 이르기까지 끌어들이며 전체 줄글 시를 한 가락의 고리로 힘있게 묶어 내고자 했던 듯이 보인다. 따라서 이 시가 줄글시가 아니라 흔히 보는 가락글로 만든 시였다면 시인의 원고 교정이 조금 다른 방향으로 이루어졌을 것임은 충분히 짐작할 수 있다. 그런데 이 점이 이미 텍스트의 많은 부분이 다시 쓰이거나 바뀌어도 될 상황이라는 점에 대한 변명이 되기에는 모자람이 있다. 짧은 시 한 편 속에서 발견할 수 있는 너무 많은 변경 가능성이 사라지는 것은 아니다. 이 시의 지배적 장치로 보이는 되풀이 요소를 될 수 있는 대로 살리면서 아래와 같이 다시 줄여 놓았을 때, 그 탓에 시가 좋아지지는 않았다 하더라도 적어도 나빠졌다는 느낌을 본디 시가 주지 못하는 데 문제가 있는 셈이다.

논실리

산 겹겹 돌아서 갑니다 찰랑찰랑 봇도랑 물 논길을 따라갑니다 버드나무 그늘 지나 잠자리 떼 고추밭 지나 수숫대 다락밭 너머 꼭꼭 숨어라 당산나무 까치집이 보일라 동구 밖이 보일라 매미 소리 씨이롱 씨이롱 시방 기동 못하는 어머니 꿈결에서도 가신다 먼 친정 길.

권충욱 시인의 「논실리」가 서툰 시가 아니었다면, 글쓴이가 반가량 줄여 내놓은 이러한 변형 앞에서도 본디 시가 훨씬 뛰어나다고 여겨지는 맵시를 보여 주어야 한다. 그렇지 않다면 이런 변경 가능성까지도 거듭 생각한 다음 시를 마무리했어야 했다. 다르게 쓰일 수 있는 가능성 앞에서 버티지 못하는 시를 두고 잘 쓴 시라고 할 수 없다.

3

한 편 시가 잘 쓴 시인가 아닌가 하는 판단에는 어디서, 어느 자리에서 시쓰기를 마무리하고 있느냐 하는 점이 좋은 잣대가 될 수 있다. '나는 시인이라고 행세하지는 않지만 이 정도 작품은 쓸 수 있겠다', '아까운 종이 버려 가며 왜 이런 글을 하필 시라는 이름으로 찍어내고 있는가' 하는 읽는이의 솔직한 물음 앞에 방비 없이 열려 있는 시는 적어도 잘 쓴 시라고 할 수 없다. 예사로운 읽는이뿐 아니라 과학적인 체, 많이 알고 있는 척하는 비평가의 읽기도 버티고 맞서는 고유한 힘이야말로 잘 쓴 시가 지니고 있는 중요한 품격이다. 그리고 읽는이의 해석공간 속에서 그 작품이 거듭 살아 있게 하는 주요 요소도 그것이다. 역설적으로 말해 시는 다양한 해석공동체의 기대와 독법을 배신함으로써 오히려 스스로의 자리를 지켜 나가는 갈래인 까닭이다.

모든 잘 쓴 시가 좋은 시인 것은 아니다. 그러나 거의 모든 좋은 시는 잘 쓴 시다. 그리고 좋은 시인은 무엇보다 잘 쓴 시를 많이 지닌 시인을 일컫는다. 권충욱 시인이 좋은 시인이 될 것인가 아닌가 하는 점은 시인의 노력에 달려 있다. 이 시에서 보여 준 글쓰기의 자리에 머물지 말고, 다양한 변경 가능성 앞에서라도 버틸 수 있는 힘과 창작 전략을 갈고 닦는 일이야말로 권충욱 시인의 앞날을 보증해 주는 첫 조건이 될 것이다.

모든 시인이 일류 시인이 될 수는 없고, 될 필요도 없다. 시인 가운데는 일류도 있고 이류, 삼류도 있다. 전문시인뿐 아니라, 대중시인, 교양시인도 있다. 그것을 문제 삼지 않는 시인도 있다. 그들이 함께 어울려 시의 제도권 안밖을 이루며, 우리 시의 다양함과 정당성을 마련한다.[3] 그러나 스스로 일류의 좋은 시인이 되고자 하는 이는 적어도 자신의 작품이 다르게 쓰일 수 있는 가능성 앞에서 강하게 버티고, 그 일을 위한 훈련을 아끼지 말아야 한다. 다양한 오락과 새로운 매체 환경으로 뒤덮인 오늘날, 시쓰기가 계속 값있고 힘센 문화로 살아남을 터무니의 많은 부분이 거기에 있다.

---

3 물론 늘 문제가 되는 일은 거칠게 말해 좁은 마당에서 주받는 1등이니 2등이니 하는 이름을 내걸고, 패거리 지어 세상을 나돌며 스스로 일류라고 떠벌리는 사람이다. 문학 권력에 빌붙어 아첨하다가 제 뜻대로 되지 않으면, 제 발치는 돌보지 않고 세상이 자신의 힘을 몰라준다고 억지를 쓰며 대드는 '문학병' 환자다.

경남 시단의 여름 나기

이 형, 자중자애하라는 글월 잘 간직하였습니다. 멀리 계셔도 늘 함께 있는 듯싶으니, 시로 맺은 인연이 새삼 고맙습니다. 이번 여름 보람되이 보내셨느니 하는 입에 붙은 인사치레는 하지 않겠습니다. 그 대신 이곳 지역 매체인 『경남문학』 여름호를 보내 드립니다. 아울러 실린 시에 대한 제 생각과 느낌을 몇 자 적어 올려 말머리로 삼을까 합니다. 시를 올린 서른네 사람의 작품을 죄 맛보기로 했습니다. 묵은 인습이긴 합니다만, 등단한 순서를 좇아 작품을 싣는 편집 순서를 그대로 따랐습니다. 넘치면 넘치는 대로 모자라면 모자라는 대로 할 말은 있게 마련이어서 말이 길어지더라도 편하게 읽어 주시기 바랍니다.

해골 한 벌 값이 880$로 팔려 나가면
남의 나라들의 대학에나 연구소에 안치된다지.

삽과 돈을 든 장사치들의 유령 야시장.

일꾼으로서 몸을 팔고 사던 노예들의 저자.
예쁜 몸노리개로 젊음을 흥정하는 밤 거래도 있지만
살은 삭아내린 영혼은 어느덧 저승나라로 이주한 지 오랜
찌들대로 때에 찌든 살몸일랑 자취없고
마지막 하얀 주검의 뼈사슬(鎖)을
국제 연구 상품으로 삼는가.

—「해골(骸骨) 밤 거래」 가운데서

첫머리에 올린 설창수 시인의 「해골(骸骨) 밤 거래」는 "흡혈 박쥐 떼" 처럼 사람의 '해골을' 팔아 목숨을 잇는 놀랍고도 안타까운 이야기를 담았습니다. 비록 먼 '인디아' 쪽 사정이긴 하나, 글감만으로도 읽는이를 깨우치기에 모자람이 없습니다. 그러하니 쓸모없이 생각을 까불리고 허풍떠는 시들과는 격을 달리합니다. 그런데 이 시의 참 재미는 해골을 사파는 먼 나라 "밤 거래" 풍경이 시인이 서 있는 오늘 이 자리 불빛 반짝이는 장승포, 또는 우리 시대의 알레고리로 읽히는 데 있습니다. 장애인 젊은 부부의 힘겨운 삶을 아름답게 그려 주었던 봄호의 「불구부부인생보(不具夫婦人生譜)」와 같은 자리에 올릴 만한 '건강한 인생시'를 읽을 수 있었습니다.

어제는 봄비가 한 보지락 내려서
논배미엔 치면하게 물이 담기어

들 마을 살구꽃은 하마 져 버렸고
밭머리 장다리꽃은 노오랗게 피어나며
논두렁 냉이떨기 하아얀 꽃을 맺어
못자리를 살펴 가며
매만져 본 흙덩이는 부서져 내린다.

들 가운데 외줄기 관수로에
가득히 물이 고여 넘쳐나면서

왜가리는 물가에로 돌아와 날아다니고
해오리는 물가에를 찾아와 어정거리면
봄 풀이 때를 알고 푸른 눈을 뜨며
이제야 돋아나는 갈대의 싹
내 가슴 속 움트는 사랑 같은 갈대의 싹.

봄물이 넘치어
봄물이 들판에 넘쳐서 번들거리어
메마른 온 세상 느꺼움에 젖겠네.

—「봄물이 넘치어」

전기수 시인은 「봄물이 넘치어」라는 작품을 실었습니다. 긴 세월 부드럽고 밝은 시로 한결같았던 시인의 모습을 그대로 엿볼 수 있습니다. 봄 느낌이나 "사랑같은 갈대의 싹"이라는 비유 같은 데서 그 점이 잘 드러납니다. 그런데 둘째 토막과 넷째 토막은 안심을 할 수 없습니다. 맡은 몫이 큰 것으로 보이는 이 부분이 실상 독서공간 속에서는 그렇지도 않아 보이는 까닭입니다. 그 두 토막을 지워 놓고 읽어 보시면 제 말뜻을 짐작하실 것입니다. 전기수 시인의 '꾸준한 시'는 경남 시단이 이룩해 온 중요한 한 풍경입니다. 오랫동안 한결같은 목소리를 닦아 왔다는 것만으로도 꼼꼼한 작가론을 요구한다 하겠습니다.

> 가려운 귓속으로 들여오는
> 부는 바람소리.
>
> 어디쯤
> 막힌 길은 열려 있으며
> 또 어디쯤
> 열린 길은 닫혀 있을까.
>
> 기도문을 외우고
> 무한의 수를 세어 보아도
> 빠지는 머리카락 사이로
> 모두가 나가는 것뿐이다.
> 그래 나가는 것뿐이다.
>
> —「불면(不眠)의 밤」 가운데서

태어남과 죽음, 젊음과 늙음, 곧 대를 물려 가며 이어지는 시간성 앞에서 잠 못 드는 일은 늘 우리를 긴장하게 만드는 생각거리입니다. 그런데 김근숙 시인의 「불면(不眠)의 밤」은 늙음에 대한 새삼스러운 깨달음이 '바람'이나 "빠지는 머리카락"과 같이 틀에 박힌 매개 표현에 기대고 있어 제대로 살아나지 못하고 있습니다. 표현이 생각을 뒷받침하지 못하고 있는 느낌입니다. 널리 공감할 수 있는 주제를 다루는 시일수록 '그렇고 그런 시'로 떨어지지 않도록 다듬고 공들일 일이 많아진다는 점을 다시 느낍니다.

어무이요.

자다 깬
한밤중,
몹시 흔들리는
꽃송이의
잔뜩 겁먹은 목소리로.
머나먼 별
당신을 불러봅니다.

전
지금
세 손자의 할아비가 아니라,
무르팍 깨져
아파서 엉엉 울고 있는,

당신의 어린 아들입니다.

1996.4.17

—「어무이요—다시 병상에서」

말을 아끼는 자세는 심지 굳은 이가 지닐 한결같은 미덕입니다. 게다가 꾸미지 않는 솔직한 표현은 언제 읽어도 그 삶에 대한 믿음을 더해 줍니다. 말로 올라서지도 못할 객쩍은 소리를 끌어다 놓고 시라며 내돌리고 있는 이들이 많은 마당에 황선하 시인이 쓴「어무이요」는 좋은 본보기가 될 듯싶습니다. 저로서는 시 뒤에 적어 둔 날짜까지 모질게 지워 버리면 어떨까 생각합니다. 날짜 기록에서 엿보이는 시인의 자의식까지 줄일 때 울림이 훨씬 더할 듯싶습니다. 누구보다 진지하게 말을 아끼며 '꾸미지 않는 시'를 써 온 시인의 힘이 더욱 살아나기를 바라는 마음은 저 혼자 지닌 것이 아닐 터입니다.

우산이 없어도 좋은
봄비는 어깨 나란히 걸으면서 맞는 비
다시 흐르기 시작하는 강물
푸른 물비늘을 뒤척이며 돌아오는 소리로
앙상한 어깨를 토닥거리면서 한정없이 따라오는 날
그리움 아득히 옛일은 멀고
전신에 초록물 번지도록 젖을 일이다.
온 하루 촉촉이 젖어 있을 일이다.

—「봄비 속으로」 가운데서

김석규 시인이 내놓은 「봄비 속으로」도 잘 읽었습니다. 일찍이 유장한 가락에 힘있는 생각을 얹어 이채로웠던 시인의 시를 기억하고 있는 이들에게는 퍽 아쉬움을 갖게 하는 시입니다. 경남시단의 한 경지를 책임져 온 시인답지 않다는 생각을 합니다. '봄비' 속에서 "그리움 아득히 옛일"을 웅얼거리기에 시인은 아직 젊습니다. 작품다운 작품은 아예 없이 덜되 먹은 권위나 찾으며, 대접받는 일에만 익숙한 이들의 '말주변으로 버티는 시'는 우리 가까이 많이 널려 있습니다. 굳이 김석규 시인까지 그런 무리에 끼이기 위해 기웃거릴 까닭이 없을 듯싶습니다.

서서히
빛이 바래져 가는 카우보이들은
조만간에 다가올 이십일 세기를
맞이하기에 앞서
잘 길들여진 자본주의의 마차를 타고
극동의 마지막 개척지에
정착하려고 안달이 나있네.
다시 한번 주인이 될려고 하고 있네
세기 말의 물결이여 파도여
아아 흔들리는 주사파여
온전하지 않은 주사파여

—「세기 말의 물결이여 파도여」 가운데서

이선관 시인이 내놓은 「세기 말의 물결이여 파도여」는 이른바 '주사파'라 불리우는 이들을 두고 '나무라고 있는 시'입니다. 이런 시와 같이 어떤 입장이나 덕목을 겉으로 내세우는 시일수록 다양한 가치를 싸안을 수 있는 헤아림이 더 필요한 법입니다. 그런데 이선관 시인은 그런 점에서는 우직스러웠던 셈입니다. 시인의 『독수대』를 기억하는 저로서는 관심의 폭을 모으고, 말에 날을 더욱 세워 나가기를 바랍니다. 시가 삶이 되고, 그 삶의 말이 꾸밈없이 드러날 수 있다면 그 또한 시가 나아갈 윗길 가운데 하나라고 저는 믿고 있습니다.

잘못 먹은 음식
새벽 측간
설사를 몇 번하고
일어서
허리띠를 조이며
하늘을 쳐다보니
해는 서산 마루에
머뭇머뭇
노을만 붉게 뿜고

—「세월」

이덕 시인이 내놓은 「세월」은 짤막하나 썩 '재미있는 시'로 보입니다. '새벽' '설사'를 겪는 평면적인 체험을 다루고 있는가 싶습니다만, 그렇지 않음을 쉬 눈치채셨을 줄 압니다. 제목과 본문 사이의 틈서리를 읽어 내는 일이 이 시를 읽는 눈일 듯싶습니다. 따라서 이 시의 '새벽' '설사'란 다름 아니라 유한한 시간에 갇힌 우리 삶에 대한 한 비유임을 알겠습니다. 뒤의 세 줄이 상식에 다가서 있어 긴장을 떨어뜨리고 있습니다만, 어느덧 세월의 무상을 느껴야 될 나이에 이른 시인의 심정이 잘 옹글었다 하겠습니다.

> 겨울
> 두류산(頭流山) 개구리는
> 물소리 따라
> 도방으로 간다
>
> 쿨
> 출렁
> 맑은 그물에 사여
> 간다
>
> 모진 추위 이겨내고
> 나란히
> 나란히
> 봄볕 맞으려
> 가서
>
> 더러는 즐비한
> 불빛 아래

서성이고

더러는

허기진 뱃속을

거닌다.

—「두류산(頭流山) 개구리」

조인영 시인의 「두류산 개구리」도 새겨볼 만한 시입니다. 나날살이에서 겪는 새삼스러운 깨달음을 부풀리지 않고 담담하게 일깨워 주는 '뿌리 튼튼한 시'로 보입니다. 되지도 않은 생각을 공교롭게 꾸미거나 목소리 높이는 시들에 견주면 이러한 시가 지닌 건실한 몫이야말로 사람 사는 세상에 시가 늘 가까이 있어야 할 정당성을 마련해 준다 하겠습니다. 강박관념처럼 정력을 좇아 다니는 사람들 탓에 겪는 개구리의 수난을 "봄볕 맞으러" 나들이 나온 듯이 그려 짐짓 시치미를 떼고 있습니다. 이왕 시침떼기 기법을 끌어온 바에야 슬쩍 들어앉아 있는 '맑은', '모진', '허기진'이라는 세 그림씨마저도 냉정하게 지웠더라면 하는 아쉬움이 들긴 합니다. 그렇다고 이 시가 지닌 건강한 뒷심이 줄어드는 것으로 보이지는 않습니다.

그대는 아시는가 무한한 사랑을,

그대는 모르시는가 무량의 마음을,

처음부터 있지도 없지도 않은 것을

끝까지 찾아 헤매일 수밖에 없음을……

—「무한무량」

신찬식 시인의 「무한무량」은 앞서 실린 조인영 시인의 시와 좋은 대조를 이루는 작품입니다. 짧은 네 줄 속에 "처음부터 있지도 없지도 않은" '무한무량'을 이야기한다고 하는데, 무슨 소리인지 종잡을 수 없습니다. 흔히 '허풍떠는 시'라 불리기 좋은 모습을 제대로 갖추었습니다. 문학에서 생각의 크고 작음, 깊고 얕음은 꾸밈이나 부풀림에 기대는 것이 아닐 터입니다. 사소한 생각이라 여겨지더라도 그것을 찾아 "헤매는 고통"을 그리거나, '작품'으로 되돌려 놓고자 하는 노력이 그 첫 일이라 믿습니다.

엉뚱한 몸부림을 용서하며
비정상(非正常)도 이해하며

잉어 이어(鯉魚)처럼
붕어 붕어(鮒魚)처럼
민물에도 살고

—「삶」 가운데서

이영호 시인이 쓴 「삶」과 같은 시는 '거들먹거리는 시'로 보입니다. 이런 시는 마침내 애써 읽는이를 씩 웃게 만드는 특징을 지닙니다. 그것도 시의 격이라면 격이겠습니다. "비정상도 이해"한다 했는데, 그러한 감정 자체가 "엉뚱한 몸부림"으로 여겨지니 낭패입니다. 잉어니 붕어에다 한자어를 굳이 붙여 둔 뜻은 또 무엇인지 헤아리기 어렵습니다. "순리대로 / 살 만큼만 살고 싶다"고 마무리를 지었습니다. 이번 기회에 시를 쓰며 사는 삶은 '순리대로' 사는 삶에 드는 것인지 어떤지 곰곰이 따져 볼 수 있기를 바랍니다.

그 사이
철쭉이 붉은 입술을 열어
벌과 나비를 불러 모으고
목련이 흰 도포를 갈아 입는다.

나무가 나무에게
꽃이 꽃에게 하는 말을
벌과 나비들이
산지 사방 퍼뜨리고 있다.

—「소문」 가운데서

박종해 시인이 쓴 「소문」은 무리 없이 '잘 짜인 시'로 보입니다. 나무를 의인화하여 얼개를 짰습니다. 의인법이란 시인이 대상과 관계 맺는 가장 손쉬운 방식이어서 효과 있는 비유를 얻기가 쉽지 않습니다. 그러나 그런 까닭에 오히려 소중한 마음가짐이기도 한 셈입니다. 흔한 나무의 의인화에 기대고 있으면서 나무와 꽃의 향내를 '소문' 퍼뜨리는 일로 보아 재미를 얻었습니다. 자연과 겸손하게 교감을 나누는 이런 발상법의 시는 괜스레 거들먹거리는 것에 견주어 늘 필요한 작품이라 생각합니다. 삶의 유한성과 세계의 아름다움을 깨닫게 해 주는 힘은 소박하나 새로운 의인법적 감성에서 말미암은 바 크리라 믿고 있습니다.

나를 중심으로
나라 안 여기저기서 사는
우리 형제는
가까이 둘러서서 나를 지켜 줍니다
나무들은 꿈이 커서
날마다 하늘을 향하고
사계절 내내 튼실한 뿌리를
땅에 내리고 있습니다.
십여 년 동안 이곳에 살아오면서
늘 바라보고 바라보는
형제나무는
우리 집안의 푸르른 자랑입니다.

—「형제나무」 가운데서

신필주 시인이 내놓은 「형제나무」를 읽으면서 난처한 느낌에 젖습니다. 살고 있는 집 '창가에'서 바라보이는 앞산 '중턱' 의 몇 그루 나무에다 형제들을 비겨 그에 대한 사적 정서에 빠져들고 있는 시입니다. 시인이 시를 만드는 창조적 주관성이란 일상적 주관성과 다른 것이라는 것은 잘 알려진 일입니다. "나라 안 여기저기서 사는 / 우리 형제는 / 가까이 둘러서서 나를 지켜 줍니다"라고 말하고 있는 이 작품은 험하게 말해 '집안' '형제'에 대한 서툰 '자랑시'이거나, 자기 연민을 감추기 위한 시로 읽히기 십상입니다.

> 내 작은 절망을
> 바람따라 소리없이 펴 올리면
> 그 어둠살 거적자리
> 낮디낮은 향기에 취해
> 새벽은 저만치 일어서나니,
> 닿을 수 없는 동편의 세상 끝
> 낯선 노랫말들 뒹굴 때
> 왔던 길로 되돌아 갈
> 일상의 또 다른 변신을 위해
>
> —「내 들판에서의 하룻밤」 가운데서

김미윤 시인이 쓴 「빈 들판에서의 하룻밤」은 시인의 본디 뜻과는 다르게 서툰 표현으로 이어져 '뚱딴지같은 시'가 되었습니다. "눈물과 별빛의 함수관계"에서부터, "일상의 또 다른 변신"이니 "푸른 영혼", "투명한 슬픔", "죄스러운 허공"에 이르는 시줄을 읽다 보면 제대로 꼴을 갖추지 못한 채 말뿐인 어름한 정황에 어리둥절할 따름입니다. 세상살기가 만만찮다는 뜻을 담고자 한 것으로 여겨집니다. 그렇지만 이런 시일수록 뼈대가 분명히 드러나도록, 말하고자 하는 바에 대한 시인 스스로의 진지한 헤아림이 앞서야 될 듯싶습니다.

오늘

슬픈이여

마냥 슬퍼하지 말자

세월은 가고 오는 것

사람도 가고 오는 것

더더욱

사랑도 가고 오는 것

오늘 우리의

슬픔을 슬픔이라

말하지 말자

—「오늘 슬픈 이여」 가운데서

박영식 시인의 「오늘 슬픈 이여」에 이르면 대수롭지 않은 벌말을 이어 붙이고 있어 '시시한 시'라는 평가를 벗어나기 힘듭니다. 이별을 담아내고자 했다면 그걸 구체적으로 그려 보고자 할 일이지 "오늘 / 슬픈 이여 / 마냥 슬퍼하지 말자 / 세월은 가고 오는 것 / 사람도 가고 오는 것"이라 벌말을 뱉어 놓은 다음 "너와 나는 / 또 그렇게 / 그 절망같은 끝에서 / 새로 시작하는 것이 아닐지"라 말을 이었습니다. 도대체 '절망'스럽지도 않은 상황에서 갑자기 해피엔딩까지 끌어들이고자 하니 무리가 많다 하겠습니다.

외로울 때나

좌절스런 날에

힘이 되어 준 사람.

아름다운 이여
슬기로운 이여
사무치는 그리운 이여.

너를 사랑할 거야
이별이 우리를 갈라 놓을 때까지

—「그대 사진을 보며」 가운데서

「그대 사진을 보며」라는 최진기 시인의 시는 사무치게 '그리운' "그대 사진을 보며" "이별 후에도" 잊지 않으리라 말하는 '아첨시'입니다. 그런데 사랑하는 이에게 주는 말로서는 낯간지러운 자리에 머물렀습니다. 이런 사랑말을 듣고 좋아할 여자라면 그녀 또한 생각이 모자라기는 마찬가지라 하겠습니다. 혹 이미 죽은 아내나 지인에게 주는 시로 본다 해도, 고인에 대해 기울이는 마음이 너무 가벼운 것이 아닌지 모르겠습니다. 구체적인 감각은 하나도 없이 부풀린 느낌에다 직설적으로 내뱉고 있는 "아름다운 이여 / 슬기로운 이여 / 사무치는 그리운 이여"라는 말을 '그리운' '그대'가 듣고서 좋아할지 어떨지 곰곰이 헤아려 볼 일입니다.

아아 아아 하고 오는 그들의 울음소리는
어린애의 울음소리 같아 애처로운데

활처럼 생긴 그들의 두 날개는

활보다도 작고 도톰하여 사랑스럽다

—「갈매기」 가운데서

위 시에 견주면 갈매기라는 대상이 지닐 법한 뜻을 소박하게 찾아 보려한 윤용화 시인의 「갈매기」는 차라리 꾸미지 않은 점이 빛나는 '생활시'라 하겠습니다. 갈매기를 '비둘기'와 견주고, 그 소리를 "어린애 울음소리"로, "두 날개"를 '활'에 비기고 있어 상식에서 벗어난 맛을 내기는 힘듭니다. 그럼에도 겉멋만 들었거나, 흐리멍덩한 말을 이저리 꾸며 대는 시에 견주면 그래도 소박한 나날살이의 발견이 미덕입니다. 사변에서 지각으로 지각에서 다시 비유로 나아가는 시의 길을 찬찬히 밟고 있다 하겠습니다.

찬란한 아픔의 두려운 꿈이

가난 무늬라도 꿔다 꾸는

한숨 메아리의 겨울나무

가물음이 고드름이라도

해코지하는 허기를 메우려고

까끄라기라도 풋바심합니다.

—「시골내기 한(恨)」 가운데

안길수 시인의 「시골내기 한(恨)」은 종잡을 수 없는 '억지시'입니다. 시골내기의 "고뇌의 붉은 이마"가 어떤지, 그 한이 얼마나 크고 깊은지,

"찬란한 아픔의 두려운 꿈"이 무엇인지는 모르겠습니다. 그런 것들이 중요한 문제라면 그대로 꼼꼼히 묘사해 보는 게 어떨지 제안하고 싶습니다. '한'을 보여 주겠다고 커다란 목표를 세워 놓고 말 다듬기에만 마음을 기울이다 보니 억지스러움이 더 커졌다 하겠습니다. 자신이 지니고 있다고 여겨지는 "시골내기 한"을 들내려고만 하지 말고 이미 쓰인 좋은 농촌시를 찾아 읽으면서 그 한을 삭여 보시는 것도 좋은 길일 듯 싶습니다.

동생 잃어버린
형의 가슴 학살되고
살아 팔십 노모
속속히 타는 앙가슴
뼈 밖으로 쏟아지는 슬픔
목에 추를 달고 운다.

—「영안실에서」 가운데서

공정식 시인의 「영안실에서」는 죽음, 그것도 동생을 잃어버린 형의 지극한 슬픔을 담고 있습니다. 누구나 겪는, 그러면서 공감 영역이 어느 것보다 많을 이런 일을 시로 다듬는 경우일수록, 자신의 진실보다 그것을 받아들일 읽는이의 상상력과, 그 속에서 새로이 되살아날 효과에 더 마음을 두어야 하는 법입니다. 굳이 '동생(同生)'이라 한자어를 쓴 까닭을 모르는 바는 아니지만, 좀 더 '느낌을 가라 앉혀야 될 시'가 아니었던가 합니다. 느낌표와 호격으로는 많은 이가 공감할 수 있는 경지에 이르기 힘들 듯싶습니다. 저로서는 "동생(同生) 잃어버린 / 형의 가슴 학살되고"와 같은 서툰 구절보다 지극한 슬픔이 죄 담겨 있는 듯한 "목에 추를 달고 운다"는 한 표현에 이르러 지그시 눈을 감습니다. 이 구절 하나만으로도 이 시는 제 몫을 다했다 하겠습니다.

촬영 경쟁 헬리콥터들 자맥질 속
카메라들이 불꽃과 술래잡기를 하고
일만여 등산객 이봉 저봉 모여 서서
고독한 탐구의 쾌락을 찾고
전국 최고의 김덕수 사물놀이패
농악 소리에 솟는 춤을 억누르고
하늘 높이 이어진 줄연
민속의 장관을 뽐내며 제자리 찾았다.

—「화왕산 불꽃제」 가운데서

신용찬 시인이 쓴 「화왕산 불꽃제」는 번잡스럽기만 하여 '덜된 시'로 여겨집니다. 화왕산 갈대 태우는 일과 둘레 정황을 시간 흐름에 따라 이저것 끌어다 늘어놓고 있으나 표현이 서툴고 맺는 힘도 많이 부칩니다. 처음과 끝 부분만이라도 제대로 살린다면 짧으나 재미있는 체험을 다룬 시로 남을 법했습니다. 시인의 의도와는 다르게 다섯째 줄부터는 뒷날을 위해 일기장에나 적어 둘 군더더기 말로 떨어졌습니다. 땅의 불꽃이 하늘을 눈뜨게 한다는 마지막 그림만 시다운 품에 다가섰습니다.

고목 벚나무들

둥치 거죽 두께가

옛사람 심지(心志)처럼 두텁네

산 가지 죽은 가지들이

어울려 어깨 겯고,

―「작천정(酌川亭) 벚나무」 가운데서

제정길 시인의 「작천정(酌川亭) 벚나무」라는 시는 언양 작천정의 인상 깊은 경관을 글감으로 잡은 시입니다. 이런 시가 잘 쓰인 작품인가 어떤가를 알기 위해서는 제목을 다른 것으로 슬쩍 바꾸어 놓고 본문과 다시 맞세워 보면 쉽사리 알 수 있습니다. 「쌍계사 벚나무」, 또는 「앞산 벚나무」와 같은 것으로 제목을 고쳐 놓고 읽을 때 작품에 큰 변화가 일어나지 않는다면 그 시는 잘 쓰인 시가 아니라 보면 틀림없습니다. 이 시도 작천정 벚나무만이 지니고 있을 법한 신선한 깨달음은 보이지 않고 대상에 대한 앎이 '가벼운 시'가 되고 말았습니다. 벚나무 "거죽 두께"를 "옛사람 심지(心志)처럼" 두텁다 한 것이나 "끝없는 사랑 놀이"로 본 꽃잎의 움직임은 제 말 값을 다한 표현으로 보이지 않습니다. 저로서는 다 지워 버린 채, "산 가지 죽은 가지 / 어울려 어깨 겯고, / 빈 하늘 쓰다듬는 / 가벼운 가벼운 몸짓들"로 고쳐 읽히니 낭패입니다.

새미집 골방 속에

누룩 뜨는 냄새

봉래극장 광고판 메고
거리 거리 누비던
꽹수 노인

딸 여섯에 아들 하나 둔
동동구리무 장수
쇠줄이 아배

—「통영바다」 가운데서

최정규 시인이 쓴 「통영바다」는 특정 장소 통영이 지니고 있는 친밀 기억을 되살려 내고 있어 '장소시'에 드는 작품입니다. 허접스런 사변을 웅얼거리는 시에 견주어 훨씬 윗길에 올라선 뜻이 이 속에 있습니다. 그런데 시인으로서는 소중할 친밀 기억들을 한 편의 시 속에 너무 많이 담았습니다. 그렇다 보니 하나하나가 지닌 기억의 무게나 참신한 맛이 살아나지 못하고 오히려 서로를 누그러뜨리고 있습니다. 추상과 구체, 뼈와 살, 느림과 빠름, 긴장과 이완의 요소를 알맞게 추스려 나가 동적인 흐름이 깃들도록 하는 텍스트 전략이 아쉽다 하겠습니다.

이데올로기 위에
삶과 죽음 위에 있다는
  그 말
    사랑이
아지랑이처럼 날아다닌다

천지사방 꽃비 내리는 마이산 탑사
내가 버린,
나를 버린 사람들이
꽃비 속에서 꽃비 속으로 정답게 날아 다닌다

—「꽃비—마이산 탑사」 가운데서

하영 시인이 쓴 「꽃비」는 할 말 다하려다 '무리를 저지른 시'로 남았습니다. 자신은 말수를 줄이고 남이 말하도록 이끌어 들이는 것도 말을 잘하는 길 가운데 하나입니다. "마이산 탑사"에서 겪었던 마음의 움직임을 그림으로 되살리겠다는 뜻은 잘 살아나고 있으나, "이데올로기 위에 / 삶과 죽음 위에 있다는 / 그 말 / 사랑이 / 아지랑이처럼 날아다닌다"는 마디에 눈살을 찌푸리게 됩니다. 그냥 '탑사'로 제목을 삼은 뒤 "돌과 돌 사이를 서성거린다 / 돌탑 위에 돌을 포갠다 // 산제비나비 도시처녀나비 애기세줄나비 물빛꼬리긴부전나비 // 내가 버린, / 내가 버린 사람들이 / 꽃비 속에서 꽃비 속으로 날아다닌다" 정도로 고쳐 읽어 봅니다. 좋은 시상을 버려 놓았다는 게 제 생각입니다.

옆 돌아볼 겨를도 없이
광맥을 찾아 헤매는 무리들
조상 팔고 조국 팔아 아편을 산다

자연으로 돌아가라 소리 높여 외치던
루소나 노자가 아니더라도

순리로 돌아가는 생활이 되어야지

허공에서 위험한 재주부리고

줄을 타는 광대들

폭약을 지고 불 속으로 뛰어든다

—「극을 달린다」 가운데서

김성진 시인의 「극을 달린다」는 '극을' 달릴 만큼 '김빠지게 하는 시'로 여겨집니다. "끝에서 끝으로 극을" 달리는 것 같은 세상을 고발하고자 하는 뜻을 담은 것으로 보입니다. 그런데 막연하고 단선적인 생각을 읽는이에게 내놓아 공감을 얻기는 힘들 것입니다. 세상이 막가는 듯이 여겨진다면 "루소나 노자가 아니더라도 / 순리대로 돌아가는 생활이 되어야지"라며 흐릿한 말을 뱉지 말고 "순리대로 돌아가는 생활"이 어떤 것인지 더 헤아려 보면서 그 과정이나 결과를 읽는이에게 보여 주는 것이 바른 순서가 아닐까 생각합니다. 정말 "세상 종말"이 된 것이라면 시를 쓸 필요도 없을 뿐더러, 더욱이 이런 시를 발표해 주는 제도조차 남아 있을 턱이 없을 것입니다.

흙으로 진다

흙이 될 수 없는 노래마저도

흙으로 진다

스스로 높낮이 이루며 살아가는 이승 기슭

젖은 어둠 건넌 이만이 닿는

바람꽃 하나를 본다 대궁 끝
어디론가 떠나기 위해 매달린
홀씨가 아름답다

—「바람꽃」 가운데서

박종현 시인이 내놓은 「바람꽃」은 '바람'이라는 낱말이 지닌 느낌으로 시를 끌어가고 있는 '분위기 시'로 읽힙니다. 시 속에 많은 체험이 담긴 것처럼 보이지만 속을 들여다보면 시인은 스스로 시적이라고 일컬을 만한 작위적인 상태를 즐기고 있을 따름입니다. 문제는 이 시인 스스로 그런 약점을 알 만한 단계에 있으면서 그러는 성싶다는 데 있습니다. 말을 다루어 나간 솜씨에서 그것을 엿볼 수 있습니다. 환골탈태라는 묵은 한문 숙어는 이럴 때 필요한 말인가 싶습니다. 먼저 남의 눈에 들기 위한 수사학에 눈길을 두지 말고 자신과 벌이는 싸움부터 모질게 시작할 일입니다.

우담바라 겹꽃 피어오르는 푸른 밤도 건너 이제 얼마 남지 않은 시간은 라싸에 갈 것이다 포달랍궁 천년 묵은 수직동굴 속 천정에서 떨어지는 돌비늘처럼 남은 생애마저 떨어져 내리고 시간의 티끌로 짠 편안한 방석 한 장 얻어 한백년 가부좌 틀고 나면 차암 환해질 것이다 차암 가벼워질 것이다.

—「검은 시편 1」 가운데서

이상원 시인의 「검은 시편 1」은 자칫 '젠체하는 시'라는 비난을 들을 위험이 있습니다. 시가 환상과 상상의 영역을 주요한 시적 원천으로 삼는다는 것은 잘 알려진 일입니다. 그것은 삶을 옥죄는 편견으로부터 삶을 자유롭게 살려 내기 위한 한 전략일 터입니다. 필연성 없는 깨달음을 꾸민다고 해서 환상이 갖는 본디 뜻이 살 리는 없습니다. 환상이나 상상은 현실을 바로 보기 위해 필요한 것이며, 그런 까닭에 그 자체 또 다른 이데올로기라는 냉정한 깨달음을 요구한다 하겠습니다. 1980년대 문학 정치에 익숙한 한 시인이 '화엄 화엄'하니 조무래기 자치기하듯이 온 시 동네가 '화엄' 모방으로 시끌벅적한 것을 잘 보고 계시리라 생각합니다. 손쉬운 세계로 달아나거나 빌붙지 마시기 바랍니다. 삶의 밑자리로 내려선 뒤 정말 내가 쓰고 싶은 게 무엇인지, 쓸 수 있는 게 무엇인지 되묻는 일은 글쓰는 이에게 마냥 필요한 일입니다. 말로 만드는 이, 곧 시인이라는 이름을 내건 이라면 "편안한 방석"에는 쉬 앉지 않는 자긍심 정도는 지켜야 될 거라 생각합니다.

> 우리들의 꽃세상,
> 세상의 출구에서
> 꽃이 지고 있다.
> 꽃이 지는 세월
> 세상 밖에
> 구름 몇 점
> 꿈인 양 떠가고 있다.
>
> —「꽃」 가운데서

김지철 시인이 쓴 「꽃」은 흔한 '말장난 시'로 읽힙니다. 시가 가는 길

가운데 말이 지니고 있는 물질적 속성을 좇아 변함없는 실재의 세계를 담아 보고자 하는 구체시라는 흐름이 있긴 합니다. 다만 이 시는 그런 쪽과는 먼 말장난에 빠져 있는 듯싶습니다. “세상의 입구”와 “세상의 출구”라 해 읽는이들이 그럴 듯하게 여기도록 말을 세운 다음 “꽃이 피고 있다”, “꽃이 지고 있다”는 되풀이를 빌려 얼개를 짰습니다. 멋부린 말장난으로 시를 너무 쉽게 보고 있는 게 아닌지 미심쩍습니다. 일곱 번 되풀이하고 있는 ‘꽃’이라는 흐리멍덩한 낱말을 이를테면 분꽃이니 해당화니 하는 구체적인 꽃으로 바꿔 놓고 새로 읽어 보시기 바랍니다. 글쓴이가 그것의 변화와 차이를 자신의 것으로 삼을 수 있을 때 시의 말장난에도 녹록지 않은 높낮이가 있다는 점을 깨달을 수 있을 것입니다.

열두살 난 첫 아이의 나이보다도
더 해묵은 텐트로
유랑과 안식의 보금자리 세우고

밤이 이슥토록
절로 나오는 내 뱃속의
가슴 속의 노래

개똥벌레 소리도 없이
나무와 나무 사이 별똥별 그으며

오뉘는 순한 잠이 들고

그곳에서

그렇게 하룻밤

행복했습니다

—「개똥벌레의 편지—거제 자연휴양림에서」 가운데서

유귀자 시인이 쓴 「개똥벌레의 편지」는 읽는이를 '짜증스럽게 하는 시'입니다. 이 시가 겉으로 담고 있는 정보는 명료합니다. 자신은 오뉘 둘을 잘 둔 행복한 계층이라는 객쩍은 자랑이 그것입니다. 괜스레 고통을 쥐어짜는 듯한 시도 난처한 노릇이지만, '개똥벌레'를 이음매로 하여 이 시가 보여 주는 삶 읽기는 자칫 생각 모자란다는 꾸지람을 듣기에 알맞은 형국입니다. 굳이 시라는 문화 관습으로 보여 주어야 할 일이 이런 것이라면 시가 소비자 앞에 설 자리는 그리 넓지 않으리라 생각합니다. 모름지기 시인 된 이는 시를 발표하기 앞서 늘 자신의 시를 두고 '그래서 어쨌단 말인가?' 하고 되묻는 버릇을 지녀야 하리라는 제 생각에는 변함이 없습니다.

고즈넉이 시간 가는 줄 모르고 헤매었지

무너진 세월의 넋을 고스란히 등에 지고

아직도 천 수백여 년을 고이 숨쉬고 있었구나

산봉우리 능선으로 뻗어내린 굵은 힘줄

허물어진 고뇌를 안고 이끼 쌓인 침묵으로

난공불락(難攻不落)의 모진 상처를 견디고 있구나

—「답사수첩—안라국(安羅國) 고성(古城)」 가운데서

이명호 시인의 「답사수첩」은 '속빈 강정 같은 시'로 보입니다. '답사수첩'을 적고 다닐 정도라면 향토지나 지역지에 깊은 앎이나 오랜 사랑을 지녔음 직한데, 시가 추상적인 데다 겉도는 말로 한결같습니다. 옛 유적을 가까이하며 산다는 멋 자랑은 될지 모르나, "허물어진 고뇌를 안고 이끼 쌓인 침묵으로 / 난공불락(難攻不落)의 모진 상처를 견디고" 있다고 본 "아라가야 신비의" '고성(古城)'에 대한 감각은 새로움이나 재미와는 거리가 멀다 하겠습니다.

지우개에 밀려 떨어져 나간
세월 그리운 것들
내가 보고 싶다

몸 풀리는 저 그림 옅은 4월 들판에서
지금은 함께 있어 꽃이 될 수 있을 것은

살 깊은 뿌리내림에
떠나지 못하는 봄 하나
그리고 그 결
우리라고 이름 붙여진 바람살

나는 왜 나를 버릴 수 있다고 믿었을까?

통제 밖에서 구르는

하오의 적막

내가 버린 나 어디서 무얼하고 있을까?
그리고, 나를 버린 너는?

봄 대신 마음만 짙어
4월의 꽃잎 하나
저항 없이 진다

—「상관이 있다—4월 들판에서」

「상관이 있다」는 김일태 시인이 쓴 작품입니다. "지우개로 밀려 떨어져 나간 / 세월"에서 약간 시격을 얻었습니다. 그런데 그뿐, 나머지에서는 크게 '상관' 없는 말을 이저리 늘어놓아 '번잡스럽기만 한 시'입니다. 많이 줄여야 될 듯싶습니다. "지우개에 밀려 떨어져 나간 / 세월, 보고 싶다 // 내가 버린 나 / 나를 버린 너는? // 봄 대신 마음만 짙어 / 꽃잎 (구체적인 봄꽃 이름을 넣으면 더 좋겠지만) 하나 진다"로 고쳐 읽어 봅니다. 둘째부터 다섯째 토막까지 죄 지워 버린다 해서 시를 버려 놓은 것은 아닐 터입니다.

초만원으로
텅 비어 가는 매장
뒤섞여 한 덩어리가 된 블라우스와 스커트
잠깐 눈앞을 가리는 처세술로

얼마나 견딜 수 있을까

기다려도 오지 않는
시간을 물어
절벽을 오르는 시간

가방 안에선
상한 뼈들이
돌아눕는다

—「꿈꾸는 엘리베이터 3」 가운데서

문옥영 시인이 쓴 「꿈꾸는 엘리베이터 3」은 '재미있는 시'입니다. 현대인의 삶을 표상하는 욕망과 소비의 장소인 백화점, 그 엘리베이터 안에서 꿈꾸는 상상력을 잘 보여 줍니다. "가방 안에선 / 상한 뼈들이 / 돌아눕는다"는 묘를 얻은 비유입니다. 둘째, 셋째 토막의 늘어진 시줄을 다시 손본다면 쓰는 재미에다 깊은 맛까지 더하리라 생각합니다.

오늘도 그리움의 하루 해 지면
또 하나의 별빛 하늘에 박혀
그리움이 쌓여지겠습니다
고운 그리움의 별빛으로
밤 하늘 별들이 늘어 나듯이
오늘도 그리움만 쌓여집니다.

—「고운 그리움 쌓여 갑니다」 가운데서

원신상 시인이 쓴 「고운 그리움 쌓여 갑니다」는 흔히 볼 수 있는바, 시인 스스로 무엇을 어떻게 표현해야 할지 모르고 몽롱한 상태에서 쓴 '분위기 시'로 보입니다. 스스로 피워 둔 막연한 분위기에 말려 든 상태를 잘 보여 줍니다. 슬픔이니 그리움은 이런 분위기 시가 자주 빌붙기 좋은 글감입니다. '별빛', '달', "고운 그리움", 지겹도록 밟아 보셨을 말과 틀에 박힌 느낌이 질펀하게 깔렸습니다.

꼴난 사람 사람이
별난 모양 꾸밈새
속없이 골 빈 허영기
그 탐욕 후리는
빠른 계산 날쌘 사냥개
사람이 사람 잡는다

—「빈대」 가운데서

정상림 시인이 쓴 「빈대」는 '종잡을 수 없는 시'로 보입니다. 못마땅한 세상에 대해 따지고 맞서고자 하는 뜻을 빈대의 생태와 묶어 보려 했는데, 도가 지나쳤습니다. 맨 뒤의 "제 뱃속 혼음(混淫) 즐기는 놈 / 모두 외동네 동서들 / 천륜 몰수한 불상놈이다"라는 시줄에 할 말은 죄 녹아들었다 하겠습니다. 막았다 막았다 마지못해 터져 나오는 듯한 말씨가 아쉽습니다.

목련(木蓮)을 피우는 것도 설레임이다.

나의 기다림과

세상 끝에서 걸어오는

설레임의 눈부신 상봉(相逢)이

목련(木蓮)을 피우고 있다.

―「설레임」 가운데서

최일성 시인이 쓴 「설레임」은 '시답게 쓰려고 애쓴 시'로 여겨집니다. 그런데 시를 잡아 내는 감각 자체가 평범해서 말을 잘 간추리고 가다듬었다 해서 좋은 시로 올려놓기에는 모자람이 있어 보입니다. '삼월' 목련과 만남을 "눈부신 기다림의 상봉"이라 했으니, 소박한 데에만 머물렀다 하겠습니다. 시는 무엇보다 상식을 뛰어넘는 데서부터 비롯한다는 생각을 다시 한 번 다질 기회가 되었습니다.

거제 학동 몽돌밭에도

포로들의 눈알이 살아 있었다

고현에서부터 따라온 포로들이

바닷바람으로 나를 묶는다

철썩이는 파도로 나를 가둔다

빛바랜 군복을 가져와 입히고

손을 벌려 녹슨 철조망을 묶는다

―「학동 몽돌밭에서」 가운데서

신작특집이라는 곳에다 시를 내놓고 있는 강윤수 시인의 작품 가운데서는 「학동 몽돌밭에는」을 눈여겨보고자 합니다. "거제 학동"의 '몽돌'을 경인전쟁으로 말미암아 흘러와 있었을 '포로들'의 '눈알'로 읽어내는 데서 예사롭지 않은 감각을 느낍니다. 그런데 그러한 눈매가 "나의 영혼을 / 다시 포로로 붙잡고", "무섭게 충혈된 눈을 부릅뜨고 있다"는 쪽으로 나아가면서 조금씩 무뎌지기 시작합니다. 나아가 '아버지'에 대한 기억과 시인의 유년까지 한꺼번에 묶어 내고자 해 무리를 불러들였습니다. '몽돌'이라는 대상이 지니고 있을 법한 역사성을 넓게 읽고자 한 의도가 오히려 이 작품을 '욕심부리고 있는 시'로 만든 성싶습니다. 그렇다고 해서 그런 시도가 갖는 건실한 뜻이 옮어지는 것은 아닐 터입니다.

말이 길어졌습니다. 제 모자람 탓에 미치지 못했거나 잘못 읽은 자리가 많으리라 여겨집니다. 그런대로 경남 지역시단의 한 자락은 펼쳐 드린 셈입니다. 시 읽는 재미를 줄여 놓지나 않았는지 모르겠습니다. 다음에도 지역시의 모습을 속속들이 살필 수 있는 기회를 마련하겠습니다. 이 형, 크게 다쳤다던 간도 큰 병증은 잡았다 하니 마음이 놓입니다. 세상일이 어처구니없어 마냥 힘이 빠질 때에도 형의 좋은 시에서 힘을 얻으며, 시의 정당성을 일깨웁니다. 형이 시로써 이루고자 하시는 바가 무엇인지 감히 요량할 수는 없으나, 많은 이가 저와 다를 바 없으리라 생각합니다. 먼 남녘 갯가에서 형의 건강을 빌어 드립니다.

지역시가 나아갈 바

1

좋은 작품, 뛰어난 문학은 흔히 지역과 지연에 깊은 뿌리를 둔다. 좁게는 내 사는 작은 마을에서부터 고향을 거쳐 드넓은 단위에 이르기까지 크작은 지역의 풍토와 생활세계에 바탕을 둠으로써, 문학은 다른 인문학 영역에서 맛볼 수 없는 한결같고도 생생한 감동을 마련해 왔다. 지역문학, 지연문학이란 문학 생산과 실천의 다함없을 텃밭인 셈이다.

게다가 오늘날 거대담론과 공식세계의 피식민지로 떨어져 버린 우리의 삶터를 반성하고 그에 맞서 지역가치의 복권을 노리는 지역구심주의 문학, 또는 '문학지역주의'(literary regionalism)가 떠오르고 있다. 우리 지역의 시도 새로운 도전을 앞두고 있는 셈이다. 개별 작품에서 한 발 물러서 지역시가 나아갈 바를 크게 간추려 보는 까닭이 이에 있다. 시인과 작품, 독자 그리고 제도라는 네 요소로 나누어 그 일을 손쉽게 하고자 한다.

2

창작 주체인 시인과 관련하여 두 가지 점을 짚을 수 있겠다. 첫째, 시인층의 다양한 분화가 그것이다. 사람에 따라 생각이 다를 터이지만, 시인이 자신의 작품을 읽어 줄 것으로 마련하고 있는 독자, 곧 내포독자를 잣대로 삼아 볼 때,[1] 시인에는 세 유형이 있다. 전문시인과 대중시인, 그리고 교양시인이 그들이다.

전문시인은 자신과 같이 시 쓰는 일을 업으로 하는 다른 시인이나 비평가, 곧 '심각한 독자'를 내포독자로 삼는다. 이와 달리 대중시인은 가벼운 저널리즘 비평이나 문단 스캔들, 유행이나 시집의 표지를 보고 시를 골라 읽는 '평범한 독자'를 내포독자로 삼는다. 교양시인은 가까이 있는 동호인이나 그 자신, 또는 세련된 시 갈래가 아닌 가벼운 읽을거리에 익숙한 '오락물 독자'를 내포독자로 삼는다.

전문시인 탓에 시가 값있는 문화 관습으로서 지닐 바 정당성과 규범을 되풀이 마련한다면 대중시인 탓에 시가 예사 사람들 입에 오내리게 된다. 그리고 교양시인 탓에 시 향유의 밑자리가 활성화하고 구체적인 시의 내면화가 가능해진다. 대중시인은 전문시인을 본으로 삼아 뒤따르면서, 전문시인과 교양시인 사이에서 이음매로 놓인다 하겠다. 창작 활동에 대한 보상으로 전문시인에게는 명예가, 대중시인에게는 돈이나 인기가, 그리고 교양시인에게는 가까운 이들의 인정과 사랑이 주어진다.

---

1 마크 로버츠라는 이가 통속소설을 분류하면서 마련한 틀에 도움 받아 새로 생각을 간추렸다. Mark Roberts, *An aesthetics of junk fiction*, The Univ. of Georgia Press, 1990, pp.31~33.

이러한 세 유형의 시인을 놓고 높낮이를 잴 수 있으나, 그 값어치를 한 잣대로 꿰어서 말할 수는 없다. 왜냐하면 바람직한 시의 실천과 향유는 이러한 여러 유형의 시인이 다양하게 분화하고 길항하면서 낱낱으로 자신이 선 자리에서 맡은바 몫에 충실할 때 가능해지기 때문이다. 문제는 지역시단에서는 세 유형의 겹이 얇고 높낮이가 혼란스럽기 쉽다는 점에 있다.

무엇보다 전문시인이 아닌 이가 전문시인인 체 나돌기 좋다. 교양시인으로 머물러 시를 즐기는 길로 들어선 이가 나이가 들고 세월이 흘렀다고 지역에서 문학 원로니 중견이니 하며 구성원의 동의를 끌어내지도 못할 권위를 앞세우는 데도 큰 어려움이 없다. 맡은 일이나 사회적 지위의 높낮이가 문학 권력의 높낮이로 바뀌는 현상이 자연스럽게 받아들여진다. 힘껏 따라 올라설 바람직한 시의 전범이 흐려짐으로써 시의 질적 하향평준화가 고질로 지역에 자리 잡게 된 셈이다.

시인층의 분화와 확대에서 중요한 점은 늘 신인처럼 노력하고 분발하는 전문시인이 필요할 뿐 아니라, 교양시인의 확대도 그에 못지않다는 사실이다. 오늘날과 같이 다양한 여가사회, 취미의 시대에 시가 나날살이 속에 살아남기 위해서 교양시인이 맡아 내야 할 몫은 더욱 커지고 있다. 이름뿐인 전문시인이나 대중시인 자리를 득 될 일 없이 넘보지 말고 즐거이 시 취미에 골몰하는 교양시인들이 활동 영역을 더 넓혀 나가야 할 일이다. 그러고서야 지역민의 정서 학습, 갈등 정화라는 발전적인 시의 기능까지 노릴 수 있다.

둘째, 시인의 특성화다. 기존 시 관습의 틀을 벗어나는 관심과 활동 행태를 보여 주는 시인이 지역에 많이 나타나야 한다. 뜻있는 새 경향을 만들고 남다른 길을 열어 갈 뿐 아니라, 그에 걸맞게 제 몫을 열심히 하는 개성 뚜렷한 시인이 그들이다. 그들을 중심으로 다양한 동호인 모임을 마련함으로써 기존 시단의 게으름과 인습을 깨뜨리는 차별화의 기운이 지역시에 드높아야 할 것이다.

낭송시인이며 행위시인뿐 아니라, 바다시인이나 산시인, 환우 치료를 위해 시를 짓는 치료시인, 나아가 노년의 삶만을 문제 삼는 노년시인도 있어야 할 터다. 특정 회사나 기관의 비리나 부조리만을 끈질기게 감시·고발하는 현장시인, 시민 참여 저널리즘 역할을 맡을 정론시인, 부왜인(附倭人)을 찾아내 행적을 고발하거나 지역 역사유물의 뜻과 내력만을 찾아 나서는 역사시인과 같은 형태도 있을 수 있다. 삶을 읽는 줄지 않는 재미와 시민 교양, 정서 훈련 자리로서 시의 공리성이 이를 빌려 더욱 굳건해질 수 있을 것이다.

3

작품과 관련해서 지역시가 나아갈 바는 첫째, '장소시' 창작을 들 수 있다. 장소시란 지역의 특정 장소나 그 안의 친밀 대상에서 말미암은 장소감이나 장소 이미지를 다루는 시를 뜻한다. 이러한 시는 오랜 예로부터 한 전통으로 있어 왔던 것이다. 오늘날 지역구심주의 문학을 크게 요구하면서 중요성과 필요성이 더욱 두드러지고 있다.

무차별적인 생산과 효율이라는 근대 자본주의의 환상과 그에 일정하게 빌붙어온 거대 화폐권력은 숱한 문제를 저질러 놓았다. 생활세계를 획일화하여 고유한 삶의 장소와 그에 깃들어 있는 다양한 삶을 망가뜨려 놓은 것도 한 보기다. 무장소성(placelessness)이야말로 자본주의 공간 지배의 전형적인 양식인 셈이다. 한결같은 경제 이익의 창출과 손쉬운 관리는 이에 바탕을 둔다. 따라서 지역민은 친밀장소와 안온한 보호공간을 빼앗긴 채 화려한 슈퍼마켓과 디즈니 공간에 끌려다니는 소비자, 거대 화폐권력의 노예로 떨어지고 있다.

장소시는 그에 맞서 개별 장소가 지니고 있는 추억, 친밀 경험을 되살리고 그것이 망가진 현장을 낱낱이 공론의 자리로 이끌어 내는 일을 꾀하고자 한다. 장소시야말로 고유한 지역가치와 진정한 삶의 감각을 되살리면서 새삼스럽게 현실 대응의 직접성을 겨냥할 뿐 아니라, 지역민에게 공동체 의식을 굳건하게 심어 줄 수 있다.[2] 지역 문제에 힘껏 다가서는 현장문학, 대항문화로서 장소시가 맡아야 할 몫은 결코 만만하지 않은 셈이다. 미치고 못 미치는 점은 두고서라도 아래에 옮긴 시는 장소시의 좋은 보기가 됨 직하다.

> 옛날 어느 외국인이
> 마산 바다를 보고는
> 태평양 연안에서는

---

2 김해 지역에 뿌리를 내리고 장소시를 썼던 시조시인 김영수를 대상으로 이 문제를 따지고 든 바 있어 더 나아간 생각은 그 글에 미룬다. 박태일, 「김영수 시와 문학지리학」, 『한국문학논총』 15집, 한국문학회, 1994.

북미의 샌프란시스코와
호주의 시드니 항에 버금가는
하늘이 주신 호수 같은 바다라고
말했다고 한다
광무 삼년 그러니까 천팔백구십구년
오월 일일 마산포는 삼 개국 이상의
힘있는 국가들에 의해 국제 무역항으로
개항이 된 이래로
오늘도 마산은 항구다
그러나 마산에 바다는 없다
마산은 항구지만 바다는 없다
없다

— 이선관, 「마산은 항구지만 바다는 없다」

둘째, 시를 다른 예술 갈래와 즐거이 묶는 일이 필요하다. 오늘날 전자영상매체 문화의 손쉬운 생산과 복제 기술은 문학뿐 아니라 모든 예술 갈래에 발 빠르고도 큰 변화를 요구한다. 갈래 경계 무너뜨리기도 그런 한 가지다. 기존 문화 관습에서 볼 때 그러한 갈래 개방 현상은 위기임에 틀림없다. 그러나 한쪽으로는 상상력과 역할을 쇄신할 기회를 마련하기도 한다. 게다가 시라는 관습은 다른 여느 문학, 여느 예술 갈래보다 시대 변화와 방법 변화에 힘껏 따르면서 갈래 자체의 고유한 자유를 누려 왔다. 시의 자유가 늘 삶의 자유로 열려 갈 수 있었던 까닭이 이에 있었던 셈이다.

지역사회의 문학·예술 분위기 쇄신은 기존 관습을 훌쩍 건너뛰는 그러한 새 작품, 새 형태에서 도움 받을 바 크다. 지역사회에서는 내집단(內集團) 연고 장벽이 높은 탓에 그 일이 더욱 손쉬울 수도 있을 것이다. 시의 제도적 기반은 그러한 개방 감각과 낡은 관습에 머물고자 하는 폐쇄 감각이 서로 맞물리면서 일구어 내는 긴장 탓에 더욱 단단해질 것이다. 지역문학에서부터 즐겁게 개방 감각을 이끌어 들일 일이다.

4

독자 가운데 읽는 일을 업으로 삼은 이가 비평가다. 전문독자인 셈이다. 지역시가 바람직스럽게 나아가기 위해서는 시인의 노력뿐 아니라 그것을 꼼꼼하게 따지고 마땅하게 값 매겨 나가는 좋은 시 비평가가 없고서야 어려운 일이다. 이와 관련해서 세 가지를 짚어 보고자 한다.

첫째, 비평 부재라는 말을 심심찮게 듣는 바와 같이 전문성 결여를 꼽을 수 있다. 이것은 시 비평가로서 지닐 바 자질뿐 아니라, 지역시를 대하는 태도를 아울러 포함한다. 지역시 비평에 냉정한 경쟁 논리가 끼어들고 긴장된 역장을 마련해야 하는 까닭이 여기에 있다. 지역 바깥 시의 흐름과 지역시 움직임에 두루 관심을 가다듬으면서 진지하게 작품 읽기로 들어서는 힘있는 비평가를 요구한다.

해도 그만 하지 않아도 그만인 말을 주워 담는 무골비평, 사람끼리 얽힌 친소관계에 마구 이끌리거나 얼렁뚱땅 넘어 가는 주례비평을 되풀이한다면 시인이나 일반 독자가 얻을 바는 많지 않다. 문학과 무관한 지위가 비평가로서 지닐 바 자질과 역량을 덮어 주는 우스꽝스러운 분위기도 그런 일을 거든다. 노력하지 않고 고민하지 않아도 그것을 검증할 만한 장치가 많지 않은 지역시 평단은 마침내 좋은 지역 시인이나 뒤선 문학 세대가 지닌 가능성을 가로막는 장애물로 떨어지기 쉽다. 고리타분하게 같은 말을 거듭하거나 마땅한 비평 자리를 흐리는 겉치레 비평이 설 자리는 없어야 할 일이다.

둘째, 잣대가 분명한 비평이 필요하다. 비평이란 작품을 이음매로 삼아 한 주체와 다른 주체가 만나고 맞서는 대화 언어다. 대화하기 위해 비평하는 이가 갖추어야 할 바 첫 조건은 자신의 모자람을 받아들이는 겸손한 마음가짐과 함께 자신이 선 자리를 분명히 하는 일이다. 남들 다 해 놓은 말에 염치없이 슬쩍 한 소리 더 거들어 행세하는 안전비평, 힘있어 보이는 시인에게 빌붙어 나이를 돌보지 않고 꼬리 치는 매음비평이나, 비평가 노릇을 거듭하기 위해 써 돌리는 뚱딴지 비평은 지역시 발전에 도움을 주지 않는다.

좋고 나쁨, 옳고 그름, 높고 낮음에 대한 분명한 자기 잣대를 들냄으로써 시인에게나 일반 독자에게 실질적인 사색과 대화의 계기를 열어 놓을 수 있어야 한다. 핵심 없이 시인 위에 올라선 채 목소리만 부풀리는 몽롱비평이 설 자리는 줄어야 한다. 시인을 더욱 북돋우거나, 비평가가 작품에서 얻은 배움과 감동을 즐거이 드러내어 변화와 창조에 대한 전망을 갖게 하는 바람직한 대화비평이 많아야 한다. 그것이야말로 다른 문학 갈래 못지않게 일반 독자들을 즐거운 비평글 읽기로 이끄는 기회를 만들 것이다.

셋째, 젊은 비평가의 발굴과 비평 기회 확대다. 이때 젊다는 뜻은 단순히 생리적 나이로 매겨지는 것은 아니다. 문학에 대한 진지한 호기심과 감동할 줄 아는 열정을 갖추었는가 그렇지 않는가가 젊음의 잣대다. 우리 지역만 하더라도 이름에 걸맞은 젊은 비평가가 적지 않다. 그런데 그들이 생각을 펴 보이고 나눌 기회를 갖는 일은 쉽지 않다. 그들을 지원해 줄 지역 매체가 모자라거나 대화 기회를 마련할 문학 행사가 쉽지 않은 까닭이다. 젊은 비평가가 나설 수 있는 드문 기회조차도 그나마 알게 모르게 막는 문학마당의 인습과 무기력한 분위기에도 한 원인이 있다. 그 얼굴에 그 소리로 몇 년을 흘러가는 동안 지역 평단에는 모험심도, 진지함도 사그라져 버린다.

지역 시단이 다양한 비평 훈련을 겪을 기회는 처음부터 막혀 버리게 되는 셈이다. 그 탓에 작품에 대한 가혹한 비난이건, 돼먹지 않는 칭찬이건 자신의 문학 생애에 도움이 되는 쪽으로 끌어들이는 줏대 있는 창작 기운이 사라져 버리는 것은 당연한 순서다. 반듯한 시인이 아예 지역 평단을 외면하거나, 막연한 증오와 낙담만을 키우는 경우도 적지 않다. 지역문학에 알게 모르게 깔려 있는 패배감과 냉소는 이런 비평계의 악순환에 말미암은 바 크다.

지역 평단의 젊은 기운을 가로막고 지역 시단의 창작 의욕을 주저앉히는 비평의 단세포화, 무기력을 하루바삐 씻어 내기 위해 지역 비평가는 제 할 몫을 찾고, 매체를 개발하면서 활동 영역을 넓혀 나가야 한다. 경쟁하고 노력하는 지역 비평의 다극화와 다양한 화음이야말로 지역시 창작 분위기를 드높이는 데 무엇보다 필요한 일이다.

5

지역시가 바람직스럽게 나아가기 위해서는 시인의 자세 변화와 작품 방향 모색, 전문독자로서 비평가 층의 변화가 따라야 한다는 점을 말해 왔다. 그런데 이들 변화는 개별 요소가 서로 떨어져 이루는 부분적인 것이 아니라 함께 맞물려 상승하는 것이어야 한다. 게다가 그 아래 더 큰 상수로 놓여 있는 제도 차원의 변화도 빠뜨릴 수 없다. 늘 어떤 잣대를 전제하는 관습과 제도 차원에서 시를 이해할 때 비로소 시는 지역 사회 구조 속에 구체적인 방식으로 들앉을 수 있는 이점이 있다. 여기서는 문학제도의 눈에 보이는 쪽을 구성하고 있는 몇 집단을 중심으로 나아갈 바를 짚어 보고자 한다.

첫째, 지역 대학에서 이루어지는 문학교육의 변화다. 대학의 문학교육은 가장 본보기가 되는 문학 생산자를 키워 냄과 아울러 지나간 작품을 간추리고 승인하는 기능을 맡는다. 대학에서 문학교육은 혁신 문학을 기존 관습 속으로 끌어들인다. 뛰어난 작품을 문학 유산으로 갈무리하며 그것을 학습, 전달하는 일이 중요한 일거리다. 지역 대학에서 이루어지는 지역문학에 대한 교육과 관심의 수준이 지역문학 창작의 먼 뒷날뿐 아니라 소비 양태까지도 결정한다. 중요하게 다루어져야 할 일이다.

그런데 오늘날 지역 대학에서 이루어지고 있는 지역문학 교육은 구조적인 무기력으로 말미암아 새로운 문학 변화에 앞서 나가는 힘을 잃어버렸다. 그 연구도 아마추어 수준을 벗어나지 못하고 있다. 그러다 보니 지역문학 현장과 떨어진 거리가 좀처럼 좁혀 들 것 같지 않다. 대학의 문학교육이 지역문학에 진지하게 다가서고, 지역 시단의 연구와 평가에 적극 이바지할 수 있어야 한다. 나아가 그 성과를 하부 교육기관과 지역민에게 되돌리기 위한 프로그램 개발에도 힘써 나설 일이다.

둘째, 지역 시인사회의 외형적 근거를 마련해 주고 있는 문인협회니 시인협회니 하는 이익단체 문제다. 오늘날 이러한 이익단체는 너무 겉만 커져 올려볼 만한 문학 업적과는 무관한 이들이 자리를 나눠 돌리는 관료기관으로 바뀌었다. 아니면 지역자치의 흐름에 때맞추어 지역민의 세금이나 축내는 관변단체로 떨어져 버렸다고 해서 크게 다르지 않을 정도다. 문학인의 모임이 군대 행정에서 배운 수직 위계질서를 힘삼아 잿밥 문학인이 앞서고 뒤서며, 대접받고 이름 들내는 무대로 떨어질 수는 없는 일이다.

뜻 맞고 취미 맞는 이들이 모이고 함께 이익을 좇다 보면 커지게 마련이다. 그것을 살려 가기 위한 질서가 자리 잡히게 마련이다. 그렇지만 이제는 일의 효용과 능률을 심각하게 생각할 때라는 뜻이다. 어느 정도 무리가 따르더라도 집행부의 나이를 훌쩍 낮추어 지역문학의 발랄한 상상력과 가능성을 끌어안을 수 있는 분위기를 마련해야 할 일이다. 아울러 느슨한 친목단체에서 벗어나 실질과 성과에 잣대를 둔 개인이나 소집단 창작 활동을 밀어주는 기관으로, 지역시인의 삶의 질에까지 도움을 주는 이익단체로 거듭나기 위해 운영 방향을 크게 고쳐야 한다.

셋째, 지역행정부 단위에서는 문학정책에 대한 장기 계획을 세우고, 지역 문화·예술 전문 행정가 집단을 키울 일이다. 그 가운데서 지역시가 숨 쉴 자리 또한 넓혀질 것은 당연한 이치다. 과시, 소모에 떨어지는 행사는 동호인 모임에 넘기고 지역행정부는 문학 간접자본의 확충과 효율 높은 세금 분배, 투자에 대한 연구를 깊이 해야 한다. 먼 뒷날 지역 후세가 이익을 볼 수 있을 사업을 지금부터 마련하고 밀고 나아야 한다는 뜻이다.

지역문화·생태박물관이나 문학기념관 설립과 주요 문헌 구입, 그리고 그러한 일을 거들 대학이나 민간 연구 기관의 활동 지원뿐 아니라, 더불어 지역민이 본보기로 삼을 만한 문학인 떠받들기와 같은 일에 한결같은 관심과 투자를 이끌어야 한다. 지역 기업이나 대자본이 문학을 한껏 외면하고 있는 우리 실정으로 보아 지역시의 발전은 문학 바깥에 자리한 지역행정부의 앞선 노력 없이는 힘들다. 멀리 내다보고 확실하게 지원하되 간섭하지 않는 장기적인 문학행정의 필요성은 이미 딴말을 필요로 하지 않을 정도에 이르렀다.

6

시는 시인이 생각하고 있는 바와 달리 그리 대단한 것이 아닐 수도 있다. 특히 오늘날과 같이 명분과 실제, 작품과 삶의 분리가 당연한 현상이 되어 버린 마당에서 시가 세상을 감동시키고 존재 이유를 힘차게 웅변할 만한 일을 갖기는 쉽지 않다. 더 이상 시인은 예언자도 아니다. 작품을 멋들어지게 만드는 탓에 힘껏 박수를 쳐 주어도 아깝지 않을 재주꾼도 아니다. 시인의 작품과 그 행태가 변화하는 시대의 뒷마당에서 쓸데없이 내돌리는 넋두리거나 감당 못할 현시 욕구에 속만 끓이는 야릇한 짓거리 정도로 대접받지 않는 것만도 고마워해야 할 일인지 모른다.

시가, 문학이 그렇듯 대단한 것이 아닌 까닭에 시인은 더욱 뼈저린 마음으로 자기 갱신의 노력을 아끼지 말아야 한다. 왜냐하면 참으로 시를 대단한 것으로 만드는 터무니는 마침내 시인 자신일 수밖에 없기 때문이다. 적어도 시를 삶의 한 양식으로 스스로 선택하고, 제 삶의 터무니가 문학에 있다고 굳게 믿는 이들이라면 이 점을 잊어서는 안 된다. 시인으로 살고자 하는 이에게는 더욱 열심히 쓸 책무만 있을 뿐 어떤 권리도 사치일 수밖에 없다는 각오를 다질 때다.

오늘날 지역시의 주인은 모름지기 누구인가? 어떤 일에 주인 될 자격을 갖춘 이는 그 일로 보는 손해를 마다 않는 이다. 그 일에 가장 많은 생각을 바치는 사람이다. 지역시 발전에 시인이니 문인으로 지역사회에 이름을 내걸고 있는 이들이 누구보다 앞서 시가 뜻있고 값있는 것임을 웅변하는 노력과 손해를 아끼지 말아야 하는 까닭이 여기에 있다.[3] 지역문학의 손님격인 지역민과 지역사회가 시를 돌아보고 시인에게 가까이 다가설 마음을 지니게 되는 것은 그 한참 뒤 일이다.

---

3 이 일을 하는 데 있어서는 어느 누구보다 이제껏 지역사회에서 분외의 대접을 받아 왔고 은혜를 입었던 이들, 이른바 문단 원로라 일컬음을 받아 온 사람이 앞장서 본을 보여야 할 것이다. 본디 원로란 남달리 높은 덕을 쌓은 이를 뜻한다. 예사 사람이 예사로이 할 수 있는 일을 할 힘과 뜻밖에 없는 이를 두고 원로라 이를 수 없다. 그런 사람은 원로가 아니라, 나이 든 이를 올려 세우는 우리 전통에 힘입어 그저 나이 덕이나 보면 될 예사 늙은이에 지나지 않는다. 자기 대접 받는 길보다 남 대접하는 길로, 자기 들내는 길보다 자기를 이제껏 대접해 준 지역사회 구성원에게 은혜 갚는 길로 들어서는 참 원로가 지역 문학마당, 문화마당에 많아지기를 바란다. 따로 떼어 놓고 곰곰이 따져 볼 거리다.

전쟁 속에 얼어붙은 꽃봉오리

고석규의 시

1

고석규 유고 시집 『청동의 관』(지평, 1992)이 나왔다. 1990년 유고 평론집 『여백의 존재성』에 이어 유고시만을 따로 묶은 것이다. 그의 작품이 늦게나마 빛을 보게 되었다. 세상일이란 그렇게 막돼먹은 것만은 아님을 알겠다. 고석규는 누구인가. 1950년대 경인전쟁의 소용돌이 속 피란지 부산 문단에 청색마처럼 나타나 활동하다 1958년 26살 한창 젊은 나이로 '암야(暗夜)의 지층(地層)'에 갇혀 버린 열정적인 시인이자 명석한 평론가였던 사람.

『시조(詩潮)』를 비롯해 『시연구(詩硏究)』·『신작품(新作品)』은 그가 몸담았던 동인지 이름이다. 김성욱·손경하는 그와 가까웠던 이들 이름이다. 벗 김재섭과 『초극(超劇)』(삼협문화사, 1954)을 내었고, 「시적(詩的) 상상력(想像力)」(부산대 석사논문, 유인본, 1958. 유고로 『현대문학』에 실림)과 뛰어난 평론 「시인의 역설(逆說)」(『문학예술』에 실림)로 널리 알려진 그는

『실존주의』(P. 프올께, 보문당, 1956)를 옮겨 내기도 했다. 드디어 고석규 유고 시집이 나왔다. 이 일로 힘을 얻어 그의 문학에 대한 올바른 이해와 마땅한 평가가 차근차근 이루어져야 하리라.

고석규는 열정적인 시인일 뿐 아니라 뛰어난 시인이다. 짧은 대여섯 해 동안에 그가 남긴 150편이나 되는 많은 시를 훑어보면 이 점은 쉬 확인할 수 있다. 그는 말길을 한 곬으로만 파지는 않았다. 앞 시대 이미지스트나 윤동주와 같은 이들의 영향을 자연스럽게 녹여 가며 그는 한 새롭고도 이채로운 풍경을 널찍이 마련해 놓았다.

> 애정(愛情)! ○○! 고독(孤獨)! 불안(不安)……
>
> 나는 지금 어느 낱말에도 해당(該當)될 수 있는 지나치게 혼착(混着)된 세기의 표정(表情)을 안으로만 당겨서 나의 영사(映寫)와 감명(感銘)의 고통(苦痛)을 그대로 적어 갈 것을 맘먹었다.
>
> ―「첫머리에」 가운데서

고석규에게 시란 "지나치게 혼착한 세기의 표정"과 맞닥뜨린 한 섬세한 젊은이가 객혈처럼 뱉어 낸 실존적 내면의 기록이다. 나라잃은시대에 유소년기를 보낸 뒤, 경인전쟁의 틈바구니에서 고향과 어머니를 버리고 월남해야 했던 그의 내면에 켜켜로 가라앉은 "영사와 감명의 고통"은 예사롭지 않은 풍경을 이루고 있는 셈이다. 이제 그 풍경 가까이 다가가 보기로 한다. 전쟁 체험과 향수, 그리고 죽음으로 칠한 긴 그림자.

2

1950년대 문학에서 경인년 전쟁 체험은 원죄와도 같은 무게를 지닌다. 곳곳에 도사린 것은 죽음이며 파괴와 절망이었다. 뜻하지 않았던 전쟁이었기에 그것은 부조리했으며, 까닭 모를 것이었기에 그것은 원통할 수밖에 없었다. 고석규 시는 무엇보다 이렇듯 부조리하고 원통한 전쟁의 '도가니' 속에 내던져졌던 1950년대 젊은이들의 막막하고도 절망스런 마음바닥을 고스란히 드러낸다.

> 눈먼 절망이 가득 치밀어
> 찬 벽에 고흔 몸 살을 부비는
> 얽혀 갇힌 목숨의 길이여.
>
> —「살옥(殺獄)」 가운데서

전쟁은 무엇보다 삶 / 죽음이라는 맞선 명제를 무너뜨리고, 삶이 죽음이고 죽음이 삶이라는 어처구니없는 역설과 혼돈만을 참인 양 정당화한다. '난데없이' "생명(生命)의 구도(構圖)"를 짓밟혀 버린 채 성큼 웃자란 젊은이 고석규는 그러한 역설과 혼돈 속에서 그래도 살아남아야 한다는 다짐을 끝없이 되풀이했다. "눈먼 절망"을 안고 시대의 "찬 벽에 부비는" "목숨의 길"이 뜻하는 바가 바로 그것이다.

그럼에도 "포성이 지나는 푸성가시 밭언덕" 또는 "허물어진 흙담 위 / 화염이 스쳐간 나뭇가지"(「석류화(石榴花)」)를 거쳐 "폭탄(爆彈)에 맞아 물

속에 뛰어든 아주 낭자한 아이들의 주검이 이리저리 떠가고"(「강(江)」) 있는 전장을 돌아 나오면서 그는 차라리 살아남은 자신이 짐스럽다. 그는 강한 자학 속으로 휩싸여 든다. 그러한 자학은 피란지 후방 부산 거리마저 매춘부처럼 전락한 곳으로 읽게 하였다. "손님들은 문밖에서 / 추위에 얼어 죽"는데, 오히려 '매끄런'(「희언(戱言)」) 매춘부의 거리, 전쟁이 낭자한 거리를 걸으며 그는 스스로를 목숨을 구걸하는 매춘부와 다를 바 없다고 생각한 것이다.

고석규 시에서 또 다른 밑그림은 짙은 향수가 마련한다. 그런데 그의 향수는 범상하지 않다. 그는 일찍이 피식민지 한국의 어린 노예로 자라면서 어찌 보면 삶의 첫 자리에서부터 참된 고향을 갖지 못한 세대에 든다. 그의 고향 그리움이 구체적인 고향의 정황이나 유년 체험에 깃들지 못한 채 막연하게 '어머니'에 대한 호명에만 기대고 있는 까닭이 거기에 있는 성싶다.

게다가 그의 고향은 이데올로기와 전쟁이라는 무자비한 폭력에 의해 쫓겨 나온 곳이다. "불꽃이 여내 꺼지는 / 숨막힘 속에서" "죽지 않고 눈 뜬"(「꿈」) 채 바라본 참상이 뚜렷이 새겨진 곳. 그의 고향 그리움 속에는 두 겹의 고통이 얽혀 있는 셈이다.

어머님 방의 마지막 문을 닫고
낮은 발걸음이 쫓겨 온 것을
한 줄기 피에 사는 아우들 얼려 두고
입술을 깨물며 쫓겨 온 것을
아! 꿈엔들 내가 잊지 않어이

목숨을 갈아도 잊지 않어이

—「고향 산」 가운데서

뜻하지 않게 고향을 "쫓겨 온" 길은 "검은 연기 피물든 밤" "도적무리 죄인(罪人)처럼 / 발길이 어둠을 허비는"(「사진(蛇陣)」) 길이었다. "상처(傷處)를 입고" '동해(東海)를' 타 내려온 처절한 '표혼(漂魂)'(「표혼(漂魂)」)의 길이었다. "목숨을 갈아도 잊지" 않을 만큼 그의 향수는 뿌리가 깊고 절실하다. 그의 시는 월남한 젊은이가 낯선 "슬픔의 항구(港口)에서 부르는" 단순한 망향의 노래가 아니다. 더 나아가 "거치른 세월(歲月)에 목 놓아 울어 / 눈먼 희망처럼 불러"(「고향 산」)보는 '진혼가'였다.

영혼(靈魂)이여! 보이지 않는 그대여! 나는 너의 행복(幸福)만을 비는데, 왜 자꾸 울고만 싶은가

모다 잠자는 것인가. 쓸쓸히 떠나간 것인가. 나의 하늘은 어둡고 별들은 바람에 떨고 있을 텐데, 내 고향(故鄕)에는 이 행복(幸福)이 따로 있을까.

—「방(房)」 가운데서

절망스런 전쟁의 그늘과 이룰 수 없을 고향 그리움에 젖어 있는 그에게 행복이란 끝내 낯설 따름이었다. 그렇다면 '쓸쓸히' 울음을 참으며 "막다른 새벽이 막다른 새벽이 / 이렇게 멀고나"(「도가니」)라 외치고 선 오늘 이 자리 "낯모를 땅"에서 '영혼을' 앗겨 버린 채 서성거리고 선 그의 삶은 끝내 무엇이란 말인가. 놀랍게도 그것은 "걸음은 피빛이 되어" "위패(位牌)도 없는 무덤역을 가는 일"이라는 충격적인 표현을 얻는다.

그의 시가 보여 주는 마지막 밑그림은 죽음을 완성하는 것이 오히려 삶의 목표라는 놀라운 역설인 셈이다.

나 아니 살 넓은 나라의
햇빛을 받아 가며
위패(位牌)도 없는 무덤역을 가는 일
그 땅을 디디고 헤여진
깊은 과거(過去)가 다시 그리워
나는 미열(微熱)에 피는
꽃무더기 한자리 더듬어 가고
싫어도 울음 속에 다시 맛보는
생명(生命)의 곱다란 느낌이
저 암류(暗流)를 주렁주렁 달려 있느니

—「나 아니 살 넓은 나라」 가운데서

그는 삶에 대하여 물음을 던지거나 회의하지 않는다. 그의 시는 이해하기 앞서 이미 삶의 끝을 겪어 버린 이가 남김없이 뱉어 놓는 실존의 고백이다. "나는 무엇을 비망(備忘)하노 / 나는 아무래도 현명(賢明)한 배경(背景)에서 / 죽기를 바라는 일뿐"(「허무(虛無)」)이라 단호한 말을 남기고 그는 갔다. "우리들 봄에는 철(鐵)의 예화(藝華)가 필 것"이라고 믿었던 그다. 봄을 보지 못하고 "끝내 동결(凍結)"하고 말았다. 그는 왜 서둘러 그렇게 갔을까. 죽음은 그 진실을 "불 꺼진 다음에야 / 죽은 다음에야"(「다음에야」) 알려 주기 때문인가.

3

1950년대 경인년 전쟁이 늘어뜨린 짙은 그늘은 그가 시대의 절망을 자기다운 절망으로 완성하도록 놓아 두지 않았다. 그만큼 전쟁은 한 사람 한 사람에게 극한상황이며 어처구니없는 것이었다. 1950년대 문학 가운데서 한 이채롭고도 화려했던 정신 풍경인 고석규는 26살 젊은 나이로 "무명(無名)에서 일어나 / 무명(無名)으로 돌아"(「전신(轉身)」)가 버렸다.

벌판에 눈이 나리고

벌판에 헤여진 목소리 가고

봉오리는

찬 울음에 그대로 얼었다.

—「상(像) 1」

그의 예기치 못한 죽음은 한 뛰어난 젊은이가 막다른 현실 속에서 이룩한 마지막 역설이다. 왜냐하면 "염염(炎炎)하는 화약산(火藥山) 프로메테우스"(「연안(沿岸) III」)처럼 절망을 뛰어넘고자 글쓰기에 매달려 "철의 예화(藝華)"를 피우기 위해 활활 타올랐던 그에게 죽음은 이미 예견

된 일이었고, 스스로 그것을 선택한 일인지도 모르기 때문이다. 더 이상 전쟁이라는 극한상황에 의한 소멸이 아니라 스스로 뜨겁고도 자유로운 선택에 의한 소멸을 그는 꿈꾸었는지 모른다. 전쟁의 '벌판' 속에 얼어붙은 한 '꽃봉오리', 그의 죽음은 경인년 전쟁문학 위에 쳐진 첫 쉼표였던가. 그의 주검 위에 차디찬 "청동의 관"을 씌워 둔 뒤 1950년대 문학은 천천히 그리고 따로따로 전쟁의 실밥을 뜯어내며 제 길로 제집으로 슬슬 걸음을 빼기 시작했다.

수직성의 자유와 칼날의 온도

이형기의 시

1

1980년대에 들어 중요한 쟁점으로 논의하고 있는, 서울 지역의 문화 편중 현상에 대한 부산 지역의 대응문화 활동은 목소리의 화려함에 견주어 성과가 자못 의심스럽다. 한눈에 활발해 보이는 부산의 문학 동인지 활동이나 무크지도 발간 횟수와는 관계없이 치열한 작품을 내어 놓지 못하고 거듭 동어반복 수준에 놓여 있다. 이러한 동어반복의 문학 현상은 집단적인 호사가 의식의 팽배를 문학적 성과로 오도하는 의식 수준에도 많은 빚을 지고 있는 셈이다.

물론 외적 번화함은 대중적 문화 환경의 개선이라는 점에서 의의를 찾을 수도 있다. 그러나 그것은 결코 문학의 본령이 아니다. 명분에 기댄 허망한 유희공간이거나, 쓴다는 행위를 빌린 집단 오르기 이상의 것은 아니다. 부산 지역의 문학적 성숙은 행사의 요란함이나 폐쇄 회로에 갇힌 문화 소통에 대한 비방이 아니다. 한 편의 작품을 위한 문학인의 순교와 그것을 찾아내려는 자생적 노력에서부터 시작할 것이다.

이형기 시인의 다섯 번째 시집 『보물섬의 지도』(서문당, 1985) 발간은 이런 점에서 부산 지역시의 수준을 반성하고, 성과를 살필 수 있는 좋은 본보기다. 1950년대 초에 개화하기 시작한 부산 지역문학의 한 방향을 그가 힘 있게 담당하고 있다. 그의 작품은 긍정적이든 부정적이든 후배 시인의 극복 대상으로 놓인다. 그런 점에서 그의 이번 시집 발간은 의의가 크다. 눈여겨볼 일이다.

2

이형기 시인의 시에서 두드러진 점은 무엇보다 삶의 진정성에 대한 끝없는 자기성찰의 노력이다. 초기 『적막강산(寂寞江山)』의 "가야할 때가 언제인가를 / 분명히 알고 가는 이의 / 뒷모습은 얼마나 아름다운가"(「낙화」)라는 서정적 경구에서부터 이번 시집의 "지리산 산허리가 무너져 내린 / 그 해 여름 / 녹음은 징기스칸의 군대처럼 / 마음을 덮쳤다"(「백일홍」)라는 지적 재단에 이르는 시인의 오랜 변모는 아직 그 의의를 종합할 단계는 아니다.

다만 이러한 변모에서 볼 수 있는 중심 성과는 바로 현실 삶에 대한 냉정한 거리조정의 결과이며, 그것은 삶의 수평에 대한 관심의 확대라기보다 삶의 수직에 관한 절제 있는 응시의 결과라는 사실이다. 삶의 진정성 회복을 위한 이러한 수직 방위의 노력 속에서 시는 "이미 나의 등 뒤에 숨어 버린 나"(「등」)에 대한 복수의 칼날이다. 아울러 "현실을 살찌우는 먹이가 아니라 그 현실을 먹이로 해서 자기가 살찌려는 탐욕스런 정열"(「불꽃 속의 싸락눈 20」)인 것이다. 이러한 그의 지향은 인간 정신이 보여 주는 끝없는 자유추구의 궤적이라는 점에서 사적 뿌리는 뜻밖에 깊다.

말은 옆으로만 퍼지는 게 아니다
때로는 이웃을 거부하고
혼자 위로만 솟구쳐 오르는 몸부림
수직의 언어여.

황사(黃砂) 뿌옇게 하늘을 가린
지난봄 어느날
교외의 보리밭가에서 종다리 한 마리가
내게 그것을 가르쳐 주었다.

수직의 언어는 귀로 듣지 못한다.
그날 내 시계(視界)의 저쪽에서
마침내 불꽃으로 타 버린 종다리
다만 마음 하나로 우리는
그 뜨거움을 확인할 뿐이다.

그러나 어느새 봄이 가고
이 세상 종다리 씨 말라 버렸을 때
문득 쳐다본 밤 하늘
거기서 우리는 다시 만난다
은하처럼 증식(增殖)한 수직의 언어들을…….

—「수직의 언어」

"혼자 위로만 솟구쳐 오르는" 자유의 '몸부림'은 수직공간 저 높이로 상승하여 거기 '은하처럼' 무수하게 증식한다. 그 증식은 현상적 삶의 공리적 차원을 넘어선 새로운 삶의 불꽃을 표현한 말에서 멀지 않다. "다만 마음 하나로 확인"할 수밖에 없는 수직언어의 뜨거움이다. 그것은 밑으로 타는 차가운 불꽃의 역설적 온도를 환기한다. 그 차가움은 일상적, 가시적 삶에 갇혀 있는 우리의 의식 깊숙이 꽂히는 예리한 칼날이다. 나태한 정신의 계곡으로 감행하는 무수한 집중 공중투하다.

그의 시를 읽을 때 만나게 되는 이 빠른 하강의 속도는 그의 언어가 끌어올린 아슬한 높이만큼 읽는이에게는 놀랄 만한 각성으로 변신한다. 두루뭉술 추상화하기 쉬운 삶의 외피를 여지없이 난자하여 진정한 자유정신의 극점을 우리에게 충격적으로 제시하고 있는 것이다.

이러한 삶의 진정성 회복을 위한 시인의 비상이 우리에게 시의 진정성으로 다가오는 까닭은 그의 수직 상승이 진공상태로 향한 탈출이 아니라 자신의 심장, 삶의 중심으로 향해 있기 때문이다. 그것은 지금 여기에서 겪는 삶에 대한 역설적 사랑의 자세다. 그 사랑을 절제할 줄 아는 시인이 일궈 낸 진정한 수사학이다. 독자가 할 일은 이형기 시의 칼

끝에 여지없이 상처받는 일이다.

그리하여 "정신은 그것을 정신으로 믿는 사람에게만 정신"(「불꽃 속의 싸락눈 20」)이라는 그의 오만한 절망이 우리의 절망임을 깨달을 때, 그 차가운 칼날은 돌연 뜨거운 감동으로 폭발한다. 오늘의 시 독자는 이형기의 시 앞에서 더 절망하고, 서성거릴 필요가 있다. 그 일이야말로 적어도 1960년대 이후 이승훈・마종하와 같은 『현대시』 동인들이 쳐 둔 허망한 자의식적 미망을 벗어나는 값있는 일일 터인 까닭이다.

3

이형기 시인은 여전히 진행형의 시인으로 남기를 원한다. 그런 점에서 그가 이루고 있는 수직성의 상승이 보다 예각적이고 무서운 속도로 우리의 가슴으로 하강하여 새로운 감성의 질펀한 난자를 이룰 것을 바란다. 그가 맡은 수평 영역을 더 확실하게 초토화시키며 섬세하게 넓혀갈 수 있다면, 그것은 자신이 일군 성취에만 머물지 않을 것이다. 그것이야말로 부산 지역문학이 이룩한 뜻있는 성과이리라.

글쓴이는 이런 바람을 거두지 않을 것이다. 그 까닭은 이형기 시인은 그 바람에 부응할 힘을 지닌 1950년대 이후 몇 안 되는 시인 가운데 한 사람이라는 점에 있다. 게다가 무엇보다 그의 첨예한 자유정신이 자신의 공중분해를 용납하지 않을 것인 까닭이다. 그런 점에서 그가 그리고 있는 『보물섬의 지도』를 따라가는 일은 즐겁다. 그 지도의 미로 곳곳에서 읽는이들은 한 정신이 이룩한 아슬한 상승의 높이와 하강의 깊이가 일궈 낸 절제된 시적 수사학을 만날 것이다. 이즈음 독자에게는 흔치 않은 감동일 것임에 틀림없다.

바다와 함께 가는 한마음 두 길

김성춘과 김성식의 시

1

이른바 좋은 시인이라 일컬음을 받는 이는 제 몫의 독특한 풍경을 지니고 있는 법이다. 그러한 풍경은 특정한 주제나 글감에 힘입을 수도 있고, 목소리나 말씨를 빌려 자연스레 마련되기도 한다. 모름지기 시인은 제 몫의 풍경을 궁굴려 안고 감당하며 충실히 가꾸어 나가는 일을 게을리 하지 말아야 한다. 우리 시의 진경도 실상 시인이 켜켜로 일구어 놓은 두터운 풍경첩 속에 있기 십상이다. 그 가운데서 바다는 탄생과 죽음의 상징으로서, 그 사이 고난스런 뱃길로서 중요한 풍경을 엮어낸다. 그러나 그것이 빼어난 문맥을 이루어 낸 경우는 드물다. 게다가 그것도 뭍에서 건너다보는 소극적인 바다이기 일쑤다. 아직까지 우리 시의 바다 상상력은 더 단련을 받아야 할 마련이다.

바다는 광활하고 부드러운 공간이다. 사나운 자리다. 시시각각으로 변화할 뿐 아니라, 깊은 속과 너른 넓이는 잴 수도 없다. 바다는 쉬 나누어지지 않을 뿐 아니라, 내남의 소유를 주장하기도 어렵다. 이런 까닭에 바다는 뭍과 달리 자유롭게 항해하는, 자유 공간이라 이해되기도 한다. 드넓은 바다는 뭍 건너 쪽에서 사람의 사유와 상상력을 풍부하게 꽃피운다. 이와 달리 바다를 뭍의 연장으로 보는 통념도 있다. 바다도 땅과 마찬가지로 경계를 갈라, 소유하고 지배하는 장소로 여긴다. 이럴 때 바다는 풍부한 산물의 보고며, 새로운 개발의 처녀지일 따름이다. 우리 사회에서 바다가 아직도 중심 문제로 자리 잡지 못하고 있는 까닭은 이런 통념과 무관하지 않다. 바다를 뭍의 연장으로 보는 이러한 분할, 지배의 논리는 바다에 대한 근대적 개념을 이루어 온 것이다.

이제 바다를 한결같이 중요한 풍경으로 가꾸어 온 바다 시인 둘을 만나고자 한다. 김성춘과 김성식이 그들이다. 널리 알려진 바와 같이 김성춘은 울산 지역을 중심으로 시작 활동을 꾸준히 해 온 매우 독특한 감각의 시인이다. 그는 늘 바다를 꿈꾸어 왔고, 바다는 시작 초기부터 가장 주요한 주도동기로 그의 시를 이끌어 왔다. 앞선 어느 바다보다 아름답고 정갈한 그의 바다 풍경은 1970년대와 1980년대를 거치면서 많은 이들에게 강한 인상을 남겼다. 김성식은 일찍부터 선장 시인으로서 즐겨 대양 체험을 시 속에 갈무리함으로써 눈길을 끌어 오던 시인이다. 그는 바다 위에서 뭍을 보고, 물 집을 지으며 산 사람이다. 이 두 시인이 비슷한 시기에 여덟 번째와 네 번째 시집을 내놓았다. 김성춘 시집 『바다와의 동행』(시와반시사, 1999)과 김성식 시집 『이 세상 가장 높은 곳에 바다가 있네』(찬섬, 1999)가 그들이다.

2

김성춘 시인에게 바다는 모든 시의 전주곡이다. 1974년 등단 무렵부터 한결같이 그의 시 속에는 갈매기와 파도 소리, 그리고 바닷가의 부드러운 자갈 구르는 소리가 스며 있다. 그의 바다는 여름 기슭에서 마구 날뛰는 장마와 같고, 붉디붉은 자운영 꽃밭을 가득 적시고 흐르는 봄물 같다. 그를 바다 시인이라 불러 지나치지 않을 정도다. 그런데 바다에 대한 이러한 집착은 그가 울산항을 삶의 터전으로 삼아 살아온 일과 무관하지 않을 듯싶다. 우리의 근대 산업화 과정에서 가장 많이 망가지고 변질되어 버린 장소 울산항에서 삶의 중요한 굽이를 거쳐 온 시인답게 그의 시에서는 긍정과 부정이, 삶의 즐거움과 쓰라림이 방어진, 장승포, 온산과 같은 울산항 여러 곳에서 긴장된 풍경을 엮어 주고 있다. 울산은 그의 현실 인식과 상상력의 진원지라 할 만하다.

> 그와 나는 참 막역한 사이다.
> 좀 과장해서 관포지교는 못되고 죽마고우는 된다.
> 서로 멀리 떨어져 자주 만나지는 못해도
> 우린 만날 때마다 뜨거운 포옹을 나눈다.
>
> —「바다와의 동행」 가운데서

이런 말을 쉬 할 수 있는 시인이 우리 가까이에는 그리 많지 않다. 김성춘은 길을 걷다가도 바다를 그리고, 깊은 절집에 들어 범종 소리에 귀를 맡길 때에도 바다를 듣고 바다를 읽는다. 심지어 교실까지 밀려드는 파도 소리 속에서 갯강구의 예민한 더듬이를 가려내기도 한다. 아침 바다가 들려주는 갖가지 부드러운 현악 너머로 누운 햇살 벼슬을 본다. 일찍이 그에게 "살아간다는 즐거움이 / 보석보다 더 찬란한 일이라고 / 깨우쳐 준 것"도 "몇 마리의 갈매기였다"(「바다 누드 5」). 그의 바다에서 까칠한 얼굴의 물새 떼가 개펄에 엎드린 채 온몸으로 꺼이꺼이 울기도 하고, "그리움의 외곽으로 퉁겨져 나간" 섬 둘레를 "일군의 물새들이 / 고장난 유성기 소리를 내며 떠"(「섬」) 있다. 초기 시에서 바다는 도시를 벗어나 아름다운 음악과 사색의 추가 길게 가닿는 마음의 풀밭이었다. 막막한 도시에서 꿈꾸는 유일한 위안처였다.

> 바다는 오늘도 잠들지 않는다.
>
> 바다안개가 두루말이 화장지를 풀고 있다
>
> 이정표도 없이 가고 있는
> 흰 와이샤스 걸친 갈매기,
> 낯선 수도승이다.
>
> 녹차를 마시며 바다의 행간을 읽는다.
>
> 허리가 뻐근하다. 냉장고에 캔맥주를
> 꺼내 마신다. 이정표도 없는

흰 와이샤스 걸친 갈매기 두 마리
수평선을 깔고 앉아 녹차를 마신다.

바다는 오늘도 잠들지 않는다.

—「방어진 일기」

초기 시에서부터 보여 준 섬세한 묘사와 정결한 이미지 형성 능력을 엿볼 수 있는 작품이다. "바다가 두루말이 화장지를 풀고 있다"는 깨달음은 한결같이 신선한 그의 감성을 엿보게 한다. 그런데 이 시에 들앉은 바다는 묘사 대상으로서, 꿈꾸는 대상으로서 바다는 아니다. 이제 바다는 삶의 또 다른 이름으로 도시 속을 떠돈다. "이정표도 없이 가고 있는 / 흰 와이샤스 걸친 갈매기"란 시인 자신이다. 바다의 상상이 자연스레 도시로 들어서고, 집에 머물고 있는 시인의 자의식을 한껏 부추긴다. 그리고 "그 바다는 오늘도 잠들지 않는다." 시인의 바다 상상에는 삶의 무게와 켜가 지그시 압인한 흔적이 있다. 그에게 바다란 현실의 알레고리, 어느새 현실 반성의 내면공간으로 들어섰다. 시인은 바다를 빌려 굳이 땅 위 삶의 불편함을 되묻고 있는 셈이다.

허름한 오후 허름한 바닷가 오솔길 따라 어슬렁어슬렁 가노라니
낡은 간판에 오리백숙탕전문 간판, 삐뚤빼뚤하다
그곁 닭장 철망 속에 갇힌 집오리 몇 마리
액, 액, 액 생을 쪼아 먹고 있다 수평선 목에 두르고
나는 모른다 나는 모른다

바다 쪽으로 고개를 갸우뚱거리며
아직 살아 있다고
아직 사랑할 시간 있다고,

파도가 낡은 신발을 끌고 있는
허름한 오후 바닷가 오솔길
바다가 어슬렁어슬렁 가고 있는.

―「바닷가 오막살이 집 한 채」

요즈음 그와 함께하고 있는 바다가 명료하게 모습을 들내고 있는 시다. 울산광역시의 오염된 땅, 학교 운동장과 교실 위로 아황산 가스가 땜질해 주는 누런 구름이 덤덤하게 떠 있다. 드높이 치솟은 골리앗 병정들에 짓눌린 사람들은 "닭장 철망 속에 갇힌 집오리"처럼 "액, 액, 액 생을 쪼아" 먹는다. 울산의 하늘 아래서 시인의 바다는 많이 단련되고 강해질 수밖에 없었다. "바다 쪽으로 고개를 갸우뚱거리며 / 아직 살아 있다고 아직 사랑할 시간 있다고" 외쳐 대는 끔찍한 '집오리'야말로 시인이 몸 누이고 가는 끔찍한 현실 삶을 대변한다. 그 끔찍한 삶은 교육 현장에서 만날 수도 있으며, 성폭행 당해 어두운 풀섶으로 온몸이 벗겨진 채 널브러진 방어진 안개 속에 깃들기도 하다.

얼마 전 덕하 시골장날 구해다 심어 논 싱싱한 어린 호박 모종 몇 포기
어느 날 아침 누구의 횡포일까 뿌리째 사라져 버렸다
땅속을 가만히 파헤쳐 보다가 맙소사 땅속에 우글우글 몸을 웅크린

저 쥐며느리들 봐, 도굴범 같은, 섬뜩한

—신문 정치면 어디선가 많이 본 듯한.

—「벌레—쥐며느리」

"호박 모종"을 파먹는 '쥐며느리' 같은 이들이야 어디 가까운 한둘뿐이겠는가? "도굴범 같은, 섬뜩한" 그들은 도시 곳곳에서 우리를 노려보며 틈틈이 우리가 사람답게 버틸 수 있도록 해 주는 조건들을 빼앗고 망가뜨리기 위해 바삐 쏘다닌다. "닭장 철망 속에 갇힌 집오리" 같은 우리의 소박한 순수와 삶을 한사코 그냥 두지 않는 그들은 "싱싱한 어린 호박 모종"을 뿌리째 파먹어 버리는 냉혹하고도 소름 끼치는 존재다. 바다는 이제 "도굴범 같이 섬뜩한" 현실의 모습을 그대로 우리 앞에 펼쳐 보인다.

어디로 가니?
가랑잎 물결아
어디로 가니?
피곤한 영혼아

제 몸 스스로 태우며
오늘도 세상의 모든 길은
바다에 닿는다.

어디로 가니?

가랑잎 세상아

어디로 가니?

상처 받은 물결아

오늘, 온몸을 흰 천으로 묶은 배 한 척

수평선 아래 서서히

심연으로 가라앉고

—「새벽 물안개」

김성춘 시의 바다 상상력은 스무 해를 넘는 세월 동안 많은 단련을 받아 왔다. 그리고 그 일에 대해서는 따로 섬세한 논의가 뒤따라야 할 일이다. 우리가 이 시를 빌려 확인할 수 있는 점은 이제 그의 바다가 "제 몸 스스로 태우며" 현실 반성의 무게를 충실히 감당하기 시작했다는 사실이다. 늘 건너다보는 바다에서 돌아와 "가랑잎 세상"을 떠돌며, 그는 기꺼이 현실의 '심연' 속으로 미끄러진다. 따라서 "오늘, 온몸을 흰 천으로 묶은 배"는 단순히 '새벽 물안개'를 위한 장식 비유가 아니다. 그것은 축축한 진혼곡으로 덮인, 장례의례의 어두운 도입부로 한 발 한 발 들어서는 그의 비장한 바다 상상력을 매우 명료하게 보여 주는 기호다. 본디 모든 슬픔의 끝이 아름답듯.

그의 바다 상상력은 앞으로 더 활달한 풍경을 마련할 것이다. 초기 시에서 보았던 섬세함과 맑은 긴장감을 요구하는 태도는 지나치다. 대신 알게 모르게 망가지고 분노했던 그의 정신은 첫사랑이었던 바다가 새롭게 충전시켜 주리라. 그가 사랑해 마지않았던 방어진 울기등대의 작은 몽돌도, 주전 바다 위로 하얀 넥타이를 맨 채 우스꽝스럽게 떠돌던 괭이갈매기도, 처용마을에서 바라보는 산성비 시큼한 낮달 냄새도 이제 모두 그의 시는 식솔로 거두어들였다. 더욱 풍요로워지고 넉넉해진 그의 바닷가 밥상을 기대해도 좋을 것이다.

3

김성식은 남다른 이력을 지닌 시인이다. 월남을 겪은 많지 않은 생존 시인 가운데 한 사람이 그다. 그는 오랫동안 배를 타고 먼 바다 뱃길을 거듭해 온, 바닷길을 땅길보다 더 많이 더 오래 떠돌고 있는 시인이다. 개인 삶의 특이성이 시의 특이성으로 바로 드러나는 것이 결코 아님에도 그는 삶의 특이한 부분을 시 속에 드러내는 일에 힘을 바쳤다. 말하자면 그의 시에서는 월남 실향민이 지니고 있는 고향 그리움에다, 달러를 벌기 위해 나라 먼 바깥 뱃길을 집처럼 알고 떠돌아야 했던 이가 겪은 고국에 대한 그리움이 겹으로 얽혀 있다. 그의 시는 그러한 이중의 아픔 위에서 복잡한 정서의 소용돌이를 일으킨다.

그런데 실상 그 둘은 한가지다. 그는 바다 위에서 뭍을 꿈꾸고, 뭍에서 바다를 꿈꾸는 위험한 떠돌이 생활을 거듭한다. 그에게 뭍은 잠시 머물러 거치는 낯선 곳일 따름이다. 그는 배 위에서 늘 실향민이 되는 것처럼 뭍에 내리면 또 다시 낯선 뱃사람이 될 수밖에 없다. 일찍이 고향 땅을 잃은 것과 마찬가지로 여태껏 그는 바다에서나 뭍에서나 외지 사람이다. 또 다시 어디론가 월남을 꿈꾸는 불편한 실향민에 지나지 않는다. 왜냐하면 어차피 갈 수 없는 북녘 고향에 대한 그리움이나, 쉬 내릴 수 없는 바닷길 위에서 아내와 아이들이 기다리는 고국 땅을 그리워하는 것은 한길이기 때문이다. 분명한 점은 그가 옛날에도 떠돌이였으며, 앞으로도 떠돌 수밖에 없다는 사실이다.

제법 우람스런 저기압 하나가
꽃배암 기듯 한냉 전선의 기다란 꼬리로
바람에다 점점 갈기를 세우고
곤두세운 갈기 끝에 성난 도끼를 매달아
바다를 난도질 칠 때마다
작은 잎새 속을 기어들던 나는
초겨울 까치밥 옆에 겨우 앉은 감잎 모양
이승과 저승 사이를 넘나들다가
끝내는 그냥 주저앉지 못하고
한 자락 바람으로 날아 강풍으로 날아
이파리 한 잎만큼의 파도가 되고
폭풍과 뒹군 자리만큼의 파도가 되어
찢겨 가는 항로 숨가삐 끌어모아
내, 뼈를 갈아 만든 바늘로
개 같은 항해를 바느질하지만

—「황천 항해」 가운데서

그가 겪었던 뱃길의 사나움이 어떤 것인가를 잘 보여 주는 시다. "초겨울 까치밥 옆에 겨우 앉은 감잎 모양 / 이승과 저승을 넘나" 드는 듯이 무섭고 고통스런 "황천 항해"를 되풀이하면서 그는 나이가 들고 생각이 자랐다. "폭풍과 뒹군 자리만큼의 파도가 되어 / 찢겨 가는 항로" 위에서 "개 같은 항해"를 거듭했다. 뱃사람이 겪는 바다 현실에 대한 묘사가 돋보이는 부분이다. 그런데 시인이 몸 굴리며 버텨 내 온 이러한 바다 현실은 바로 땅 위 삶의 축도라는 점이 중요하다.

멕시코 만을 떠난 난류가
급하게 돌아 나간 후로리다 앞바다엔
오늘도 기다란 침묵이 성벽으로 누워 있다

난민의 바다 그 바다 깊이만큼
가라앉은 말들이
낡아서 너무 낡아 먼지가 된 분홍빛 말들이
식인 상어의 날 선 이빨로 변해
탈주하는 쿠바 인민들 살점을 물어뜯을 때

—「바다도 벽을 쌓는다」 가운데서

그의 바다 경험은 넓고 크다. 그는 바다 위에서 뭍을 보고 뭍을 산다. 그는 닿는 항구마다, 지나치는 뱃길마다 그 바다에 흔적을 남긴 사람과 역사에 관심을 쏟는다. 이 시는 오늘날 쿠바 "난민의 바다"로 피 냄새 진동하는 카리브의 아픈 현실을 읽어 내고 있다. 카리브는 이미 관광객이 빠트리지 않고 머무는 아름다운 바다가 아니다. 바다 위에서도 삶의 신산은 그의 눈 밑에서 아프게 밟힌다. 그런 현실은 그의 시 곳곳에서 소금꽃 마냥 번성한다.

이른바 양공주라는 이름으로 살다가 어찌 주한 미군과 혼인하여 미국으로 옮겨 왔다. 그러다 남자로부터 버림받고 마침내 동포로부터도 다시 차별을 받으며 살 수밖에 없는 여자가 그 속에 울고 있다. 남편을 만나기 위해 철수하는 배를 물리치고 시댁으로 발걸음을 옮긴 뒤 영 볼 수 없게 된 북녘 누이의 기억도 깃든다. 망망대해에서 바라보는 뭍의 고통스런 삶은 마침내 한국 자본주의에 빌붙으러 왔다 조국에 대한 환멸만을 키우고 돌아가는 중국 동포 젊은이의 노여움이나, 삶터를 빼앗긴 채 보호구역에서 관광 상품으로, 알코올 중독으로 시들고 있는 인디언의 모습으로 떠오른다. 이십 년, 삼십 년도 지난 옛날 부산항에서 시인이 몸품을 팔러 먼 뱃길에 처음 올랐을 때 모습을 그들은 고스란히 간직하고 있다.

> 등산화를 신고 산으로 오를 땐, 늘
> 등에 짊어진 배낭의 무게만큼 바다가 따라와
> 발목을 잡았다
> 바닷물에 잡힌 신발 뒤축이
> 묘하게 자갈밭 구르는 물결 소리를
> 개글거리며 낼 적엔 바다는 이미
> 키 작은 소나무와 상수리 떡갈나무들이
> 지천으로 널린 숲길을 따라

내 등을 철썩 때려 보다
저 먼저
산정에 올라 살아서 움직이는
산의 연봉들을
씻어 내고 있었다

—「산으로 오르는 바다」 가운데서

뭍에 내려서도 뭍의 사람이 될 수 없는 자신을 그리고 있는 작품이다. "등산화를 신고 산으로 오를 땐, 늘 / 등에 짊어진 배낭의 무게만큼 바다가 따라"오는 현실은 바다 위와는 또 다른 불편한 삶을 뜻한다. 그 불편한 삶 속에는 이른바

라면 국물에 빠진 별들
어수선한 신문 간지 속에 숨은 별들
사련에 시달리다 스스로 목을 매단 별들
도산한 회사 정문에다 눈물을 매단 별들
그리고 또 다른 별, 별들

—「별빛 항해」 가운데서

와 같이 고통스런 도시인의 일상이 있고,

내 아이를 잡는구나
지옥이 따로 없이

아이들 잡아 가는 이곳이 지옥이구나

새워 밤새워 책장을 넘기다가
깜박 밟힌 꿈길을 내쫓으며
핏발 선 눈으로 활자를 잡아 가는 내 딸 마지야
불빛에 번진 너의 등허리가 너무 시려서
서리서리 하얗게 앉아 있는 뒷모습이 너무 작아서
도울 수 없는 모든 것을 생각해 보아도
없구나 빈손뿐이구나

—「대학 가는 길」 가운데서

와 같이 "밤새워 책장을 넘기"고 "핏발 선 눈으로 활자를 잡아 가는" 불행한 아들딸이 있다. 그가 어렵사리 뭍에서 이루고자 하는 삶이란 밥 먹듯이 되풀이했던 또 다른 새로운 "황천 항해"였던 셈이다. 뭍은 일찍부터 고향을 떠나 고통스런 실향민으로 살아야 했던 그에게 또 다시 실향민임을 일깨워 주는, 죽음과 삶이 한자리에서 뒹굴고 있는 혹독한 배의 밑창일 따름이다.

평생을 돌았지
바다가 좁다고 돌아 보아도
언제나 거기가 거기였어
제자리걸음인 게야
그동안 내 머리카락 올이

해풍에 찌든 소금기로 말랐다 젖기를
얼마나 했던지
이제는 새치로 남아 하얗게 부서지는 가리마 사이로
온통 파도가 줄지어 지나가고
태평양이 물결치거나
대서양 험한 폭풍들이
칼날로 일어서서 내 목을 칠 때마다
참, 한세상 그지없이 두렵고 허망터니
돌아보니 항해랑 나랑 수평선이랑
하늘의 별까지 모두 여기
바로 내가 있는 곳이거늘

—「나의 자리」 가운데서

시인에게는 자신이 선 자리가 바로 뭍이다. "한세상 그지없이 두렵고 허망"하게 되풀이한 "항해랑 나랑 수평선이랑" "모두 여기" 한곳에 있다는 깨달음이 처연하다. 마침내 그 스스로 바다와 뭍이 따로 나뉜 둘이 아니라 하나라는, 그리고 삶의 고통과 신산이 조금도 달라지지 않았다는 사실을 시리게 자각한다. 뭍에서건 바다에서건 바람직스럽게 정박하기 위해 그의 시 쓰기가 감당해야 할 몫은 더 무거워질 것이다.

4

바다는 경계를 허락하지 않는다. 바다는 지난 일을 쉬 잊게 해 주고, 새로운 변화에 쉬 다가서게 해 준다. 바다는 열린 마음이며, 다시 일어서는 마음이다. 김성춘과 김성식의 바다는 이루어 놓은 바로도 이미 우리 시가 낳은 독특한 풍경이다. 중요한 본보기가 됨 직하다. 그런데 두 시인이 이루어 놓은 바다는 그 경험의 길과 속살이 다른데도 뭍의 연장으로서, 뭍을 향한 그리움과 성찰의 장소로 열려 있다는 점에서 같다. 바다는 한결같이 삶의 알레고리며, 뭍의 논리가 실현되는 곳. 따라서 김성춘은 뭍에서, 김성식은 바다 위에서 따로따로 우리 곁에서 섬처럼 빛나기를 작정한 시인 같다. 그들이 도시에서 겪었던 불편한 삶이 그들을 섬처럼 떠돌게 했고, 그들이 일구어 낸 시들은 섬과 같이 유별나다.

섬이란 바다면서 바다가 아닌 뭍이며, 뭍이면서 뭍이 아닌 바다다. 이러한 이중 혼란이야말로 모든 이가 겪는 삶의 드라마가 아니던가. 김성춘과 김성식은 독특한 바다 현실과 바다 상상력을 빌려 우리에게 불편한 삶의 노래를 들려준다. 다만 김성춘의 바다 노래가 보다 더 불편해지기를, 김성식의 바다 노래가 더 세세한 역사 공간을 질러가기를, 그리하여 그들의 섬으로 가는 포구가 뱃길이 더 자주 끊기기를 바란다. 우리 시가 쉬 포기해 버릴 수 없을 그림을 벌써 우리 시의 풍경첩 깊숙이 실어 준 둘이 아닌가.

오늘밤 그 풍경첩 속의 바다 위로 별들이 쏟아지고, 새로운 파도로 태어나기 위해 첫 물결 이는 소리가 들린다. 바다의 시가 참된 자유 연대의 공간으로, 분리와 장벽이 사라져 버린 생명 창조의 상상력을 보여 줄 날을 이제는 기다려 봄 직하다. 아마 김성춘과 김성식의 시는 그러한 바다에 가닿기 위해 우리 시가 거쳐야 할 중요한 바다 사랑법을 온전하게 펼치고 있는지도 모른다.

그리고 그 사랑에는 피 냄새가 짙다, 1998년 1월 24일 통영이 낳은 젊은 뱃사람 장철수가 발해를 꿈꾸다 동해에서 진 일과 비슷한. 슬프다.

이름씨 공간과 긴장된 사회 서정

강영환과 정순자의 시

1

보내 주신 네 번째 시집 『쓸쓸한 책상』(열린시, 1991)을 잘 받았습니다. 시집을 받아 놓고 다섯 번째 시집에 이르기까지 쏟아 왔을 시에 대한 사랑과 공력에 새삼 탄복합니다. 같은 열린시 동인으로 이저리 자리를 함께 나눈 지도 벌써 십여 년이 넘는 저로서는 그것을 엿볼 수 있었던 틈이 남보다 잦았던 셈이니, 제 새삼스러운 탄복이 빈말이 아님을 잘 아시리라 생각합니다.

시집을 펼쳐 놓고 보니 크게 네 무리로 시들이 묶여 있습니다. 첫 무리에는 자잘한 삶과 일터에 관련된 자의식을 담은 시가 모여 있었고, 둘째 무리에서는 주변 사람을 앞세우고 그들의 삶을 잔잔한 목소리로 펼치고 있었습니다. 그리고 셋째 무리에서는 사납던 팔십 년대 우리 사회·정치사에 굵직굵직한 문제로 떠올랐던 사건들에 대한 개인 체험을 담은 시가, 그리고 넷째 무리에는 장시 「아리랑 삼촌」이 자리하고 있었습니다. 내 가까운 둘레 문제에서부터 사회·정치 문제로까지 자리를 넓혀 가면서 간추려 두신 셈입니다.

그런데 '산문시집'이라 내세운 데서 이미 알 수 있는 바와 같이, 실려 있는 네 무리 48편에 이르는 시가 하나같이 줄글시[散文詩]로 되어 있다는 점이 눈길을 끕니다. 두 번째 시집 『북창을 열어 두고』가 시조집이고 세 번째 『불순한 일기 속에서 개나리가 피었다』가 '서정시집'이라는 이름을 달고 있음을 떠올려 본다면 강 님께서는 이저리 여러 시 갈래 속을 넘나들면서 지니신 발언 의도에 걸맞은 틀을 찾아오셨다는 것을 알겠습니다.

따라서 강 님이 지니신 갈래 의식을 따져 보는 것도 좋은 일거리가 될 듯싶습니다. 그러나 그 일은 뒷날을 기다려야 될 것 같고, 다만 여기서는 줄글시라는 그릇을 빌려 강한 사회의식을 담아내는 데 더욱 골몰하셨음을 알겠습니다. 그것은 이번 시집이 앞선 어느 시집보다 구체 사건과 외연적 정보를 담아내고 있는 작품이 많이 실려 있다는 점이 뒷받침하는 일이라 생각합니다. 줄글시란 아무래도 그 됨됨이 탓에 섬세한 소리나 느낌보다 강한 뜻 울림이 앞설 수밖에 없을 터입니다. 이때 뜻 울림이란 깨달음이라는 말로 뒤쳐도 좋겠는데, 그것을 제대로 살려 내기 위해서는 지은이 스스로 맡은 바 몫이 가락글에 견주어 더 크다 하겠습니다.

어쨌든 저는 이번에 내신 시집을 두고 서평이라는 형식을 빌려 생각을 풀어 보여야 할 입장입니다. 그런데 아직까지 나름대로 내세울 만한 바른 말길을 갖추지 못한 탓에 줄글시가 지녀야 할 깨달음, 또는 뜻 울림이라는 쪽에서 짧은 가닥만을 짚어 보는 일로 이 글빚을 갚을까 합니다.

> ① 나의 이름은 늘 낯설다 ② 나의 이름은 불현듯 호명당하여 무너질 때가 있다 ③ 이름의 벌어진 틈 사이로 날카로운 비수를 꽂으며 다가서는 보이지 않는 낯선 사내 비열한 그 사내가 늘 궁금하다 ④ 나도 모르는 사이에 불리워진 이름을 들을 때 등골이 오싹해진다 ⑤ 내 이름을 내가 부를 때 나는 칼 든 낯선 사내가 누구인지 낯선 사내가 되어 내 이름을 난도질한다 ⑥ 내 이름은 그에게 늘 낯설기 짝이 없고 나는 낯선 그가 보고 싶어 거울을 본다
>
> —「나의 이름은」

시집 첫머리에 올려진 시입니다. 겉으로 드러난 월은 여섯이 되는데, 낱낱 앞에 번호는 제가 붙였습니다. 한 토막 줄글로 된 이 시가 지닌 눈[核心]은 '호명'에 있는가 싶습니다. 남에게 "나의 이름을" '호명'당하고, 내가 "내 이름을" '호명'하는 일을 두고 스스로를 '낯설'게 깨닫는 말할이 나의 마음을 담은 것이 이 시가 지닌 짜임입니다. 그러다 보니 이 시는 ①에서 ④까지를 한 묶음으로 다시 ⑤에서 ⑥까지를 한 묶음으로 하여, 두 묶음으로 생각이 나뉘고 있습니다. 생각 흐름만을 따진다면 두 토막 줄글시가 된다 하겠습니다.

앞 토막에서 말할이 '나'는 남에게 자신의 이름을 '호명당하는' 자리에 있습니다. 이럴 때 "이름의 벌어진 틈"으로 다가서는 낯설고 '비열한' 사내를 나는 느낍니다. "그 사내"는 다름 아니라 '나'에게 "등골이 오싹"한 두려움을 주는 '또 다른 나'가 될 터입니다. 그 '또 다른 나'가 낯설고 비열하다 했으니, 앞 토막이 드러내고자 한 생각은 이름값을 다하지 못하는 '내' 삶에 대한 불만이나 부끄러움이라 여겨집니다. 여기서 저는 '나'가 실상은 '일상적인 나'와 "나의 이름"값에 걸맞을 '이상적인 나', 그리고

'나'를 "낯선 사내 비열한 그 사내"로 헤아려 느끼고 있는 '반성하는 나'로 사뭇 나뉘어져 있음을 알겠습니다. 뒤 토막에서는 앞 토막과 달리 '나'의 자리가 뒤바뀌고 있습니다. "내 이름을" '내' 스스로 부를 때 '나' 또한 "낯선 사내"로 여겨진다 했습니다. 따라서 이 토막에서도 '나'는 "내 이름"을 부르는 '반성하는 나'와 이름값에 걸맞을 '이상적인 나' 그리고 '그'로 불려지는 "낯설기 짝이" 없는 '일상적인 나'로 나뉘어 있습니다.

마침내 이 시는 뜻한 바대로 살아가고 있지 못하는 스스로를 낯설게, 그것도 부끄럽게 속으로 느껴 헤아리는 모습을 담아내고 있는 혼잣말이 되었습니다. 그 속으로 헤아리는 일을 맨 뒤 ⑥에 드러나는바 '거울' 이미지가 묶어서 보여 주고 있는 셈입니다. 그리고 그 헤아림 탓에 나뉜 세 겹의 '나' 사이 낯설게 '벌어진' 거리는 비수 꽂기와 '난도질'이라는 칼쓰기로 구체화하고 있습니다. 그러므로 '불현듯' '날카로운' 또는 "나도 모르는 사이에" 따위의 평범한 꾸밈말이나 "등골이 오싹해진다"와 같이 칼과 이어진 자연스러운 표현에 눈 돌릴 필요는 없겠습니다. 오히려 불림과 부름이라는 서로 뒤바뀐 자리를 마련해 두고 왜 말할이는 그 자리에 자신의 '이름'을 이음매로 놓고 있는가 하는 데 눈길을 두고 싶습니다.

이름은 눈이나 손앞에 널린 것들과 숨 쉬는 짐승·사람뿐 아니라 마음속 생각까지 그것을 우리가 알고 있는 그만큼 그 스스로일 수 있게 합니다. 서양사람 하이데거가 말을 존재의 집이라 비겨 말한 뜻도 말이름 붙이기가 지니고 있는 그러한 엄청난 힘을 보여 주려 했던 듯싶습니다. 그러나 하이데거는 집, 곧 이름에 깃들여 있는 본질로서 존재자의 존재함과 그것의 드러냄에 마음을 골똘히 기울이는 데 머물렀습니다.

그가 한 비유를 따른다면 집과 집으로 이어진 길과 거리, 그리고 그 위에서 얽혀 도는 사람 사는 일과는 처음부터 바탕을 달리하고 있었던 셈입니다. 그가 끝내 생활세계의 현상학에 눈을 돌리지 못한 까닭이 여기에 있었다 하겠습니다.

나날의 생활세계란 이름씨[名詞]의 세계가 아니라 움직씨[動詞]의 세계입니다. 관계로 얽혀 있는 세계며, 그것이 이루는 일과 사건으로 긴장된 역장(力場)입니다. 위에 옮겨 놓은 시는 이른바 내 이름을 이음매로 하여 불림과 부름이라는 마음속 일, 곧 서양사람 미드의 생각에 따른다면 객체아와 주체아 사이의 갈등을 보여 주고 있습니다. 그런데 정작 드러나야 할 그 갈등은 여기서 '이름'이라는 추상적인 이름씨에 묶여 있습니다. 살아 움직이는 갈등이 들나지 않고 있다는 말입니다. 비록 칼질하기라는 구체 행위가 밑받침하고 있으나, 내 마음의 칼질이라는 근본비유는 얼마간 낡아 버려 읽는이들 마음에 생생한 울림을 주지 못하고 있습니다. 뜻한바 스스로를 헤아려 살피는 마음 씀씀이가 제대로 살아나지 않고 구체적인 느낌도 많이 수그러들었다 하겠습니다. 짧은 한 편 시를, 그것도 시집에 실린 다른 시들에 견주어 우뚝하다고 말할 수 없을 듯싶은 작품을 내어 놓고 너무 길게 이야기를 끌고 간다고 나무라지 마시기 바랍니다. 그러나 시집 첫머리에 올린 이 시를 빌려 저는 강 님 시를 읽을 때 제가 늘 겪는 껄끄러움의 빌미를 찾아보고자 한 셈입니다. 생생한 생활세계에 대한 관심과 조리 있는 생각, 그리고 짜임새에 대한 많은 배려에도 한 편의 울림 큰 시 공간을 마련하는 데는 모자람이 있다는 게 제 생각입니다. 그것은 무엇보다 강 님께서 지각하거나 겪은 삶을 움직씨로 되돌려 놓고 있지 않기 때문에 비롯된 성싶습니다. 움직씨에 대한 배려야말로 삶을 살아 움직이는 그답게 읽는이에게 들내는 일일 것입니다. 지닌바 뜻의 가장 섬세한 깨달음과 그것의 개성화는 바로 움직씨 쓰임에서 비롯하는 것입니다.

> ① 어메는 아들의 시선을 가로막고 앉아 하염없이 죄 많은 눈물만 뿌리며 강물 위에 떨어져 젖는 아들의 먼지가 빠른 속도로 도시 속으로 빨려 드는 것을 본다
>
> —「풍설」 가운데서

> ② 극심한 가려움증이 가신 뒤 가슴에 뿔이 돋았다 툭 불거진 딱딱한 뿔은 보기에도 흉했다. 그것을 감추기 위해 어두운 밤이나 낮 동안에 그늘을 찾아 다녀야 했다
>
> —「뿔」 가운데서

시 전체 맥락 속에서 살펴야 할 터이니 그냥 시줄[詩行] 몇만 따놓았습니다. 먼저 든 ①에서 텍스트 안쪽 행위 주체는 '어메'입니다. 어메를 임자말로 놓고 보면 이 긴 월은 다시 ⓵ "어메는 아들의 시선을 가로막고 앉아" '있다'. ⓶ '어메는' "하염없이 죄 많은 눈물만" 뿌리고 '있다'. ⓷ '어메는' "강물 위"를 바라보고 '있다'는 세 깨달음으로 포개져 있습니다. 그 세 바탕 월을 한 월로 포개 놓고 텍스트 바깥에서 숨겨진 말할이 나는 그 세 '있음'을 바라봅니다. 묶여진 사실 차원에 눈길을 두고 있는 강 님의 버릇이 잘 나타납니다. 따라서 이 긴 월은 '세 있음'으로 포개져 그 무게에 짓눌리고 있음을 알게 합니다. 그 '있음' 사이를 이어 주는 계기

적 발전이 모자라는 것은 당연한 노릇입니다. 계기적 발전이라는 무슨 큰 뜻이나 있는 듯한 말을 가져와 썼습니다만, 해묵은 말로 뒤치면 깨달음의 '극화(劇化)' 쯤 될 터입니다.

두 번째로 따 놓은 시줄도 마찬가지입니다. 언뜻 보기에 세 월로 되어 있는 바탕에는 가려움증을 겪고 난 뒤 가슴에 흉한 뿔이 돋았다. 그리고 '그것'을 나는 숨기고 싶다는 생각을 담았습니다. 여기서 저는 '그것'이라는 대이름씨로 앞쪽 사실을 묶고 있는 데 관심을 두고자 합니다. 왜냐하면 마음의 생생한 움직임을 그 대이름씨가 거두고 있기 때문입니다. 게다가 "툭 불거진 딱딱한 뿔"이라는 평가 차원에 드는 말들은 제가 보기로는 덧붙임일 뿐입니다. 뿔은 불거짐을 맵시로 갖는 것이며, 딱딱함 또한 그 속성일 겁니다. 중요한 것은 '툭', '불거진', '딱딱한'이라는 말 낭비나 "가슴의 뿔"이라는 비유가 아니라 그것을 읽는이가 속속들이 깨닫도록 이끄는 강 님다운 행위 체험인가 합니다. 가슴에 돋은 뿔이라는 놀라운 깨날음이나 그 자의식이 저로서는 제 몫으로 되살려지지 않는다는 말입니다.

강 님, 수다가 지나쳤나 싶습니다. 모아서 말한다면 강 님 시들은 너무 생각에 묶여 있는 게 아닌가 하는 점에 제 마음이 끼입니다. 뚜렷한 상황을 마련해 두고 있고, 때로 알레고리로 여겨질 만큼 분명한 뜻이나 정보를 담아내고 있음에도 그것이 어렵게만 여겨지는 것은 그들이 느낌이나 행위의 발전이 아니라 생각의 연쇄로 이루어져 있는 까닭이라 여겨집니다. 그것을 살아 있는 느낌으로, 깨달음으로 읽는이에게 되돌려 주는 힘은 마음의 움직임을 움직임 그 자체로 보여 주는 움직씨를 얻을 때 이루어지는 일이 아닐까요. 무엇보다 이번 강 님 시집이 줄글

시라는 관습을 앞세우고 씌어 있는 까닭에 이 생각은 더합니다. 소리로 울리는 느낌을 먼저 관습에서부터 버린 이 줄글시에서는 무엇보다 뜻 울림이 문제가 될 것입니다. 그리고 그 뜻이 읽는이에게 이른바 '극화' 된 깨달음으로 되돌려질 때 줄글시라는 이름에 걸맞은 시가 될 것이라 생각합니다. 임자말끼리 이어지거나 포개진 관계가 들난 탓에 임자말과 손님말이 서로 부르고 불리면서 어울리는 움직임 그 자체가 빠져나가 버림으로써, 강 님 시가 읽는이를 부르고 부름받는 행복한 단계로 나아가는 길이 언뜻언뜻 막히고 있지 않나 하는 제 생각을 말해본 셈입니다.

이런 점에서 이번 시집에서 제 마음에 썩 들었던 시는 「뱀을 좋아하시오?」와 짧은 「근심」, 그리고 「기숙이의 가출」 둘째 토막 같은 부분입니다.

> 사위가 오줌을 누고 떠난 뒤 장인이 와서 오줌발에 패인 땅을 유심히 보고 혀를 끌끌 찼다
>
> —「근심」

별스럽게 들난 생각도, 호들갑스럽지도 않은 짧은 한 월에 담겨 있는 이런 재미를 저는 귀중하게 생각합니다. 이런 데서 저는 비로소 깨달음을 깨달음으로 읽는이에게 되돌려 주는 시의 힘을 느낍니다. 삶을 의젓하고도 넓게 보는 데서부터 비롯될 수 있을 짧은 깨달음이 "혀를 끌끌 찼다"는 유별나지도 않은 움직씨 속에 녹아들어 있는 셈입니다.

강 님께서는 일찍부터 속 외침보다 바깥 세상으로 외치는 일을 심지

굳게 지켜 오고 있는 분이라고 저는 생각하고 있습니다. 그런 만큼 그 외침이 읽는이를 강요하거나 실체론의 오류에 떨어지지 않기를 바랍니다. 실체론의 오류란 다름 아니라 머릿속으로 잡을 수밖에 없는 생각 또는 관념을 눈이나 손으로 잡을 수 있는 실체로 잘못 깨닫고 물화(物化)시키는 일을 일러 말합니다. 머릿속 이름씨와 눈잡음 또는 손잡음 이름씨 사이를 메꾸어 주는 것은 또 다른 이름씨, 곧 주체와 객체, 임자말과 손님말, 더 나아가 입과 항문 사이를 이어 주는 이음매가 되는 것입니다. 제가 강 님의 시에서 더 바라는 부분은 그 이음의 긴장된 힘입니다. 그리고 강 님은 제 가까이 있는 분 가운데서 그 힘을 보여 줄 만한 성실함과 치밀함을 아울러 갖춘 몇 되지 않는 시인이라 저는 생각하고 있습니다. 게다가 어느새 그 몫에 대한 책임을 질 자리에 서 계십니다. 강 님의 여섯 번째 시집을 조바심 내며 기다리는 마음이 어느새 여기에 이르러 스스로 부끄럽습니다.

2

정순자 님, 지난해 언뜻 저녁자리에서 만났던 기억을 떠올립니다. 약간 긴 듯한 얼굴, 그리고 수더분한 매무새, 그런 것이 제가 스치며 받은 인상입니다. 그러나 시를 놓고 본다면 그 앞서부터 『영점오구구』 동인지를 두어 번 보내 주신 탓에 낯이 익다 하겠습니다. 이번에 내신 첫 시집 『사철 푸른 세상』(지평, 1991)은 이저런 까닭으로 해서 생각을 가다듬고 읽어 보려 했습니다. 그 속에는 적어도 이 지역 시마당에서 행세하고자 하는 젊은 분들에게서 나름대로 새로운 배움을 얻고자 하는 뜻도 들어 있었습니다.

먼저 제 마음에 뛰어드는 생각은 솔직한 개인 서정에서부터 더 넓은 사회 서정에 이르기까지 시가 기대고 있는 너비가 넓다는 사실입니다. 그런 탓에 다양하게 읽는 재미를 더해 주고 있었습니다. 아마 습작기에 지니셨던 몇 갈래 망설임이 한 묶음 시집 속에 뒤섞여 나타난 탓이겠습니다. 그런데 무게를 따진다면 이른바 사회 서정이라 이름할 수 있는 쪽에 썩 기울어져 있음을 느낍니다. 이런 점에서 앞서 강영환 님과 그 바탕에서는 서로 넘나드는 자리를 많이 지니신 것 같고, 이런 정서 바탕은 이미 1980년대 우리 시에서 중요한 모습을 여러 길로 보였던 터라 그리 낯설지 않은 분위기를 맛볼 수 있었습니다.

사회 서정이라 불렀지만 실상 꼭 들어맞는 말을 찾지 못한 탓에 그대로 둡니다. 세상을 개체로서보다 집단으로서 보려는 눈길이며, 삶의 수평에 기울이는 마음 씀씀이라 해도 좋겠습니다. 요즘 떠다니는 말로는 현실주의쯤 될 터입니다. 그러나 다른 현실주의 시들과 정 님 시가 달라지는 점은 자신의 체험이 중요한 이음매로 작용하고 있다는 점일 터입니다.

① 허겁지겁 돌아다니며
목을 빼고 바라보는 전봇대에는
방2칸 현대식 주방 욕실있음 없음

기름보일러 연탄보일러 붙였다 뗐다
붙였다 종이조각 너덜너덜
한 많은 세월 다닥다닥
하꼬방처럼

—「전봇대」

② 아침마다 콩나물 동이를 이고 나가시는 어머니
밤이 깊을수록 어머니의 꿈은 더욱 어수선했고
우리들 베개 너머
콩나물 동이에서 떨어지는 물소리는
유일한 어머니의 노래였다
(…중략…)
빗물 떨어지는 시장 한구석에서
콩나물 동이와 함께 쪼그려 앉은
어머니의 고된 삶, 주름진 훈장 속에
어머니의 피를 먹고 자라나는
콩나물 잔털 같은 자식들이 보였다

—「어머니와 콩나물」

①은 되풀이 기법을 빌려 가난이라는 절박한 문제를 노래한 시로 여겨집니다. 짧은 이 시가 지닌 뛰어난 점은 바로 그러한 절박함을 장난스럽게 건너뛰고 있다는 데 있습니다. 그러다 보니 "한 많은"이라는 무책임한 꾸밈말도 거슬리지 않습니다. 절박한 체험을 읽는이에게 우기

거나 부풀리지 않으려는 장난기 속에 이 시가 지닌 긴장된 힘을 엿볼 수 있습니다. 그러한 긴장은 자신의 삶을 삶으로써가 아니라 시라는 문화관습으로 드러내려는 성실함이 자리한 탓이라 생각합니다. 부분을 따온 것입니다만, ② 또한 빼어난 시줄을 얻었습니다. "콩나물 잔털 같은 자식들"이라는 깨달음은 적어도 자신의 삶에 대한 남다른 사랑과 켜켜로 쌓인 체험 없이는 얻을 수 없다는 게 제 생각입니다. 정 님을 시인일 수 있게 하는 정당성은 이런 데서 얻어질 터입니다. 체험의 사회화라 할까, 하는 이러한 흐름을 축으로 한 두 끝에 두 갈래 시들이 놓여 있음을 알겠습니다. 패러디와 관념놀이에 기울어진 시가 그것입니다.

① 내가 살아가는 동안에
또 하나 할 일은 무엇일까
바람 부는 벌판에 서 있어도
외롭지 않을 수 있을까, 그러나
홀로 어둑한 밤거리를 걸을 때
어둠은 언제나 낯이 설어 아득하기만 한데
지친 제 그림자를 이끌고 퇴근을 서두는
굳은 손바닥 위로
초승달 야윈 눈물이 흐르는구나

—「유행곡조(流行曲調) 1」 가운데서

② 쪼가리 학벌로
물어서 걸어서 십 년 만에 도착했다.

면접장을 가는데도
승강기를 탈 수 없는
아슬한 신분의 내가
차근차근 계단을 밟아 오를 때

—「면접시험」 가운데서

①과 ②는 둘 다 패러디, 곧 짜깁기를 뼈대로 삼은 시입니다. ①은 제목이 말해 주듯이 유행노래를, ②는 남의 시, 곧 문학관습을 짜깁기한 것입니다. 이 두 편의 시에서 짜깁기가 맡고 있는 구실은 자신의 체험에 정서적 분위기를 더하는 데 있습니다. 이러한 버릇은 시집 이저곳에서 자주 만날 수 있습니다. 다만 저로서는 정 님의 시에서 이러한 짜깁기가 체험의 구체성을 담아내지 못한 탓에, 또는 시적 긴장을 잃어버린 탓에 손쉽게 분위기에 머물기 위해 마련한 것이 아니기를 바랍니다. 이 시십에 올려진 많은 시들이 적어도 "콩나물 잔털 같은 자식들"에서 보여 주는 직접 체험의 긴장이 많은 부분 풀어지는 대신, 더불어 읽는이와 넘나들 자리를 마련하기 위해 짜깁기에 열중하고 있는 모습을 긍정적으로 보고 싶습니다. 그럼에도 한쪽으로는 그것이 지닌 역기능도 문제 삼지 않을 수 없다는 입장입니다. 역기능이란 다름 아니라 단단한 체험의 사회화가 자칫 묽어질 수도 있다는 점입니다.

① 이태원 엘레지가 똥색으로 깊은데
미친년 썩은 이빨 위로
씹다 버린 양키의 껌이

찐득

달라붙은 식민지 조국.

—「이태원 엘레지」

② 은행나무가 활짝 익었습니다

울긋불긋한 단풍나무보다 아름다운

오직 한 빛깔로

은행나무 의연히 서 있습니다

온몸이 노오란 깃발 같은 은행나무는

새날을 기다리는 사람처럼

믿음이 탄탄해 보입니다

은행나무에 기대어

어떤 모녀가

사진을 한 판 찍습니다

찍다 보니 사진에 물이 듭니다

자꾸자꾸 노란물이 번져

온 천지가 은행나무입니다

새날을 맞이하느라

온 세상이 일어서고 있습니다.

—「은행나무」

유행노래나 시줄, 또는 영화 이야기의 패러디 건너 쪽에 위에 옮겨 놓은 ①의 "식민지 조국"이나 ②의 '새날'과 같은 관념의 세계가 놓여 있습니다. 저로서는 한 젊은 시인으로서 정 님께서 ①과 같은 시에서 짐짓 득의에 찬 표정을 짓지 않게 되기를 바랍니다. "지나치게 붉은 머리띠를 두르고 / 흔들거리다 보면 필요 이상 심각하다 / 나는 오버액션에 익숙해져 / 살인적인 구호마저 무덤덤한 상태"(「직업병」)라는 자각이 더욱더 깊어져도 좋다는 게 저의 짧은 생각입니다. 이런 점에서 ②는 마지막 두 줄에서 보이는바 "필요 이상 심각한" 표정 탓에 그만 김이 새어 버린 시로 들어 두고 싶습니다. 마지막 두 줄의 곁가지를 아무 미련 없이 쳐 버릴 수 있을 때 「전봇대」에서 보인 긴장을 끌어안은 더 큰 힘을 갖추게 되리라 믿습니다.

이제까지 저는 정 님의 첫 시집을 두고 정 님이 가지신 현실주의 시각이 어떻게 정 님다운 자리를 마련할 수 있을까 하는 제 나름의 생각을 가볍게 두드려 본 셈입니다. 자기체험의 사회화라는 중요하나 해묵은 관습을 몸으로 살려는 시인에 있어 유행노래나 대중문화의 잉여물을 짜깁기하거나 관념의 세계를 관념 그대로 드러내는 방법을 서성거리는 모습이 나아갈 길을 기웃거려 보는 쪽에서라면 바람직한 것이긴 합니다. 하지만 저로서는 정 님께서 그런 자리에 편하게 머물지 않기를 바랍니다. 왜냐하면 정 님 시는 적어도 시 이전에 사회경제적 환경이 몸으로 체화되어 있다는 것이 제가 얼핏 본 느낌이기 때문입니다. 그러한 자질을 섣불리 당대 관습이나 유행의 그물 속으로 팽개쳐 버린다는 것은 우리 시의 앞날을 위해서나, 부산 지역 젊은 시인들을 위해서도 바람직스럽지 못합니다. "사철 푸른 세상", "해방의 세상"을 위해서 시인이 할 몫은 그런 세상의 도래에 대한 당위성만을 뻔질나고도 손쉽게 되풀이하는 데 있는 게 아닌 까닭입니다. 1930년대 이상과 민중 노래 사이에 자잘히 많은 우리 근대시가 놓인다는 막다른 비유를 써 본다면 정님 시는 그 가운데 어름쯤에 놓일 것이라는 게 제 생각입니다. 그 자리는 무엇보다 구체적인 체험을 이음매로 한 자리일 터입니다. 계속 젊은 시인으로 남을 수 있기를 가까이서 빌어 드립니다.

시의 총알택시를 타고

최영철의 시

시인은 말뿌리가 일러 주듯이 말로 세상을 창조하는 이다. 비록 근대 시기에 들어서서 시인 개인의 천재적인 말솜씨를 더 강조하는 쪽으로 중심이 바뀌었다고 하더라도, 시의 오랜 역사를 통해 볼 때 말로 세상을 창조하는 이라는 시인의 뜻은 달라지지 않았다. 그러니 시인의 가장 시인 된 자리는 당장 눈앞의 이해관계로부터 벗어나 있다 하더라도 창조의 뜻을 살리고, 그것을 극대화하는 곳이다. 이런 까닭에 한 사회 집단의 창조적 인자로서 시인이 새삼스럽게 조심해야 할 최소 요건은 다음 세 가지다.

첫째, 이미 마련하였거나 널리 받아들여지고 있는 집단적・사회적 상상에 섣불리 기대어 자신의 창조적 가능성을 좁히지 말 일이다. 이름이 들난 적지 않은 시인의 속을 살피면 뜻밖에 이미 알려진 당대의 평균적 상상과 주류적 발상법의 저잣거리를 이저리 기웃거리며 쏘다니는 모습을 엿볼 수 있다. 통・공시적 시문학사의 전통 속에서 문학사회가 일궈 둔 집단적・사회적 상상으로부터 시인이 얼마나 특유의 거리 감각과 배타적 눈길을 지니고 있는가 하는 점이 창조적 작업에서는 핵심 문제다. 강한 시인이란 비록 미미할지 모르지만 그러한 발상법이나 시적 전통에 맞서 싸운 흔적을 스스로 작품을 통해 보여 주는 법이다.

둘째, 시인의 시적 궤적에서 볼 때도 거기에 매몰되지 않는 강한 자장을 보일 수 있어야 한다. 자신의 성공한 경험과 사회적 인정으로부터 될 수 있는 대로 한발 앞서 나가고자 하는 노력을 포기하지 않을 일이다. 이미 마련한 자신의 문학적 명성을 과감하게 벗어던질 수 있는 창조적 파괴가 그것이다. 좋은 시인의 덕목은 언제나 자신의 성공한 문학 궤적에 대한 배신 가까이에 있다. 그런 시인의 시 속에서는 비록 실패로 끝난 경우라 하더라도 쉽게 찾아보기 힘든 울림 큰 걸음걸이를 느낄 수 있다.

셋째, 남다른 언어적 표현가치다. 시의 처음과 끝은 무어니 해도 말이다. 남다른 말솜씨를 갖추지 못한 이는 강한 시인, 좋은 시인에 이르기 힘들다. 그 선택에서부터 활용, 그리고 통어에 이르기까지 어느 문학 갈래보다 경제적이며, 기능적인 말씨를 보여 주지 못하는 이는 수필가나 소설가 쪽은 몰라도 시인 자리에서는 일류는커녕 일등을 넘보기도 어렵다. 근대의 인쇄 문자시에서 장차 전자영상 소통에 의해 이끌릴 새로운 시청각 구술시로 커다란 매체 변화가 이루어진다 하더라도 그런 조건은 마찬가지일 것이다. 시의 역사 이래 특별하거나 독특한 말솜씨를 보여 주지 않은 시가 훌륭한 시의 자리에 오른 적은 드물다.

이렇듯 말로 된 창작물로서 갖추어야 할 바 참으로 새삼스러운 최소 요구를 오늘날 많은 시인은 잊고 산다. 우리 시 전통에 대한 학문적 접근의 불비, 대중시의 상업적 성공에 따른 문단 주체의 얄팍한 곁눈질, 문학사회 전통에 대한 몰이해가 빚어내는 사회적 명성의 왜곡과 그 재생산 구조, 비평적 상상력의 하향 등질화, 게다가 시어에 대한 엄밀성의 포기는 이제 흔한 현상이다. 이렇게 볼 때 최영철 시인이 이제껏 다듬어왔던 자리는 단연 빛난다.

비록 섬세하고 예각적인 궤적을 그리는 길과는 거리가 있었으나, 당당하게 현실 세부를 좇는 걸음걸이는 돋보였다. 게다가 그 특유의 경험 현실에 바탕을 둔 폭넓은 감각의 진폭 또한 그의 시를 어느 한 주류에 귀속시키기 어렵게 할 만큼 개성적인 입심을 마련해 준 주요 자질이었다. 말씨 또한 더하거나 뺄 것 없는 언어적 완결성을 지키고 있는 드문 경우를 이룬다. 그런 점에서 시인의 세련됨이 돋보였고, 그 속의 야성적 현실은 더욱 빛났다.

이번 시집 『그림자 호수』(창작과비평사, 2003) 곳곳에서도 최영철의 그러한 장점은 능숙하게 녹아 있다. 어디를 펼쳐 들어도 태작을 보기 힘들다. 이제 그의 시적 세공이 백가쟁명의 봄 꽃밭 속에서 꽃타래를 흠씬 자랑하고 있는 형국이다. 그럼에도 내 관심 방향으로 볼 때 이번 시집의 백미는 시집 앞쪽 1부에 올린 시다. 시인이 비유적 재치에 가볍게 빠져들거나 이미 우리 당대시가 겪어 온 주류적 상상의 안전한 세목들로 눈길을 빠트리지 않은 채, 현실 일원론자로서 현실 세부로 던지는 진지한 탐구와 물음이 거듭한 자리다.

먹고사는 일 걱정 없는 수족관 고기

하나하나 죽어 나가는 것 보다 못해
문어 한 마리 넣어 주었다는 어느 어부
어젯밤 노숙은 그가 쳐 놓은 그물이었을까
느닷없이 찾아온 노숙의 밤이 믿기지 않아
문어 피해 헤엄치는 수족관 고기로
온 밤을 파닥이다 제 가슴 한번 물어뜯고
실직의 미궁을 피해 비둘기는 날고 있다

—「노숙공원」 가운데서

돈은 어서 빠져나가려고 안달이고
나는 어서 내보내지 않으려고 안달이었다
바다에서 우리 집까지 기력을 다해 걸어온 적도 있었다
호떡집 앞을 지나쳤고 한 스무 개쯤의 버스정류소를 그냥 지나쳤다
돈하고 나하고 싸우는 동안 어느새 집앞이었다
호주머니에 손을 찔러 넣고 다닐 때는
심심하지도 않았다 배고프지도 않았다
돈은 고작 몇 천 원, 몇 백 원일 때가 더 많았지만
호주머니는 불룩하고 통통하고 내 손은 따스했다

—「손」 가운데서

"실직의 미궁"이 곳곳에 널린 '노숙'의 아침에 "수족관 고기 / 하나하나 죽어 나가는 것 보다 못해 / 문어 한 마리 넣어 주었다는 어느 어부"를 굳이 찾아가 우리에게 소개해 주는 의뭉스러운 시인의 눈길은 마냥

차갑고 마냥 따뜻하다. 묵직하면서도 쉬 보기 힘든 진정성을 담았다. 뒤에 올린 「손」 또한 가벼운 개인 체험처럼 시의 뼈대를 끌어가고 있지만, 현실 속에 닻을 내린 시인의 정공법을 잘 드러낸 작품이다. 결코 가볍지 않은 현실의 무게를 이 시는 감당하고 있는 셈이다. 시줄을 잘 들쳐 보면 최영철 식의 은판처럼 반짝이는 마음자리가 생략된 공간 속에 널찍하고 넉넉하다.

그러나 시인이 「화엄 정진」을 짐짓 뱉으며 「우포에서」에서 잠시 머물다 「월내역에서」 다시 「왕피천으로」 떠도는 걸음걸이에는 경쾌한 맛이 떨어진다. 그 나들이 길을 뒤따르는 경험에는 적지 않게 마음이 조마조마하다. 예사 시인들이 이저리 몰려다니면서 짓밟아 놓은 길섶까지 최영철 시인이 뒤따르며 공력을 허비할 필요가 어디 있는가라는 느낌.

시집 뒤쪽인 3부에는 「밤에」·「가시」·「다대포 일몰」·「서해에서」·「내가 소나무 잣나무 같은 것이었을 때」와 같이 비유적 이원론을 고리로 마련한 시가 많다. 동화적 상상력까지 겨냥했다. 스스로 거기에 몸을 내맡기며 즐기는 듯도 싶다. 최영철 시인의 본령답지 않은 풍경으로 여겨진다. 시인은 즐거운 상상적 직조를 기꺼워할지 모르나, 의례적인 사방연속무늬만 더 앞쪽으로 도드라져 버린 형국이다. 시집의 표제로 올린 「그림자 호수」나 「서해에서」에서 볼 수 있는 바, 성공한 상상적 확장이 없었다면 더 많은 작품에서 최영철의 시의 빛나는 야성은 아연 줄어들 수밖에 없었을 것이다.

> 잠들지 마 잠들지 마
> 벌써 저쯤에서는

곯아떨어진 물의 등을 밟고
얼음이 걸어오고 있다
슬금슬금
남의 집에 발을 찔러 넣어 보는 살얼음들
수양버들 그림자가 그 차가운 발목을
덮어 주고 있다

—「그림자 호수」 가운데서

물이 다 달아난 까실한 오후
바다가 바닥을 칠 때까지
중참 한번 내오지 않은 하늘이
난 모르는 일이라고
문을 쾅 닫고 간다

—「서해에서」 가운데서

비유적 기획 가운데서 성공하고 있는 본보기다. 그런데 그러한 기획에서 한 발 더 나아간 모습이 이번 시집에서는 설핏 엿보인다. 다소 도발적인 듯한 성애의 말과 모티프를 여럿 끌어들이는 모습이 그것이다.

새로 단 부랄들이 세탁소를 나오면서 댕그랑댕그랑 가랑이 사이에서 악수하고 있었다 잘해 봅시다 오늘 하루도 부랄부랄 댕그랑댕그랑

—「세탁소에 맡긴 내 부랄(不剌)」 가운데서

이러한 도발은 최영철 시인의 건강함이었던 현실 세부에 대한 일원론적인 눈길에서 벗어나면서 만들어 낸 한 전략으로 보인다. 그런데 글쓴이는 오히려 현실의 세부를 포기한 과장된 부담감을 읽는다. 지나친 기우 탓인가. 서둘러 현실을 비켜 가고자 한다는 의심을 살 만한 말씨다. 이원론적인 현실 직조법이라는, 기획한 듯한 비유적 확장 뒤쪽에 놓여 있는, 다소 벗어난 착지점인 셈이다.

아무래도 최영철의 야성은 크게 성공한 것으로 여겨지지 않는 비유적 기획이나, 도발적인 성애 언어로 감당하려 한 현실 속에서는 찾기 힘들다. 현실 안에서 현실과 하나되기 위해 몸을 굴리는 그의 모습은 적어도 그 또래 다른 시인이 지니지 못한 특장이었다. 때로 투박하고, 가끔 요령부득이 따른다 해도 최영철의 야성은 날을 세워 자신의 살까지 파낼 듯이 형형했다.

강한 시인, 좋은 시인은 시력이 쌓이면서 비평가의 신랄한 비판을 가로질러 더욱 자란다. 좋은 비평가 또한 신인은 한껏 칭찬하고, 시력이 높은 시인에게는 가차 없는 힐난을 퍼부을 줄 아는 이다. 말로써 세상을 창조하는 이인 시인의 품격에 대해 새삼스럽게 책임을 물을 수 있을 엄정함을 갖춘 시인은 많지 않다. 이제 최영철 시인은 일곱 번째 시집을 내놓았다. 힘센 시인에게 빌붙어야만 혀가 열리는 자격 미달의 안전 비평가나 시보다 사람에 목을 빼는 동료의 찬사를 한 두름 더 얹는다 해서 시인에게 진정 도움 될 일은 없다.

최영철 시인은 이미 그런 자리에 놓일 시품이 아니다. 자신을 시인으로 올려 세워 준 문학사회를 향하여, 오히려 스스로 주류임을 시로써 고통스럽게 웅변할 수 있어야 할 시력이다. 더 달리자, 최영철 시인. 길 없는 길로 환하게 불을 켠 채 시의 "총알택시 타고"(「총알택시 타고」), 날라리 또래 시꾼들의 "시체 넘고 넘어서"(「행진」) 이제 살얼음 막 끼기 시작한 「그림자 호수」를 가로질러. 비록 둥근 하늘, 둥근 지구일지라도, 모난 배로 모난 세상 새로 저으며 가자. 스스로 남김 없을 말의 다비 속으로.

사랑의 길, 길의 사랑

김미숙과 조연향의 시

1

시는 다양하다. 말꼴이 다양하고 담긴 뜻이 다양하다. 읽는이의 시에 대한 기대 또한 다양하다. 커다란 문화 변동과 취향의 변화를 거듭함에도 시가 값진 제도로 살아올 수 있었던 정당성의 많은 부분이 이에 있다. 시는 다양성의 놀이다. 다양성이야말로 시가, 자유롭고자 하는 개인이나 공동체의 중요한 전략이며 그 장치였음을 잘 보여 준다. 다양성에 힘입어 시는 주류문화 건너 새로움을 예언하기도 했다. 표면 변화 속에서도 달라지지 않는 마음의 뿌리를 보여 주기도 했다. 전위가 후위가 되고, 후위가 전위가 되는 다채로운 드라마를 시는 즐거이 도맡아 온 셈이다.

그리고 그런 다채로움 끝에는 늘 이 세계와 삶에 대한 이해의 흔적을 남겨 준다. 많은 시가 삶이란 무엇인가, 어떻게 살아야 하는가라는 수수께끼 형식이거나, 그에 대한 답으로 이루어지는 것은 당연한 일이다.

따라서 시의 다양성이란 마침내 세계의 의미나 삶의 방법에 대한 수수께끼의 다양성이며, 답의 다양성이다. 아니면 그러한 물음에 대한 물음이기도 하다. 시인은 삶이나 세계에 대하여 묻고 답하는 과정에서 그들과 끝없이 연관을 맺고, 자신을 실현해 나간다. 시를 쓰고 생각하는 동안 시인은 적어도 세계 안에, 세계의 한 부분으로 산다.

여기서 문제 삼을 김미숙과 조연향 시인은 아직까지 자신의 시 안쪽에서 그러한 다양성을 얻어 나가는 힘찬 드라마를 펼치고 있지는 않다. 그들은 신인이다. 시를 빌려 세상에 대해 발언해 온 연륜이 짧다. 게다가 시적 풍경의 가능성이라는 점에서 그들은 아직 출발지에 서 있다. 그럼에도 그들은 자신의 첫 자리를 활달한 서정공간으로 채워 보려는 시도와 노력을 아끼지 않는다. 두 사람의 사뭇 다른 발상법에서 그 전조를 읽는다.

2

김미숙 시인의 발상은 개방적이다. 세계와 얽힌 연관을 적극적으로 찾고 그 속에 자신을 실현하고자 한다. 어떤 삶의 정황이나 정서에 몸을 내맡기기보다는 세계 속에 자신을 힘껏 투사해 나가려는 자세를 보여 준다. 따라서 그의 시는 많은 경우 세계에 대한 물음과 그에 대한 답을 즐겨 얼개로 마련한다.

애솔나무 가지 끝에
쪽잠 자는 그리움
그네를 탄다

아침이면
온 세상 베고 누운
비탈길

햇살 속 풀잎 하나
눈물로 빛난다

—「이슬」[1]

이슬이 무엇인가라는 물음에 대한 답을 얼개로 마련한 시다. 시인에게 있어 "쪽잠 자는 그리움"이며, "온 세상 베고 누운 / 비탈길"이며, "햇살 속 풀잎 하나"를 '눈물'로 바꾸게 하는 존재가 이슬이다. 이슬이라는 자연 존재는 이루지 못한 그리움의 등가물인 셈이다. 시어도 간결하고 형식도 단정하다. 시인의 통어력을 엿볼 수 있는 시줄이다. 자신의 의도를 적극적으로 실현하고자 하는 뜻에서 말미암은 바다.

그런데 이슬의 본질 규정이 바람직한 것만은 아니다. 그리움이란 어디서나 누구에게나 중요하며, 늘 새로운 세계 연관을 이끌어 주는 정서다. 하지만 이 시에서는 마침내 가닿지 못한 그리움의 뒤끝인 '눈물'에

1 경남여류문학회, 『경남여류문학』 창간호, 불휘, 1998, 21쪽.

손쉽게 안주했을 따름이다. 성급한 마무리다. 차라리 그리움을 그대로 살려 내기 위해 둘째 토막 "아침이면 / 온 세상 베고 누운 / 비탈길"에서 마무리했음 직도 하다. 밤새워 그리움에 뒤척였을 삶의 한 국면과 밤새 이슬로 옹글었을 시간의 절묘한 결합이 이루어졌을 것이 뻔했던 까닭이다.

그럼에도 이 시를 빌려 김미숙 시인이 보여 주고 있는 개방적인 발상법은 잘 드러난다. 곧 삶이란 무엇인가, 세계란 무엇인가라는 물음과 그에 대한 답이라는 얼개가 그것이다. 시인은 그러한 얼개를 크게 두 가지 방식으로 밀고 나간다. 처음이 앞선 「이슬」에서 본 바와 같이 구체적인 자연물이나 사물에 대한 추상적인 본질 규정을 해 나가는 길이다. 추상적인 삶의 상태나 경험 속에서 그것의 뜻을 되묻는 길이 다른 하나다.

> 버려 두면
> 시름시름 몸살 앓는다
>
> 팽이처럼
> 맞아야
> 퍼렇게 다시 사는 우리들, 들풀의 삶이라면
>
> —「사랑은」 가운데서[2]

2 위의 책, 17쪽.

산모퉁이 갈잎 속에

고단한 계절의 꿈

무더기로 앉았더니

먼 길 떠나셨던 그대

오신 날처럼

—「들국화」 가운데서[3]

처음 시는 표제와 본문이 묻고 답하는 형식을 그대로 보여 준다. 곧 "들풀의 삶" 속에 갇힌 '사랑은' "팽이처럼 / 맞아야"하는 어떤 것이다. 사랑이라는 추상적인 마음 상태에 대한 답을 구체적인 팽이에다 빗댔다. 이와 달리 두 번째 시는 '들국화'라는 구체적인 자연물이 어떤 것인가라는 물음에 대한 답으로 마련한 시다. 들국화, 곧 구절초는 고단한 시정의 삶 속에서 되돌아드는 '그대'와 한가지로 "고단한 / 계절의 꿈"과 같다. 다소 틀에 박힌 듯하지만, 가을철 '무더기로' 피어 앉은 구절초에 대한 시인의 자기다운 해석력을 잘 보여 준다.

김미숙 시인은 어떤 사물의 속성을 찾아보건, 삶의 상태나 정서의 뜻을 찾아보건 하나하나 삶 속에서 맞닥뜨리는 세계에 대한 진지한 물음을 멈칫거리지 않는다. 그리고 그에 대한 답을 개성적인 비유나 변형된 사물의 모습에 도움 받아 얻고자 한다. 이와 함께 그녀가 즐겨 따르는 또 다른 방식이 직접적인 삶의 경험을 헤아려 보는 일이다.

---

3 경남여류문학회, 『경남여류문학』 2호, 불휘, 1999, 60쪽.

벗어라, 자갈 같은 사연들
끌고와 다시 떠나는 저 물살들이
가는 길 무겁지 않게

갯벌레 숨바꼭질하는
나룻배 타고 썰물처럼 떠났던 우리,

외할머니 머리칼같이 흩날리는 수숫대 사이로
노란 원추리꽃 키 재기를 하는 사이

다시 연륙교를 건널 때

—「연륙교를 건널 때」 가운데서[4]

시인은 연륙교를 건너는 사소한 일상 경험이 자신에게 끼치는 뜻을 묻고 있다. 그것은 '우리'로 표현하고 있는바, "아버지, 어머니들", '외할머니'와 같이 가까운 이들이 겪었을 법한 "자갈 같은 사연들"에 대한 회상이다. 이 시에서 시인은 앞선 이의 고단한 삶 앞에서 그 고단함이란 끝내 이겨 내야 할 어떤 것이라는 믿음을 읽고 있다. 연륙교를 건넌다는 직접적 경험 현실을 삶의 굽이마다 겪게 되는 갖가지 어려움의 극복이라는 뜻에다 비겼다.

이처럼 사사로운 삶의 경험을 밀고 나갈 경우, 시의 승패는 흔히 자

---

4 경남여류문학회, 『경남여류문학』 창간호, 불휘, 1998, 18쪽.

신이 선택한 경험의 질과 인식의 깊이에 좌우되기 십상이다. 그런 점에서 시인의 경험 영역은 아직까지 좁고 얕다. 시인에게 주도 동기로 작용하는 것은 주로 아버지를 비롯한 가족 구성원을 멀리 벗어나지 못하고 있는 점이 한 본보기다. 시인의 세계에 대한 관심은 더 넓어지고 깊어질 여지를 많이 안고 있는 셈이다.

사물이나 어떤 정서 상태에 대한 것이건, 직접적인 경험 현실에 대한 것이건, 그것의 의미 규정에 도움받는 얼개는 김미숙 시인의 기본 발상법이다. 이러한 발상법은 매우 전통적이고 빈번한 것일 뿐 아니라, 정통적이기까지 하다. 그런데 여기에도 문제가 있다. 첫째, 그녀의 시는 대체로 분석적이며 논리적인 이미지 전개를 보여 주기 쉽다. 말하자면 특정 프로그램을 그대로 따르고 있는 듯한 인상을 받는다는 뜻이다. 따라서 그녀의 의미 규정이 기존의 가치나 관습적 정서를 어느 정도 벗어나 깊이와 너비의 새로움을 얻느냐 하는 점이 관건이다.

둘째, 김미숙 시의 지기 개방 의도는 언어나 형식의 균형에 힘입어 남다른 조직력과 시적 완결성을 보여 줄 마련이다. 그럼에도 그것이 읽는이의 공감을 끌어낼 수 있을 것인가 하는 점은 여전히 물음으로 남는다. 시인으로서는 자기 개방의 적극성이 읽는이의 해석공간 안에서 행복하게 살아나기 위한 전략이 필요했다. 나날살이 속에서 강력한 욕구 가운데 하나로 작용하는 사랑이라는 주제에 대한 집착은 그로부터 말미암은 바라 여겨진다.

무한정 쏟아 내는 사랑법 어디

없을까

카드만 넣으면

때로는 몸을 부수어
잃어버린 기억까지
찾아내고 싶은 이 봄

—「자동지급기—사랑은 3」 가운데서[5]

숨은 이름 하나 갖고 싶다
부를수록 더 뜨거워지는

저 홀로 핀 들꽃 뜨락
쇠별꽃 꽃다지 참꼼마리 뻐꾹나리
하나씩 이름표를 붙여 보다가
문득 빈 내 가슴을 들여다본다

(…중략…)

장미보다 붉은 내 사랑은
지금, 이름이 없다

—「이름찾기—사랑은 13」 가운데서[6]

---

5 경남여류문학회, 『경남여류문학』 2호, 불휘, 1999, 53쪽.
6 경남여류문학회, 『경남여류문학』 10호, 불휘, 2000, 204쪽.

많은 경우 김미숙의 시는 세계와 사물에 대한 사랑의 뜻과 의의를 묻는 데 바쳐진다. 적극적으로 세계 안으로 자신을 투사하면서 개방적인 자세를 취함에도 자칫 사소해질 수 있는 부분을 사랑이라는 주제에 도움받아 벗어나고자 한다. 시인은 세계에 대한 사랑과 언어적 실험이라는 두 방법 사이에서 고민하고 있다. 거듭하는 마음의 '털갈이'가 필요한 시점이다.

내 순갈 위로 자꾸 얹어 주었어
핏물 가시지도 않은 날고기를
먹어 봐 먹어 봐
곁눈질로 짓누르며

먹었어
아니 먹어 버렸어
익은 것만 먹는다고?

내 입술을 보면서 빙긋빙긋 웃었지

이까짓 것쯤이야
씹지도 않고 꿀꺽 삼켜 버렸지
그래 그랬던 거야
날것으로 너를! 먹어 버렸어

복통으로 들락거렸지

밤새 쏟아 낸 거기에 너는 없고

나만 동동

기름처럼 떠다녔어

―「날것으로 너를?―사랑은 19」[7]

사랑에 대한 활달한 의미 규정이 잘 드러나는 시다. 음심 먹기라는 나날살이의 뻔한 경험에 대한 성찰이 사뭇 빠른 숨길과 거침없는 말씨에 힘입어 긴장된 자장을 만들어 낸다. 사랑이란 독점이며, 강요면서, 과감한 자기포기다. 시인은 날고기 / 익은 고기, 싫어함 / 좋아함, 뱉어냄 / 먹음이라는 이원대립적 언어망 안에 사랑의 곤혹스러움을 잘 담아냈다. 우리의 삶이 그렇듯이, 사랑은 마침내 자가당착인지 모른다. 시인은 그 점을 우리에게 가쁜 숨결로 일깨워 주고 있는 셈이다.

김미숙 시인의 사랑법이 어디로 향할지 궁금하다. 그녀는 아직 젊고, 그녀의 상상력은 한결같이 따뜻하다. 풋풋한 아침 이슬 같은 발랄함을 그녀에게 바라기는 어려울지 모른다. 그러나 사물에 대한, 세계에 대한, 또는 직접적 현실에 대한 그녀의 의미 탐색은 앞으로도 꾸준히 이어질 것이다. 더욱 속도가 붙을 것이다. 사랑은 그 일을 감당하기에 알맞은 주제다. 사랑이야말로 남녀의 에로스건, 자연 사물이나 사회 현실에 대한 것이건, 타자에게 기울이는 깊은 배려의 처음 아닌가. 김미숙 시인의 사랑법이 자신의 사소한 일상으로 물러서거나 상투적 앎으로 손쉽게 달아

---

7 위의 책, 204쪽.

나지만 않는다면, 새로운 가능성을 기대해도 좋을 듯싶다. 지금 그녀 앞에는 숱한 '직진금지'의 팻말이 가로놓여 있다. 그녀의 끊임없을 직진과 후진, 또는 에둘러 가려는 힘겨운 노력은 벌써 저만치 앞서 있다.

3

조연향은 김미숙처럼 세계에 대한 분석적 눈길을 보이거나, 논리적인 앎을 드러내지는 않는다. 그녀는 현상주의자며 직관주의자다. 그녀에게 소중한 것은 순간순간 와 닿은 경험 과정이다. 그녀는 세계에 대하여 자신의 주장을 펼치거나, 그 속에다 자신을 굳이 구현하려 들지 않는다. 오히려 세계 속에 자신을 방기하고 있는 듯한 느낌이다. 그만큼 그녀는 수동적이며 폐쇄적이라 할 만하다. 이미 마련한 세계 연관을 즐기거나 맞닥뜨리고 있는 마음 상태에 그냥 몸을 맡길 뿐이다.

협곡은 얼음과 눈발을 부끄럽게
숨기고 있다
그 깊고도 쓸쓸한 날의 폭설은
얼마나 큰 사랑이었을까
한 치도 나아갈 수 없었던
그 겨울의 등정

하늘과 바람만이 길을 내 주듯
하루를 가도 하루가 끝나지 않는
삶의 단애 어디쯤일까

—「삼월」 가운데서[8]

"깊고도 쓸쓸한 날의 폭설"에 마음은 깊게 젖는다. 그것이 무엇인지, 자신에게 끼치는 뜻이 무엇인지, 시인은 굳이 물으려 하지 않는다. "겨울의 폭설"과 "삶의 단애"가 서로 맞물리면서 감당하기 힘들었을 어떤 마음의 상태를 이 시는 담담히 보여 줄 따름이다. 시인은 짐짓 그러한 상태에 몸을 내맡기고, 그것을 즐기기까지 한다. 따라서 시의 숨길은 다소 거칠다. 자연스러운 숨길을 즐기며 강한 장악력을 보여 주려 하지 않는다. 게다가 돌연한 느낌을 준다. 돌연스럽기도 하고, 막연한 정황 위에 시의 넓은 자장을 마련한다. 현실의 정황이나 상태에 몸을 맡기고, 그것이 이룩해 내는 분위기를 즐겨 보여 주려는 태도를 중요한 방법론으로 밀고 나가고 있는 셈이다.

눈 감아도 어지러운 그리움의 나팔소리
골목을 실어 멀리 달려간다
황사꽃 자욱히 꽃잎을 날리는
불빛 담 너머
바람의 낚시대 드리우고

8 경남여류문학회, 『경남여류문학』 2호, 불휘, 1999, 33쪽.

푸른 종소리 긴 회랑을 가고 있다
세상은 저 아래로 가라앉고
어디에도 없었고 어디에도 있었다
나는

—「바람 부는 날 회전목마를 타고」[9]

"바람 부는 날" 자신을 휘감아 도는 어떤 정황의 뜻을 분석하거나, 그것을 찬찬히 새겨 헤아리기보다는 그 자체를 즐기고자 하는 시인의 모습이 잘 드러난다. 이 시는 "어디에도 없었고 / 어디에도 있었다 / 나는"으로 표현하는바, 고양된 마음 상태를 드러내는 데 바쳐지고 있다. "눈 감아도 어지러운 그리움"이나 "저 아래 가라앉은 세상"이라는 시줄을 두고, 뜻을 찾기 위해 생각에 깊이 빠져들 필요는 없다. 시인은 "푸른 종소리 긴 회랑"을 '자욱히' 가고 있듯이 막연한 마음의 '푸른' 골목을 지나지고 있을 따름이다.

그녀의 시는 이렇듯 막연한 정서 표출에 머무는 만큼 말이 다양하고, 시꼴에서도 파격을 껴안을 여지가 많다. 생생한 감정 흐름을 보여 줌으로써, 자유로운 내면공간을 그릴 수 있는 강점도 지닌다. 그럼에도 그녀 시는 자칫 읽는이에게 분위기에 머묾으로써 말장난에 그치고 있다는 핀잔을 들을 수 있다. 세계에 대한 뚜렷한 언어적 대응이나, 강한 구축력에 힘입은 시적 건축의 견고함을 보여 주기는 힘들다. 이러한 점에 대한 자각이 시인에게 나름의 상상적 궤적을 마련하게 했다. 새와 길의

9 경남여류문학회, 『경남여류문학』 창간호, 불휘, 1998, 30쪽.

상상력이 그것이다.

그대가 깊이 잠든 사이 꽃눈이 트고
가슴속 그리도 큰 구름의 앙금들이
산산이
부서져서 불 꺼진 마을을 밝히고
한 번도 건너가 보지 못한
그리움이 퇴적된 먼먼 밤길
눈송이 바람송이 따라
새 떼들이 마지막 열차를 타고
날개의 슬픔처럼
이별을 실어 먼 곳으로 떠나간다

—「겨울저녁, 새 떼들은」 가운데서[10]

그녀 시에서 새는 늘 떠다닌다. 숱한 발자국으로 "한 번도 건너가 보지 못한" 하늘에 길을 내고, 땅 위 길조차 새를 쫓아 스스로 몸을 일으켜 "먼 곳으로 떠나간다." 그렇다고 해서 그 여정이 어떤 것에 대한 모험이나 탐색을 보여 주는 쪽은 아니다. 그녀에게 소중한 경험은 의도가 무엇이었든, 도달 목표가 어디든 관계없이 자족스런 감각의 '날갯짓'이다. 위의 시에서는 그 궤적이 '밤'이라는 공간 설정에 더욱 힘입고 있다. 밤은 떠돎의 순수함을 강화시키는 의도된 장치인 셈이다.

---

10 위의 책, 26쪽.

시인은 끝없이 떠돌고 나다니면서 자신을 순간순간 새에 의탁한다. 그 떠돌이새는 하늘의 눈으로 결정되기도 하고, 안개로 풀려 나가기도 한다. 생생한 삶의 감각을 증명해 주는 이음매가 새며 길이다. 그녀의 발상이 극도로 키를 키울 때 그 새는 멈칫거림 없이 하늘을 가로지르고 숲을 건널 뿐 아니라, "마지막 열차"에 몸을 싣는다. 비록 "뛰어도 뛰어도 마음의 고비 사막엔 / 해가 지지 않고 떠오르지도 않은 채 / 그 자리에서 하얗게 식은땀만"(「서울 낙타」) 흘릴지라도 그녀의 길은 늘 열려 있다.

우리 길이 또 하나 겨울 분지로 흘러들어
마음 안처럼 고요해지기를
그렇게 내 마음속 나뭇잎들이 잠들어 가기를

—「바람의 비탈에 서서」 가운데서

까만 점처럼 새들이 빨려 들어가듯
가까운 길들이 먼 길을 삼키는
봄 교차로에서
오늘도 오후를 맴돌았다

—「멀리 있는 사랑」 가운데서

땅거미 한 대접
떨어진 싸리꽃 한 접시 핥으며
한 떼의 바람도 허겁지겁
나무가지 사이를 스쳐 지나간다

그 거대한 허기에 쫓기고 쫓기다가

언젠가는 가슴에 남아 있던
아주 적은 허기조차 다 잡아먹힌 뒤
저 능선 끝에서 한 줌 흙으로
등뼈마저 풀썩 쓰러질 때까지

—「밥」 가운데서

첫 시에서 길은 "흘러들어 / 마음 안처럼 고요"한 공간에 잠긴다. 시인은 그 안에서 넉넉한 잠에 빠진다. 두 번째 시에서 그 길은 이제 스스로를 마구 '삼키는' 놀라운 자발성을 보여 준다. 세 번째로 올린 시에서 길은 "땅거미 한 대접"을 삼키며 먼 "능선 끝에서 한 줌 흙으로" 가라앉는 봄날 저녁의 적막으로 남기도 한다. 시인의 자유로운 상상 놀이가 거침없이 표현된 자리다. 그녀의 새가 만드는 길 위에 마음이 찍히고, 그 위로 어지럽게 다시 길들은 제 길을 풀어 나간다. 그래서 그녀의 시는 리드미컬하고 약동적이다. 이미지의 돌연한 결합도 자연스럽다. 그럼에도 그러한 상상적 헤엄이 깊은 충격과 삶에 대한 자각을 끌어내는 데에는 힘이 부치는 쪽이다. 조연향 시인에게 그것을 바라는 것은 아직까지 무리일지 모른다. 그러나 다음 시를 보자.

신갈 지나올 때
차창 밖 저녁이 화살비를 맞으며
한쪽으로 기울어져 내린다

우산을 쓰지 못한 벌레들과

사람들은 아주 쬐그마하게 처마 밑으로

숨어든다

가로수들은 허리춤을 추듯

차례차례 뒷길로 돌아서고

번쩍,

푸른 빛 한 줄기가 하늘 정수리를 때리며 떨어진다

저녁불 켜기 시작하던 집들이 눈을 감고 엎드렸다

번개라고 생각키도 전

이미 빛은 세상 끝에서 재를 삼키며 스러지고

천둥소리만 옹기종기 삶의 골짜기들을 반짝이고

조각조각 번개꽃 흩어지는

물마루 세상 속

내 서러움도 낮은 쪽으로 흘러 나간다

찢어진 하늘 자국 사이 구슬구슬 빗방울 떨어져 내리고

번개와 벼락이 꽃뿌리는 저녁길

마음 끝이

환하게 어두워 간다

—「번개꽃 저녁」[11]

조연향 시인의 활달함과 거침없는 상상적 혜엄이 돋보이는 작품이

11 경남여류문학회, 『경남여류문학』 10호, 불휘, 2000, 110쪽.

다. 의도적으로 신기함을 좇는 것도, 꼼꼼한 묘사에 기대는 것도 아니면서 삶의 어느 한순간에 만나는 차창 밖 풍경에 대한 경험 공간을 힘차게 보여 준다. "우산을 쓰지 못한 벌레들과 / 사람들"이 한꺼번에 숨어드는 먼 "처마 밑"으로도 화살비는 어김없이 내리꽂힌다. "차례차례 뒷길로" 돌려세운 집들과 마을, "옹기종기 삶의 골짜기"를 시인은 끔찍이도 사랑한다. 시인의 직관적 이해 안에서 마음 안밖의 풍경은 '조각조각' 흩어져 버릴지 모를 일이다. 하지만 "물마루 세상 속"을 문득 '환하게' 밝혀 주는 "번개와 벼락"의 나날을 그녀는 거침없이 밀고 나갈 수 있으리라. 그런 기대를 채워 주는 시다.

4

김미숙 시인은 개방적인 발상법을 펼쳐 보인다. 세계를 직관적으로 느끼기보다는 이해 대상으로 인식하고 판단하려 한다. 세계와 적극적으로 연관을 맺어 나가면서 자기 개방의 가능성을 보여 준다. 그만큼 분석적이고, 논리적이다. 조연향 시인은 폐쇄적인 세계 이해를 보여 준다. 세계에 압도당하면서 스스로 거기에 자신을 방기해 버리는 자세를 즐긴다. 그녀에게는 무엇보다 갯가의 잔물살처럼 자신에게 와 닿는 세계의 의미가 중요했던 셈이다.

그런데 김미숙이 굳이 사랑이라는 주제공간을 빌려 파악하려는 세계에 대한 개방적 태도는 자칫 굳어진 통제와 상투성에 갇힐 위험이 있다. 세계에 대한 적극적인 통제 의도는 세계에 대한 또 다른 폭력일 수 있음을 의심해야 한다. 소박한 가족 상상력을 뛰어넘어야 할 것이다. 사물과 사물 사이에 놓인 다채롭고도 구체적인 수평적 연관을 다져 나가야 할 일이다. 사랑이라는 주제공간이 세계에 대하여 자신을 적극적으로 열어 나가는 힘으로 작용하기보다는 세계로부터 오는 긴장을 막는, 낯익고도 손쉬운 경계로 활용될 위험성은 늘 남아 있다.

이와 달리 조연향 시인은 막연한 분위기에 자신을 맡겨 두고, 세계에 대한 수동적인 연관을 즐기는 듯한 태도를 보여 준다. 새의 길은 직관의 길이며, 상상공간에 그대로 자신을 띄워 버리는 시인의 자발성을 표상한다. 그렇다고 세계에 대한 진지한 의미 탐색을 포기해서는 곤란한 일이다. 그녀의 상상적 지도는 보다 적극적이고 다양한 방향으로 넓혀질 수 있을 것이다. 뚜렷한 묘사의 구체성과 세계 연관을 더 넓게 받아들이면서 활달한 길찾기를 거듭할 것임을 점치게 하는 대목이다.

이쯤에서 나는 김미숙과 조연향이 보여 주고 있는 발상법에 길항하고 있는 두 힘을 아울러 읽는다. 왜냐하면 개방과 폐쇄의 문제란 상대적인 문제다. 집단 심성의 문제일 뿐 아니라, 관습이나 통념에 깃든 친소·강약의 문제인 때문이다. 문학제도 안쪽으로 향하려는 힘과 문학제도 바깥으로 향하려는 힘이 그것이다. 시가 교육·인식·해방·치유의 적극적인 장소가 되기 위해서는 문학제도 바깥으로 향하는 힘이 더욱 커져야 한다. 말하자면 건강한 생활시의 가능성이 그것이다. 두 사람의 시가 서 있는 자리는 21세기다. 더욱 새롭고 다채로운 취향의 장을 열어 나가야 할 일이다. 소박하게는 자신의 나날살이 속에 잠겨 있는 선함보다 악함에, 부드러움이나 화해의 몸짓보다는 도전의 위악에 더 민감해지기를 바라는 까닭이다.

더욱 적극적으로는 남성적 언어공간에 갇혀, 그 상징권력에 편입되기 위해 안달하거나 곁눈질하는 일에 골몰하지 않기를 바란다. 자신의 여성적 가능성을 극대화하는 데 관심을 더 기울일 일이다. 흔히 많은 '여류시인'이 공들여 좇아가고자 하는 문학적 본보기라는 것도 사실은 지난 시기 오래도록 잘 다듬어진 남성적 허상에 지나지 않는 경우가 대부분이다. 그것을 찢고 망가뜨리고 그 속에서 당당히 솟구쳐 오를 때, 지역 여성시의 구조변동뿐 아니라 시를 통한 진정한 세계 개방을 꿈꿀 수 있을 것이다. 김미숙 시인과 조연향 시인의 시가 문학제도 안쪽에서 얻게 될 힘의 강약은 그때에 이르러 비로소 문제적이리라. 그리고 그 점에서 두 사람은 한결같이 신선한 신인의 자리에 있다.

3부
지역문학의 길

지역, 참말로 직이 주네
지역에서 문학하기

지역 문화계의 토호와 끄나풀

지역문학과 전집 발간의 뜻

지역문학의 전선(前線)과 전선(戰線)

부산 지역 수필의 오늘과 내일

지역, 참말로 직이 주네

지역에서 문학하기

지역자치, 지역분권. 말인즉 아름답다. 모든 일에는 빛과 그늘이 있게 마련이지만 적어도 지역 자치, 지역 분권과 관련한 일에서는 그늘이 더 짙고 두터워 보인다. 앞으로 여러 쪽에서 이해관계를 잘 다듬어 가면서 바람직한 지역 창발이 곳곳에서 이루어질 것을 믿자. 그럼에도 누구보다 앞서 지역과 지역문학을 입에 올리며 지내 왔던 한 사람으로서 2000년도를 열 해도 더 넘긴 이 시점에서 갖는 당혹감은 크다.

지역과 국가 중앙 사이 시공간은 지난 시기 더욱 가까워졌다. 겉으로 내세운 지역화라는 명분과 달리 중앙의 지역 지배가 확실하게 이루어진 까닭이다. 서울・경기 지역과 다른 지역 사이 편차가 너무 커져 버렸다. 지역자치제의 결과는 거꾸로 모든 곳을 서울・경기 지역으로 빨아들이는 것에 멈추지 않고, 나아가 모든 곳에 서울・경기 지역을 실천시켰다. 고등교육만 보더라도 서울 시계 안에 있는 대학이면 모두 서울

대학교라는 농지거리조차 이제 어설픈 자조가 되어 버린 현실이다. 지난 세월 지역 지역, 입에 발리도록 올린 결과다. 중앙패권주의를 넘어서 중앙절대주의다. 이제 모든 지역은 서울·경기 지역의 가장자리일 따름이다.

그런 가운데서도 지역에서 심리적, 사회적 경계나 담장은 낮아질 기미가 보이지 않는다. 훨씬 공교로워졌다. 지구역화 환경 안에서 지역의 세계화, 세계의 지역화라는 이상은 구름 잡는 소리였다. 지역 안쪽에서 패거리 지어 지역을 뜯어먹고 농단하는 지리멸렬만 가속화하고 있다. 허가받은 정치꾼의 곳간이자 놀이터로 변질해 버린 지역에서 자치의 성과, 분권의 앞날이라는 말은 참으로 덜떨어진 문제에 지나지 않는다. 그러니 아래와 같은 말마디가 공공연하게 귀를, 마음을 깨씹는다. "지역, 직이네." 또는 "지역, 참말로 직이 주네." 이 말은 말할이의 입장에 따라서 두 가지 속내를 지닌다.

첫째, 국가 중앙에서 볼 때 지역이 참으로 놀기 편한 곳이라는 뜻이다. 지역은 뜻대로 휘젓고 다닐 수 있는 물 좋은 저잣거리 같다는 느낌. 아니면 언제든지 휘둘러 댈 수 있을 분점이라는 사실이 그것이다. 지역은 시골이다. 오랜 세월 국가 권력, 중앙 경제의 향방에 따라 눈치 빠르게 살아남기 위한 기법과 방법을 배운 서울·경기 지역과는 다르다. 아직까지 사람과 사람, 조직과 조직 사이 군집성이 강하고, 사전 합의된 정보가 많다고 여겨지는 고맥락 사회다. 순진하게도 예의염치를 차리려 든다. 익명성과 군집성을 무기로 삼아 만인의 만인에 대한 투쟁으로 온몸에 가시비늘 옷을 갖추고 살아가는 서울·경기 지역 사람들 입장과 다르다. 그곳과는 다른 느슨한 구석이 너무 많다. 이른바 좁은 시골에, 시골 사람이다. 그래서 지역은 꾼들 입장에서 볼 때는 참으로 놀기 좋은 바닥이다. 이 경우 한 번씩 지역을 휘젓고 나서 찬탄을 뱉지 않을 수 없다. "지역, 참말로 직이 주네."

둘째, 지역 안에서 지역의 괴멸과 부조리를 보고도 어찌할 수 없어 탄식하는 이들 입에서 나오는 말 또한 "지역, 참말로 직이 주네"다. 지역이 이대로 끌려가고 흘러가고 말 것인가라는 자책이며 비명이다. 지역은 연고망이 외부 활동의 중심에 놓이는 곳이다. 지구역화라 하지만 지역의 강고한 토착 세력은 좁은 지역 안에서 이저런 연고망을 이용해 그들이 지닌 이익을 포기할 줄 모른다. 따라서 지역이 단일 지역성을 갖추고 있을 것이라 믿는 생각도 소박하지만, 지역이 국가 중앙에 한 길로 홀대받고 수탈당한다는 고정관념 또한 어리석기 짝이 없다. 지역 지배권을 굳히기 위해 입에 바르고 다니는 벌말이기 쉬운 까닭이다. 지역 안쪽에서 갖가지 연고망과 조직을 얽어 다종다양한 쪽에 지역 토호가 누리던 이익의 재분배, 재생산 구조는 자치제라는 명분 아래 더욱 굳건하고 세졌다. 문제는 지금의 지둔한 지역 사정은 지역을 빠른 속도로 덜떨어진, 이른바 '시골'구석으로 만들고 있다는 사실이다. 자기 지역을 지역민이 나서서 조용히 말려 죽이고 있는 상황. 그래서 뜻있는 이들은 비명을 지르지 않을 수 없다. "지역, 참말로 직이 주네."

지나간 시기 경험으로 볼 때, 지역은 이중의 수탈 장소다. 국가 중앙과 지역 안쪽 상층 토호의 강고한 항상적 이익 앞에서 놀기 좋은 마당, '직이 주는' 실험장이거나 놀이터였다. 뜻있는 이나 조직이 고심하고 애써 보고자 하나 사람과 정보, 돈에서 밀린 지역에서는 자탄스런 목소리만 높을 수밖에 없다. 부문마다 차이가 크겠지만 이제 문학사회로 초점을 모아, 지역에서 문학하기 어려운 사정을 짚어 볼 생각이다. 지역문학은 "참말로 직이 주는" 상황인가.

지역 대학과 지역문학 연구

지역 대학이 아우성이다. 2000년대를 앞뒤로 대학 위기론이 불거졌을 때 가장 먼저 신음 소리를 내며 호들갑을 떤 곳이다. 그리고 다시 십 년. 한국의 지역 대학이 달라졌다는 말은 잘 들리지 않는다. 그만큼 변화가 어려운 것이라는 반증으로 삼으면 그만일 터. 그러나 지역에서 대학은 그것이 차지하는 유무형의 값어치가 매우 큰 기구다. 그것이 변화 발전하지 않았다면 그것은 고스란히 지역 모두의 사정을 온축한다. 지난 십 년을 넘기는 동안 지역 대학은 얼마나 달라졌는가?

지역문학과 맞닿은 자리는 지역 대학 가운데서도 한국어문학의 현대문학 연구 영역이다. 1990년대 후반부터 뜻있는 이들이 지역 대학에서 지역 현대문학의 전통과 인습에 대한 이해와 구명을 중요 역할 가운데 하나로 지녀야 함을 역설해 왔다. 그리고 그사이 안밖의 합의도 어느 정도 이루어진 바다. 지역문학 연구가 본격화한 뒤 오늘날까지 지역 대학에서 알게 모르게 보여 주고 쌓아 온 여러 성과는 지역차가 있지만 뚜렷하다. 지역 대학의 현대문학 영역이 지역문학에 대한 연구 앞자리에 서기를 포기한다면 어디서, 누가 그 일을 떠맡을 것인가. 지역 대학이 그 일을 포기하는 순간, 지역과 지역성을 문제 삼은 지역문학 자리는 자지역 출신 명망 작가의 작가론 첫머리에서나 얼핏 보였다 사라지는 소도구에 지나지 않을 것이 뻔하다. 가끔 소지역 문인단체에서 이른바 바깥 원로(?)를 불러들여 듣는 호의적인 치사나 문단사 수준으로 지역문학에 대한 이해를 맡겨 둘 수는 없다. 나아가 대학의 현대문학 연구 영역이 다른 하위 부문 지역 영역을 앞서 이끌어 나갈 뿐 아니라 뒤에서 갈무리할 일이다. 지역 담론 생산의 전위와 후위 역할이 그것이다.

그러나 오늘날 지역 대학의 현대문학 연구가 놓인 자리는 어둡다. 모든 문학이 지역문학은 아니지만, 모든 좋은 문학은 지역문학이다. 문학은 삶의 구체적인 장소와 지역성에 뿌리를 두는 까닭이다. 그럼에도 지역과 지역성 창발의 중요한 자리에 지역문학 연구가 자리 잡지 못하고 있다. 사정이 많이 나아졌다고는 하나 지역 대학 현대문학 연구자 거의 모두는 관심 밖이다. 관심이 있다고 해도 지역문학의 속살을 따지기에는 훈련이 엷었고, 역량도 문제다. 오래 생각하고 다듬어 온 게 아니라 그때그때 불거지는 현안에 땜질식 접근이나 할밖에 없다. 지역 담론을 생산하고 재생산해 나갈 마음도, 쌓아 둔 지식도 허약할 따름이다. 대학은 최상위 수준의 추상화한 이론을 배우는 곳이다. 아울러 대학이 몸담고 있는 장소나 지역의 구체적인 문제를 들여다볼 수 있을 실천적 적용 역량까지 갖추어야 한다. 그런 점에서 잘 쌓인 지역문학 정보를 갈무리고 그것을 빌려 새로운 지역 담론을 개발하려는 뜻을 잃어버린 현실이 안타깝다.

더 큰 문제는 그나마 가지를 키우고 있는 대학의 지역문학 연구 영역이 수월성을 지니기보다는 지역 다른 부문, 곧 행정이나 언론, 정치권력의 둘레나 기웃거리는 눈칫밥 자리로 떨어져 버린 게 아닌가 하는 부끄러움이다. 대학이 지역 담론의 적극적 생산자가 아니라 이저런 지역 연고에 얽힌 쓰레기 정보나 명성을 확대 재생산하고, 덜떨어진 기획 행정의 희생양이 되고 말 수는 없는 일이다. 지역 대학이 '시골' 대학이 되는 것은 대학 바깥의 유동적이고 단발적인 변화나 유행에 휘둘리는 데 있다. 일찌감치 본데없고 배운 바 없어 아는 깜냥에 머물 수밖에 없는, 태생적 한계를 받아들인다 하더라도 현안이 생기면 시골 사람은 그 일을 부문 전문가에게 맡기지 않고 본인이 전문가인 양 착각하고 손쉽게 처리하려 한다. 대학 또한 마찬가지다. 그러니 지역 대학에서는 자기 지역의 문학 자산도 제대로 못 챙기면서 헛되이 남의 바깥 밥상에나 눈을 주는 형국에 떨어진다. 문제가 심각하다. 어느새 대학이 지역을 이끌지도 못하고 제 뒤마저 제대로 닦지 못하는 엉거주춤한 모양새가 되고 만 셈이다. 닭인지 꿩인지 모르는 그들 모습은 바깥에서 들어온 노회한 꾼들이 볼 때는 놀기 좋은 마당일 밖에 없다. 그들 입을 빌려 거듭 나오지 않을 수 없는 말이 "지역, 참말로 직이 주네"라는 행복한 찬탄인 것이다.

대학은 이름에 걸맞게 지니고 가꾸어 나갈 자리가 있다. 대학이 치열한 문제 인식을 갖기에 앞서 사회 여론의 눈치나 보며 대중 언론에 맞들여 표정 관리나 하려는 소극적이고 소모적인 데 갇혀 버린다면 대학다움은 사라져 버린다. 지역 대학의 몰락은 지나간 지역자치제의 경험을 고스란히 말해 주는 것이다. 아울러 지역문학 연구 영역의 무관심은 지역문학의 몰락을 반증한다. 지역 대학에서 지역문학을 고심하고자 하는 이들에게 지역문학 연구 환경은 그저 죽어나는 곳일 따름이다.

지역에 비평이 없다

비평은 작가와 독자를 이어 주는 행위다. 아울러 작가와 독자를 향한 권력 작용이다. 그런 점에서 지역문학의 자질과 재능을 북돋우고 지역문학의 변화를 끌어낼 수 있을 빠른 길은 비평을 살리는 일이다. 작가나 문학사회 구성원에게 타자적 긴장과 자기 성찰을 끌어낼 수 있을 비평과 그로 말미암은 작가 / 작품의 공개 노출은 지역문학 실천 영역 가운데서도 단기적으로 가장 바쁜 일인 셈이다. 문학이 지역에서 주요 문화 취향 영역으로 남아 있을 수 있게 만드는 중요한 터무니가 지역 문학 담론의 활성화라 잘라 말할 수 있다. 문제는 그러한 중요도를 갖는 지역문학 비평에 싹수가 보이지 않는 데 있다. 지역 비평은 어느 데보다 "참말로 직이 주는" 환경 아래 놓여 있다. 앞날이 어두운 까닭이다. 어떠한 문제가 도사리고 있는 것인가. 두 가지만 짚자.

첫째, 지역 작가가 지역 비평에 대한 갖는 무지다. 작가의 작품 발표나 문단 행위는 그 자체 문학사회 안쪽의 공적 영역이다. 혼자 방 안에서 숨어서 하는 일이 아닌 이상 모든 문학 활동 또한 마찬가지다. 그러니 뜻하든 그렇지 않든 작가가 하는 발표 행위나 문단 활동은 공공적 비평의 대상임을 놓치지 말 일이다. 실제 비평의 결과가 어떻게 매겨지든 그것은 공공 행위다. 게다가 이미 발표한 작품은 작가 개인의 것도 아니다. 작가 개인에 대한 사람 됨됨이 따지기와 작가 / 작품에 대한 문학 비평은 별개다. 그럼에도 작가라는 이들이 그 점을 놓친다. 자신의 작품에 대해 비판적인 평가를 만나면 자신의 인격이 욕을 먹은 양 화를 내고 뛴다. 그럴 바에야 아예 비평에서 빼 달라는 투정까지 부린다. 왜 비평가가 자신의 작품이나 문학 행태를 두고 밤 놓아라, 팥 놓아라 하느냐며 볼멘소리를 골골거린다. 비평 행위를 자유로운 창작 행위에 대한 성가신 간섭으로 몰아붙이는 우스꽝스러운 반발까지 서슴지 않는다. 그럼에도 자신의 작품에 대한 호의적 비평이나 높은 평가에 이른 비평을 만나면 오히려 더욱 비평에 목을 맨다. 이른바 문학 한다는 이들이 제 편한 것만 받아들이겠다는 지극히 유아적인 태도를 보이는 셈이다. 적어도 문학 창작이라는 공공적 행위를 하는 이로서는 상상하기 힘든 어리석음이다.

자신의 문학 활동에 대해 타자의 공공적 접근이나 평가가 불편하거나 불만스럽다면 그것을 그만두면 될 일이다. 문인이라는 허울만 지킨 채 평생 작품 발표하지 않으면 될 일. 그런데 그러기에는 뒤가 켕긴다. 문학사회에 작품의 높낮이는 온데간데없고 작품 바깥 일로만 번거로워지고 성가시게 얽혀 들게 되는 이치가 그것이다. 문인은 문학제도 안에서 매체를 활용해 작품 발표를 거듭하는 한 넓고도 먼 독자사회에 무한 책임을 진다. 작품의 잘잘못으로 말미암은, 작품의 좋고 나쁨으로 말미암은 어떠한 평가에서도 환하게 드러나 있다. 그것이 문학의 존재 방식이며 문학의 힘이다. 모든 좋은 문학, 좋은 작품은 그러한 익명의 독자사회 안쪽 읽기 공간에서 살아남아 비평의 대상으로 거듭 진화해 나간다는 특성을 지닌다.

거의 모든 지역 작가, 지역 작품은 몇몇 요행스런 경우를 제치고 보면 잊히기 십상이다. 사정이 그렇다고 비평 대상에서마저 지워지는 것은 아니다. 결점이 많은 작품은 결점 많은 대로, 좋은 작품은 좋은 대로 비평의 본보기로 열려 있다. 그러니 호의적인 평가만을 바라는 작가의 속내가 얼마나 어리석은가는 자명하다. 작가를 가장 쉽게 망치는 일은 그 작가의 결점을 못 본 체 칭찬하는 일이다. 못난 사람에게 잘났다고 거짓을 꾸미는 일은 짧은 위안은 될지 모르지만 바탕에서부터 작가를 죽이는 지름길이다. 잘난 사람을 더 잘나도록, 못난 작가를 더 나은 작가로 커 갈 수 있도록 부추기고 따질 수 있다. 자신의 작품 행위가 불가침인 양 눈 부릅뜨는 어리석은 작가가 나돌고 있는 자리가 지역문학이다. 그렇다 보니 비평 마당에 질책이나 비판 논조는 찾기 힘들다. 당장 어느 곳이라 할 것도 없다. 지난 십 년 남짓 사이 제대로 된 비평적 설전이 오간 적이 있는가를 살펴 볼 일이다. 자신의 문학 활동에 대해 자긍심이 높은 작가만이라도 그것이 지니는 공공적 됨됨이를 제대로 누릴 필요가 있다.

둘째, 지역 비평 마당에 비평가라는 이름을 붙일 만한 사람이 드물다. 있어 보았자 해도 그만 하지 않아도 그만일 객쩍은 작품집 해설이나 기껏 풀어 먹이면서 비평가연하는 이가 대세다. 비평가라 할 비평가는 씨가 말랐다. 비평적 단련을 받지 못한 지역 작가들이 오래도록 거듭한 창조적 자의식 실조 현상과 비평적 자격이 의심스러운 이의 유사 비평 행위가 서로 맞물려 일으킨 악순환이 한 해 두 해 지역문학을 좀먹어 간 결과다.

지역문학이 잘되기 위해서는 지역문학 담론이 활발하게 일어나야 한다. 침이 튀더라도 생산적인 쟁론이 잦아야 한다. 시끄러워져야 세상이 달라진다는 뻔한 진실을 기억할 일이다. 비평가라는 이름을 얻은 이가 멋스러운 유행에는 눈치가 빨라 시집 해설이나 작품집 발문 쓰기와 같은 유행에만 머물고 만다면 지역문학 발전을 위해 안타까운 일이다. 비평다운 비평이 활성화하는 동안 문학 자리가 사라질 까닭은 없다. 그 자신의 존재 이유를 넓고 당당하게 빛낼 수 있다. 지역사회 문학 취향을 키우고 교양을 넓힐 수 있을 중요한 길이 활발한 지역 비평에 있다. 지역문학을 지역 문제의 중심항 가운데 하나로 살려 나가기 위한 적극적이고 생산적인 비평 담론을 바라는 일은 너무 현실과 동떨어진 바람일까.

비평 같지 않은 유사 비평, 비평의 출발이 논쟁적 사유라는 점에 대한 이해가 없는 시늉 비평에 머무는 곳은 작가나 비평가, 또는 지역사회 모두에 불행이다. 어렵게 생각하지 마라. 앞일을 살펴 논쟁적 자리에 한번도 오른 적이 없는 비평가는 유사 비평가, 시늉 비평가로 보면 틀림없다. 지역 문학사회에, 작가에게 타자적 성찰과 긴장을 끌어 내지 못하는 비평가에게 비평이라는 이름은 사치일 따름이다. 지역에 비평가가 없다. 그러니 논쟁적 도구로 무장한 신예 비평가가 많이 나와야겠다. 그렇지 않다면 차라리 비평가라는 이름이 없어도 좋으니, 우직하게 지역문학 관련 자료만이라도 꼼꼼히 10년, 20년 모으고 갈무리해 뒷날을 꾀하는 일이라도 맡았으면 좋겠다. 몸으로 다투지 말고 말로 다투어라. 작품과 작품으로 부딪칠 일, 다툴 일이 잦은 지역일수록 살 길, 나아갈 길이 넓고 많다.

지역 매체가 놓인 자리

근대 문학사회의 핵심 방식은 인쇄시각 매체다. 다량 배포되는 그들에 의해 근대문학은 존재해 왔다. 그런 속에서 문식력과 상상력은 근대

문학을 누리는 핵심 방법이었다. 그리고 신문, 잡지를 비롯한 문학 매체는 어떤 것이든 문자문학의 기치를 쳐들었다. 문자문학의 독점적, 독재적 상황을 오래도록 키워 왔고 즐겨 왔다. 근대 이후 전자영상 매체로 변이가 크게 일어나고 있음에도, 그 밑에서 또는 그 곁에서 근대 인쇄시각 매체의 기능과 효용은 처음 걱정과 달리 시들지 않고 있다. 특히 문학은 스쳐 가는 영상언어와 달리 섬세하고도 구체적인 묘사를 특질로 삼는다. 그런 점에서 문학제도 형성과 전개의 핵심 장소로서 문자언어의 중요성은 한결같다. 영상언어의 폭발적인 진화와 함께 문자문학 자리는 그것을 기워 주고 끌어 주면서 굳건한 공진화를 거듭하고 있다.

이러한 현상은 지역 문학사회 안쪽을 들여다보아도 짐작할 수 있다. 꾸준한 문학 매체 발간 빈도가 잦아졌다는 점이 한 터무니다. 소지역에서나 중소도시에서도 십 년을 넘긴 종합 문예지나 전문 문예지와 같은 연속간행 매체를 만날 수 있다. 분명 지난날과는 달라진 출판 환경을 보여 준다. 그럼에도 지역에서 매체 발간하기란 한결같이 어렵다. 그것은 세 가지로부터 말미암는다. 첫째, 자본이다. 서울·경기 지역 거대 출판 자본과 달리 지역 소규모 자본에서 문예지를 낼 수 있는 힘은 거의 없다. 거기다 마땅히 힘을 쏟을 환경도 아니다. 적지 않은 세월 동안 발간비 회수나마 가능했던 지역 문예지는 손에 꼽힐 것이다.

둘째, 필진 짜임에서 겪는 어려움이다. 지역 매체가 지역이 지니는 한계를 벗어나면서 매체 구실을 재대로 다하기 위해서 가장 손쉬운 길이 이미 이름이 검증되었다고 여겨지는 글쓴이를 끌어들이는 일이다. 그런데 그럴 경우 그들에 대한 저작료 지불이 문제로 떠오른다. 그 점에서 지역 매체는 어려운 자리에 있을 수밖에 없다. 이른바 힘있는 작가의 가능성 높을 작품을 얻지 못한다는 구조적인 한계가 지역 매체를 시골스럽게 만들고 있다는 점을 받아들이자. 필진 얻기가 어려우니, 지역사회를 크게 각성시킬 만한 문제 기획이나 다채로운 안목은 처음부터 어렵다. 그저 버릇처럼 이어져 온 대로, 꾸준히 이름을 잊지 않을 정도로 작품을 내 주는 회원들 작품집 발간에 목을 맬 수밖에.

셋째, 매체 형태 문제다. 지역에서는 문예 전문지 만들기가 어렵다. 게다가 종합 문예지 내기는 더 힘들다. 그러니 어느 곳을 둘러보아도, 보이는 것은 문인 단체의 회원 종합 기관지거나 소규모 작품집 꼴이다. 간혹 누리그물을 이용한 전자말 매체가 있으나, 그것은 아직까지 인쇄 매체를 기워 주거나 갈무리하는 곁다리에 머문다. 한결같이 인쇄 매체에 기대고 있는 사정이다. 자체 기획을 거친 문예 전문지나 지속적인 기획물을 꿈꾸기 힘들다. 디지털 기술이 폭발하고 있는 오늘날에도 사정은 한결같다.

자본, 필진, 형태에서 서울 · 경기 지역 출판자본의 움직임과 달리 열악한 자리에 놓인 지역 매체는 마침내 배포 범위와 유통에서 국지적인, 그래서 더욱 축소재생산하는 자리에서 버티는 수준이기 쉽다. 그렇다고 지역문학 매체의 생산적 변신이 불가능한 것은 아니다. 몇 가지 상황 변화가 그 점을 내다보게 한다. 먼저, 지역 매체 발간 핵심인 자본의 모자람이다. 그런데 이 자리는 오늘날 매우 긍정적인 변화를 거치고 있다. 매체 기획력이나 수준, 사회적 관심도가 높은 경우, 의도와 뜻만 맞으면 언제든지 나서겠다는 출판자본이 적지 않다. 문제는 매체의 됨됨이나 형태가 지니고 있는 사회적 파급력, 작품의 수월성에 달려 있다. 오늘날 디지털 인쇄출판 환경에서는 지난날과는 견줄 수 없을 정도로 다채로운 인쇄출판이 손쉬워졌다. 그리고 그때그때 유통과 반응 회로를 짚을 수도 있다. 목표에 따라서 인쇄출판 환경은 새로운 성숙기에 들어선 것이 아닌가 할 정도다. 자본력이 결정적인 역할을 지녔던 지난 시기와 달라진 모습이다.

게다가 기획하기에 따라서는 기능적이고 생산적인 담론체 개발이 가능하다. 지역은 지역 문제나 현안에 대한 논쟁 환경을 거듭 이어 갈 수 있다. 구체적인 지역 문학사회의 문제에 대한 솔직하고도 강도 높은 담론 구성을 애쓰고, 역내 글쓴이의 힘을 키워 나갈 수 있다면 좋은 매체가 어려운 일만도 아니다. 소모적이고 인습에 찌든 작품집이나 회원 문집 간행 수준에서 벗어나기 위한 고심을 버리지 않는다면 지역사회뿐 아니라, 드넓은 독자사회에 내놓을 수 있을 매체 발간이 불가능한 것만은 아니다. 다가서는 방식이 동호인 수준에다, 호사가의 현시욕을 위해서나 매체가 필요한 소박한 지역문학 매체 환경만이 문제가 될 따름이다.

그러니 매체 꼴에서부터 달라질 필요가 있다. 문학 종합지나 하위 갈래 전문지로 나아가기보다는 1980년대 유행하기도 했던 무크 형식을 새로 끌어들이는 길도 생각해 봄 직하다. 문제적 논의를 이끌고 그것을 위해 부정기 점검을 하는 방식이다. 지금과 같은 연속간행물 잡지는 순전히 발간 주체의, 그것이 문인단체든 지역 소모임이든, 그들의 존립을 발간 주체 안밖으로 확인하고 확인받고자 하는 자위적인 목표에 머무는 일이다. 그런 속에서 작품 자체가 발전하기란 쉽지 않다. 물에 물탄 듯 그만그만한 작품에, 별스러울 것 없는 작품을 끌어 담는 소극적인 자세에서 벗어나기 힘들다는 뜻이다. 차라리 회원 작품집 경우는 주제 기획을 앞세운 단일 시집이자 소설집과 같은 방식이 더 어울린다. 거듭하는 연속 간행물 꼴만 능사가 아니다.

지역문학 구성원의 적극적인 매체 발간 노력이 이어진다면 문학 바깥 지역 언론이나 지역사회의 관심도 달라질 것이다. 사실 지역 문학사회 형성과 변화에 지역 언론 매체의 홍보, 보도 역할이 사뭇 중요하다. 지역문학 매체의 동향이나 문학사회 흐름에 대한 깊이 있는 보도는 지역문학 발전의 도움 요소로 꼭 필요한 일이다. 그런 점에서 지역문학의 발전은 지역 언론과 상호작용 속에서 상승적으로 고심해야 한다. 옛날에 견주어 무게가 많이 줄어들기는 했지만 아직까지는 취재원으로 문학이 주요 자리를 차지하고 있어 그나마 다행스럽다.

그런데 지역 언론은 기본적으로 대중 언론이며 상업 언론이다. 대중언론은 대중의 기호에 걸맞다고 여겨지는 일상적 다반사를 다룬다. 특수하거나 예외적인 문제, 너무 심각한 문제는 다룰 수 없다. 그런 점에서 지역 언론의 문학 관련 기사가 표 나게 두드러질 필요도 없고, 그렇게 될 수도 없다. 그럼에도 지역사회 독자의 문학 취향, 문화 취향은 다양하고 그들을 이끌고 되살려 줄 의무와 책임을 지역 언론은 지고 있다. 지역문학의 움직임에 대한 깊이 있는 기사 개발과 정보 제공에 앞설 의무와 책임을 지역 언론이 져야 한다는 뜻이다. 지역 신문의 문화면이라는 게 그저 하루하루 지면을 때우기 위해 내놓은 소소한 기사가 아니면, 중앙 거대 공급처의 소나기 기사로 채워진다면 그것은 지역 언론의 불행으로만 그치지 않는다. 지역문학 매체나 지역 언론 매체는 중앙 언론, 문학 권력의 물 좋은 방목지나 사냥터가 결코 아닌 까닭이다.

문인은 많으나 작품이 없다?

문인은 많으나 작품이 없다? 온 나라에 두루 걸리는 말인 듯싶다. 그런데 사정은 그렇지도 않다. 좋은 문인은 가끔, 틈틈이 한결같은 작품을 세상 속으로 내던져 준다. 아름답다. 그런데 그들이 아니라도 괜찮다. 한 해 한 편이라도 나라 사람이 오래 느끼고 즐길 수 있을 작품이 나올 수 있다면 좀 좋은가. 영화 한 편이 천만 명을 끌어들이는 시대에 우리는 살고 있다. 갈래가 다르고 유통 방법이 다르지만 문학이라고 주눅 들 필요가 없다. 잘나가는 영화란 몇 십 억을 여기 이 자리 대중을 향해 한꺼번에 쏟아 부은 특수 결과일 따름이다. 여러 십 년, 한 백 년을 두고 읽힐 작품 한 편이 천만 명 상업 영화에 견주어 생산성 드높고 외부성에서 훨씬 값질 수 있다.

그럼에도, 그렇다고는 하나, 지역문학 마당으로 눈길을 좁혀 보면 사정이 심각하다. 소설가나 극작가는 온데간데없고, 곳곳에 널린 게 그만그만한 시인이며 수필가뿐이다. 소설이나 극에 견주어 시며 수필은 손쉽게 쓸 수 있다는 뜻인가. 시인으로만 폭을 좁혀 보자. 그런데 그 많은 시인이 무슨 시를 써 왔던가를 떠올리면 갑자기 멍멍해진다. 이른바 시인이라는 이름을 지닌 이가 자신이 쓴 작품으로 스스로를 증명하고 있는 경우가 드물다. 어처구니없는 사실이다. 몇 십 년 시인 행세를 한 이도 수월찮은데, 왜 그들이 쓴 작품 이름이나 작풍이 떠오르지 않는 것일까. 왜 그럴까. 시 공부 첫걸음에 잘못 들어선 탓일까. 처음부터 시인이라는 이름 얻는 일을 목표로만 습작을 한 탓인가. 운전 면허증이나 요리사 자격증과 다를 바 없는 문인 자격증. 그렇다. 문학사회도 제도 가운데 하나다. 사회 인증 기제가 필요하다. 그러나 문학제도는 다른 여러 사회 제도와 크게 다르다. 그 영향과 결과는 오랜 세월 읽는이의 마음속에서 재형성되고 재구성된다. 그러니 문학사회가 어판장의 활어상인연합회 조직과 같을 수는 없다.

작품 쓰기가 목표가 아니라 문인이라는 이름 얻는 일이 목표가 되어버린 문학 공부에 작품이 들어설 자리가 어디 있을 것인가. 이저곳에서 습작하는 이들, 입에 달고 다니는 소리가 등단, 등단이다. 권투로 치면 시합장인 셈이다. 어떤 체급의 누가 누구를 인정하고 어떤 링 안에 어떤 규칙으로 누구를 향해 주먹질해 댄다는 뜻인가. 좋은 시가 시단을 굳히고, 그런 시를 쓰는 시인이 시문학사회를 이끈다. 시인 되는 일이 목표가 아니다. 만약 시인이 되기 위한 일이라면 어려울 일이 없다. 이미 만들어진 시 유형이나 유행시 가장자리를 슬슬 돌아다니며 약간씩 심각한(?) 표정으로 고쳐 들면 다 그럴듯한 시가 되는 세상이다. 종이 공해에다 사회적 역량 낭비가 이에 견줄 데 없다. 게다가 그사이 부쩍 늘어난 문학 매체는 자신이 남아 있기 위해서라도 문인을 만들고 작품을 실어야 한다. 얼마나 시인 되기 좋은 세상이 왔는가. 시인 되었다고 하루아침에 어깨를 으쓱거리면서 다른 사람과 달리 대접받고자 하는 것도 우습거니와, 시인이라는 인정 제도를 거치지 못했다고 아등바등 입으로만 이리 뛰고 저리 뛰며 거기에 목을 매는 십 년 무명의 습작생도 보기에 딱하다.

시를 쓰면 시인이다. 마찬가지 좋은 시를 쓰면 좋은 시인이다. 한 편이라도 좋은 작품을 남기면 좋은 작가라는 이름을 얻는다는 간단한 이치를 잊지 말 일이다. 이른바 문학창작 수업의 핵심도 이름 따기, 자격증 따기에 머문다. 그래서 문학 스승이라는 이가 무슨 담합꾼이나 협잡꾼처럼 보인다. 제자라는 이들은 그 스승이라는 이의 입만 쳐다본다. 쓰는 몸과 머리는 간데없다. 작품의 높낮이, 됨됨이는 아랑곳없다. 우리나라만 가지고 있는 신인상이니 추천제니 신춘문예가 목표다. 그렇다면 차라리 온 나라에 이곳저곳 널려 있는 추천 매체가 더 많았으면 좋겠다. 내가 너를 추천하고 네가 나를 추천하고, 서로서로 추천하니 아니 좋은가. 겸양과 호혜의 아름다움이 가득한 아름다운 문학사회다. 시장번영회 회비 내고 회원 되고 계꾼 모으는 일보다 더 어려울 리 없다. 그런데 시장번영회 회원이나 계꾼은 세상에 나돌아 다니며 빼기거나 행세하려 들지 않는다. 그러나 문인이라는 이들은 무슨 이름에 걸신이 들렸는지, 시인이니 수필가를 꼭 첫머리에 올리려 든다. 이른바 등단 순서에도 긴장을 늦추지 않는다. 빠트리거나 소홀히 다루면 화를 내는 덜떨어진 짓도 서슴지 않는다.

모름지기 지역에서 문학하고자 하는 이여, 문인이 되고 싶은 이여. 문학은 작품 싸움이 본디 바탕이라는 사실을 잊지 말기를. 물론 문학마당에 어수룩한 구석이 많아서 학연이나 지연, 자리, 입심, 미모, 돈, 사기, 모리, 협잡질이 전혀 무관한 것은 아니다. 그러나, 그렇더라도, 그것이 모두라 생각하지 말기를. 그냥 작가가 아니라 그냥 시인이 아니라 '좋은 작품을 쓴 작가'라는 그칠 줄 모르는 명예욕(?)을 향해 온몸 불사르기를. 당장 대중의 기호에 맞닥뜨리기 위해서는 학벌도 필요하고, 친교도 필요하고, 알맞게 초를 칠한 웃음과 품위 있는 커피 한 잔도 필요하다. 그러나 그것이 목표라 착각하지 않기를. 문단 행사에 알맞게 얼굴 내고, 조직 이름에서 빠지지 않을 정도로 활동하면서도 잊지 말기를, 그것은 문학의 처음도 가운데도 끝도 아니라는 사실을.

누리그물의 너른 세상은 지나간 인쇄시각 매체 시대와 달리 엄청나게 좋아진 작품 향유의 시공간을 열어 놓았다. 좋은 작품에 목표를 두고 노력하면 등단이니 추천이니 입상이니 하는 것은 거기에 더부살이하는 나머지에 지나지 않는다. 잊지 말 일이다. 지역 문인이 시골 문인 되는 첫 길이 권투 시합하겠다는 이가 제 체급이 무엇인지, 무슨 시합을 하겠다는 것인지 모르고 나돌아 다니며 주먹질 시늉에 빠지는 일이다. 삶은 늙어도 작품은 늘 새로워야 한다는 본분을 지키는 작가가 많을수록 세상에 문학이 필요한 까닭은 저절로 환해진다. 권투 선수로 권투 시합한다면서 골목에서 싸움질이나 하고, 문학 축전을 한마당 펼치겠다고 해 놓곤 끼리끼리 나랏돈으로 모여 히히덕거리며 논두렁에 들불이나 놓아 제 오줌발로 끄고 마는 행색이라면 문제다. 문학한다는 이가 작품 바깥 소문에는 어찌 그리 민감하고, 문인이라는 이름 앞에 으스대는 꼬리는 어찌 그리 긴지 지역문학은 그저 문인 천국이다. 그 아니 '직이 주는' 형국인가.

붙임

1990년대 중반 이후 문화계 판도는 바뀌었다. 누리그물이 세계와 만나는 길과 모습을 크게 바꾸어 놓았다. 지난 이십 년 남짓 바뀐 모습이 앞으로 십 년 뒤쯤에는 어떻게 달라져 있을지 그리기조차 힘들다. 환한 점은 문자문학으로서 지역문학의 위상은 줄어들었다는 사실이다. 어쩌면 지역문학은 사라졌는가 싶게 지역 여러 부문에서도 가장자리로 밀려났다. 이른바 문인의 숫자는 늘어났으되, 그들이 작품으로 웅변할 수 있는 기회는 거의 사라졌다. 끼리끼리 작품의 높낮이로 다투고 갈등하고 고민하는 게 아니라 자리나 패거리 때문에, 상 때문에 다투고 고민하는 일이 문학마당의 상식이 되어 버렸다. 작품에 대한 평가 잣대도 흐물흐물할 뿐 아니라, 작가 스스로 작가적 자의식으로 고심하지 않는다. 그 물 좋은 지역을 느긋하게 설치고 다니는 것은 이른바 문단 꾼들이다. 내 영역 이익 경계가 허물어질까, 영역이 좁아 들까 조바심, 담장 쌓기다. 그렇지 않다면 세상 움직임과는 무관한 사오정 귓구멍. 지역문학이 놓인 자리가 거긴가 싶다.

그럼에도 지역에서 제대로 문학해 먹고사는 이들은 고심할 일이 있다. 세상의 흐름이 무엇이든, 작가는 창작에 온 힘을 쏟아야 한다는 단순 명료한 금과옥조를 버리지 않는 일이다. 지나간 근대 시기 문학에 견주어 오늘날 창작 환경, 매체 환경은 얼마나 좋아진 것인가. 뜻있고 재능 있는 지역 작가에 의해 아래와 같은 찬탄이 자주 나오면 좋겠다. "지역, 직이네.", "지역, 참말로 직이 주네." 돈에, 허명에, 조직에, 내 작품 대접은 두고 남 작품 대접하는 일에, 객쩍은 체면치레에 힘을 빼면서 소모되지 말기를. 은인자중 노력하는 좋은 지역 작가가 곳곳에서 멀리 내다보며 꾸준히 자라고 있을 것을 믿는다. 문학에 대한 초발심을, 젊은 문학적 상상력을 문학 바깥 일에 소모당하지 않을 그들이다.

바람직한 지역문학은 좋은 작품으로 말미암는다. 좋은 작품이 좋은 작가를 태어나게 하는 처음과 끝이다. 좋은 작가가 있다면 지역은 그런 작가의 삶을 좇고 보듬어 안으면 될 일이다. 좋은 작가의 문학과 삶이 지역 속으로 옹글어 드는 행복한 길이 거기에 있다. 십 년에 한 사람이면 어떠랴. 멀리 보면 그것도 지역이 얻을 큰 복이다. 아직 태어나지 않은 참된 신인, 젊은 작가여. 한 십 년 첫사랑을 가꾸듯 문학을 사랑하고 삶을 다투어라. 어차피 문학사가 스승이다. 지금 세상에 나돌고 있는 이저런 작가적 명성은 당신이 당장 깨트릴 적일 따름이다. 작가입네 고만고만한 이름 앞에 가서 무릎걸음으로 조아리고 앉아 보아야 무릎만 아플 따름이다.

아직 태어나지 않은 지역 작가여. 섣불리 자신의 재능에, 상상력에, 똥물을 끼얹어 더럽히지 마라. 그렇게 더럽혀지기에는 당신의 젊음은, 열정은 너무나 순결하다. 혹 똥물이 튀었다고 여겨진다면 지금이라도 한번 쓱 닦고 나아가면 될 일. 아니면 한 십 년 더 똥물 속에서 고개만 내어 놓고 푹 빠져 살아 보라. 그때 가서 세상을, 문학을 포기하고 미워해도 늦지 않다. 어차피 문학을 향한 당신의 십 년 사랑을 몰라 줄 세상이라면 처음부터 함께할 인연이 아니었을 테니까. 그냥 누리그물의 하늘에 작품을 던져두라. 두렵지 않은가. 낡고 찢어지는 문자문학과 달리 전자말문학은 누리그물 안에서 결코 죽지 않을 수 있다는 냉혹한 사실이. 치열하게 문학을, 삶을 고민하는 젊은 작가에게 지역은, 지역문학은 "참으로 직이 주게" 물 좋은 놀이터다. 힘!

지역 문화계의 토호와 끄나풀

1

모처럼 젊은 친구가 청탁을 해 왔다. '토호 세력의 정체와 지역 문화'라는 큰 주제다. 지역 문화계 토호 세력이란 어떤 모습일까? 그들에 의해 농단당하고 있는 지역 문화 개선 방향은? 아마 그런 데 대해 물음을 던진 것이리라. 그런데 글을 쓰기에 앞서 해결해야 할 문제가 있다. 먼저 오늘날 우리 사회는 매우 다원적이고 다층적인 구조를 지녔다. 엄밀한 사회학적 개념으로서 토호를 규정하기란 쉽지 않다는 뜻이다. 따라서 이 글에서 토호는 다소 감정적인 용어로 쓸 수밖에 없는 한계가 있다. 게다가 문화계 범위 문제가 남아 있다. 넓다. 그것을 다룰 만한 앎을 글쓴이는 갖추지 못했다. 글쓴이가 겪어 온 경남부산 지역의 경험적 이해에 바탕을 두는 까닭이다. 문화계의 범위 또한 글쓴이가 속한 학계와 문학계를 중심으로 폭을 좁힐 수밖에 없다. 그들을 빌려 인접 문화 부문까지 유추가 가능하리라.

2

지역은 두 가지 됨됨이를 지닌다. '위치'로서 지역과 '장소'로서 지역이 그것이다. 위치로서 지역은 한 지역이 다른 곳과 상관관계 속에 존재한다는 사실을 뜻한다. 장소로서 지역은 그곳이 풍토적, 인문적 환경을 갖는다는 사실을 뜻한다. 지역이 지닌 위치와 장소의 독자성이 지역성이다.[1] 이러한 지역과 지역성은 끝없이 재구성되고 변화한다. 지역 바깥과 지역 안쪽 모두에서 영향을 받는다. 지역성 변화에 큰 영향을 주는 요인은 전통적으로 중앙이었다. 따라서 중앙과 지역을 이어 주는 위임 세력은 필수적이다. 토호란 지역의 토착 기반을 중심으로 중앙집권 세력과 어울리면서 지역 지배력을 행사하는 부당한 개인이나 집단이다. 지역의 보수 독점 지배 세력인 셈이다.

이들은 공 / 사적으로 자기 업무나 의결 영역을 넘어서는 데까지 지속적으로 특혜를 누린다. 중성적인 권력 엘리트와 이들은 거리가 있다. 움직이는 범위는 중지역인 도나 광역시 단위에서부터 군면과 같은 소지역에까지 걸친다. 지역에서는 흔히 이들을 유지라 미화해 일컫기도 한다. 자신의 지배력을 지키고 세습하기 위해 이들은 토착 기반, 곧 혈연이나 지연 그리고 학연과 같은 연고자본에 굳게 뿌리내리고 있다. 끈끈한 연고망과 막강한 조직력을 이용해 공공 이익이나 일반 민심과 동떨어진 채 이익 결사체를 이어 간다. 지역 각 부문의 대소 부정과 특혜

---

1 옥한석, 『향촌의 문화와 사회변동』, 한울아카데미, 1994, 19쪽.

에 고스란히 닿아 있는 세력이 이들 토호다.

우리의 근대, 이들이 날뛰기 시작한 결정적 계기는 전통사회 지배질서가 크게 뒤바뀐 1910년 경술국치와 그 뒤 1914년에 저질러진, 이른바 조선총독부에 의한 행정 개편 책략 무렵이다. 이른바 조선총독부는 경찰, 헌병을 앞세워 우리 전통사회의 줄기를 끊고 틀을 바꾸었다. 식민지 자본 축적과 최대 이윤을 얻기 위해 중앙집권적 재조건화를 시작한 것이다. 철도와 신작로라는 새 연결망을 빌려 도시와 거점을 재구성했다. 토지조사책략을 꾀해 농민의 경작권을 무시하고 지주의 일방적 소유권과 이익만을 인정했다.[2] 국망의 치욕 속에서도 조선 후기 중앙과 지역의 지배 관료들은 피식민지 매국 관속, 향리로 거듭 탈바꿈할 수 있었다.

게다가 그들 자제는 근대 교육에서도 앞선 혜택을 받았다. 소수 특권적 관비 유학을 떠나고 돌아와 조선총독부의 새로운 관료로 들어앉았다. 또는 근대 지업사회에서 우월적 배치를 받았다. 그들 부계가 얻었던 조선총독부의 이른바 '은사금'을 뛰어넘는 특혜를 누린 것이다. 따라서 1945년까지 우리의 전통 지배 계층은 됨됨이가 분명했다. 19세기 후반부터 제국 왜로(倭虜)와 벌인 항쟁 전선에서 피해를 보지 않았던 매국 집권층이나 향촌의 대지주와 같은 세습 토호라는 뼈아픈 모습이다. 유교적 교양과 한문은 그들의 겉치레였다. 그렇다면 을유광복 이전 경남부산 지역 토호 세력의 모습은 어떠했을까?

그들을 짐작하게 해 주는 몇 가지 터무니가 있다. 그 하나는 1920년대

---

2 백욱인, 「식민지 시대 계급 구조에 관한 연구」, 『한국 사회의 신분계급과 사회변동』, 문학과지성사, 1990, 127쪽.

완용을 부의장으로 삼은 중추원의 하부기관인 각도평의원 체제다. 거기서 평의원으로 이름을 올린 이들을 지역 토호라 보면 틀림이 없다. 1930년대 '조선유교회'로 이름을 바꾼 부왜(附倭) 유림 조직의 상층부도 마찬가지다. 그들은 1940년대 '조선유도연합회'로 한 걸음 더 나아갔다. 이른바 '황도유교(皇道儒教)'라는 허울을 내세우고 내선일체, 황민화에 앞장섰던 이들이다. 그 과정에서 구체적인 이름을 볼 수 있는 곳이 1937년 경학원에서 낸 『성전성시집(聖戰誠詩集)』이다. 왜로가 중국대륙침략전쟁에서 승리하기를 기원하는 부왜 한시들을 묶은 책이다. 거기에 작품을 올린 부왜인이야말로 나라잃은시대 경남부산 지역 토호의 중요 본보기일 것이다.[3]

을유광복과 1950년대 전쟁을 거치면서 우리 사회는 격변을 맞이했다. 그럼에도 지역 지배층이나 토호 세력은 한결같이 중앙 행정 권력과 공범관계로 재무장해 공생을 거듭했다. 1962년 제3공화국 수립 이후 그 점은 더 강화되었다. 강력한 중앙집권과 수출 주도 산업화의 흐름 속에서 얻은 특혜는 그들의 유착 규모를 거듭 키웠다. 이촌향도의 파고에다 사회적, 경제적 불평등이 깊어지는 속에서도 토호가 날뛸 수 있는 여지는 넓어졌다. 믿을 것은 돈과 권력밖에 없는 과속의 물질 만능, 정치 만능의 시대가 된 것이다. 이제 연고주의는 뚜렷한 행동 관행으로 굳어졌다. 각종 종친회, 향우회, 동창회가 기승을 부렸다. 경남북에서는 이때부터 '영남'이라는 내집단 의식이 확산, 강화되기도 했다.

---

3 지역적으로 부산, 울산, 남해, 창녕, 밀양 네 곳만 작품을 올렸다. 부산 8명, 울산 9명, 남해 5명, 창녕 8명, 밀양 2명 모두 32명이다. 부산에서는 구주회 · 허종령 · 강형민 · 서문숙 · 홍병우 · 김영두 · 성중호 · 오창식이 작품을 올렸다. 울산은 김찬회 · 김병호 · 신세후 · 김병석 · 김봉오 · 정치호 · 서대규 · 박충호 · 서병연이 그들이다.

21세기도 벌써 10년을 넘어선 오늘이다. 고도 도시화, 민주화, 정보화는 거스를 수 없는 변혁을 이끌고 있다. 따라서 오늘날에는 지난 시기와 같은 뜻의 토호가 내놓고 나돌기 힘든 환경이다. 지역 엘리트의 제도적 지위 유지율이 낮아졌다. 관료 사회에서도 지위 이동이 예전에 견주어 빨라지고, 정치계나 경제계와 같은 부문별 지위 이동율도 떨어진다. 급격한 정보사회 변혁 속에서 토호 세력 사이 결속력이 약화하고 있다. 지난 시기와 같은 물적 토대와 지위 귀속성을 갖는 세습적 토호의 존속은 쉽지 않은 환경을 맞고 있는 셈이다.

그럼에도 특정 부문에서 토호나 토호와 같이 나도는 무리는 더 많아졌다. 지역자치제 실시 이후 오늘날까지 지역에서 가장 많은 이익을 독점하고 있는 계층이 그들이다. 어떤 이는 오늘날의 토호를 다음과 같이 보았다. 곧 "지역에 장기간 살면서 가문, 학연, 사회적 지위, 경제적 부를 바탕으로 지역 현안에 영향을 미치는, 지역 엘리트 개인이나 집단"이 그것이다.[4] 짐짓 누그러진 규정이다. 이들 사이에는 이해관계의 연줄이 얼마만하랴. 그런데 토호라 하더라도 부문별로 배타적 지배력이나 영향력을 행사하는 양상에 차이가 있다. 특히 문화계 토호가 그렇다.

---

4 "지역 유지, 지방언론사 사주, 지방기업체의 사주, 관변단체의 관계자, 지역친목단체의 관계자, 지방권력기관(예, 법원, 상공회의소, 경찰서, 군부대, 조합 들)의 장, 지방정부의 고급공무원, 지역연고를 바탕으로 선출된 자치단체장, 지방의회 의원들"을 망라했다. 조명래, 「시민주의 자치분권과 자치의 혁신」, 『공간과사회』 43호, 한국공간환경학회, 2013, 162쪽.

3

오늘날 지역에서 가장 전횡을 하고 있는 이는 정치 토호다. 선출직 자치단체 장이나 의원을 앞세워 중앙이 임명하는 행정, 사회 분야 고위 공직자가 그들이다. 이들은 지역 대표 엘리트임과 아울러 국가 대리자인 까닭에 지배력이 막강하다. 지역에 결정적인 영향력을 미친다. 그래서 너도나도 거기에 들기 위해 얼굴을 붉히고, 줄을 서고, 걸음질을 멈추지 않는다. 그 곁을 거대 토건 자본이 기녀처럼 따라붙는다. 거기에 견주어 문화계 토호는 지역 현안에 영향력이 직접적이지 않다. 돈과 권력을 마구잡이 내세우지도 않는다.

사실 문화인은 계층적 지위와 상징적 지위 사이 불균형이 큰 세력이다. 구체적인 물적 토대를 갖춘 정치, 경제 토호와 달리 상징적 자본과 명성이 표면의 작동 원리다. 그 증식이 1차 목표다. 그런 점에서 문화계 토호는 일반 토호와 거리가 있다. 유사 토호에 가깝다. 대신 그들은 인접 부문 토호의 들러리를 서거나 곁에서 끄나풀 역할에 더 충실하다. 일종의 거간꾼이다. 그럼에도 토호처럼 나돌거나 토호 행태에 젖어 산다는 점에서는 일반 토호와 다를 바 없다. 그렇다면 지역 문화계 토호의 정체는 어떨까? 글쓴이가 보는 바로 이들에게는 몇 가지 공통점이 있다. 모두 네 가지다. 이 가운데 어느 한 가지라도 됨됨이가 유별나다면 그는 토호거나 토호 의식에 젖어 사는 끄나풀임에 틀림없다.

첫째, 문화계 토호는 본업보다 바깥 직책에 더 바쁘다. 특히 관변단체의 장이 되기 위해 기를 쓴다. 우리나라는 문화 부문에서 중앙집권적 체제를 고수하는 나라 가운데 하나다. 밑에서부터 만들어진 시민 조직이나 건전한 이익집단이 자라기 힘들다. 그렇게 된 결정적인 계기는 1960년대 초기 제3공화국 이래 굳어진, 문화에 대한 국가 개입을 규정한 법률 제정에 있었다. 이른바 예총 체제나 지역 문화원과 같은 관변단체가 거기서 비롯했다. 예술문화 부문에 대한 정치적 관여가 제도화한 것이다. 오늘날까지 50년 이상 지역을 깔고 앉은 그들은 이제 완연히 지역 대표, 대체 기구로 자리를 굳혔다.

관변단체는 정부나 지역자치 행정부로부터 대부분의 경비를 지원받는다. 그들의 통제를 받지 않을 수 없다. 게다가 자체 존속만으로도 복잡한 조직체로 자랐다. 지역이나 시민의 이익, 문화 역량 강화를 위한 공익이라는 본디 목표를 돌아볼 입장이 아니다. 설립 목표는 건성건성 뒷전에 두고 행정 부분에서 주어진 민간 위탁에만 목을 맨다. 관변단체가 토호의 온상이 될 수 있는 고리가 그것이다. 민간 위탁은 그 자체로 문제는 없다. 관과 행정이 시민사회와 직접 대면하기 어려운 일을 대신한다. 비용 절감도 가능하다.

그러나 민간 위탁은 공무원의 비전문성을 용인받고 책임을 회피하는 데 이용되기 쉽다. 비용 절감도 겉보기에 지나지 않는다. 관변단체는 자체 이익 증식과 분배를 위한 놀이터로 굳은 지 오래다. 많아진 지역문화 시설이나 거듭하는 예술문화 사업은 그 점을 부추긴다. 문화계 토호가 살아갈 대표적인 외적 공간이 관변단체며 그 장이다. 적지 않은 이권을 주무르며 지역 지배층에 다가서는 중요 통로가 거기에 있다. 따라서 그런 둘레에서 목을 매는 이가 있다면 그는 토호거나 그 끄나풀에 틀림없다.

둘째, 문화계 토호는 다른 이의 명성 훔치기를 즐긴다. 이미 죽어 어쩔 수 없이 허깨비로 남은 문화인의 죽음을 끌어올려 축전화하고 그것을 내 것으로 훔치는 일에 재능이 뛰어나다. 죽은 이의 명성을 자신에게 덮씌우고 그들을 이용해 자신의 이익 증식에 수선을 떤다. 간혹 적통 논쟁이 일어나도 물러설 줄 모른다. 몰염치는 차라리 미덕으로 여겨지는 마당이다. 따라서 그들이 올려 세우는 상징 인물의 됨됨이를 살피노라면 토호의 정체는 쉽게 드러난다. 오늘날 중소 지역 어디에서나 볼 수 있는 특정 명망 작가나 작고 예술인 현양 사업 뒤에는 그러한 지역 토호의 먹이사슬이 갈래갈래 얽혀 있다.

한 본보기로 소지역 통영을 보자. 그곳에서는 1990년대 중반부터 유치진과 유치환 형제를 둘러싼 현양 문제가 쟁점으로 불거졌다. 애초 유치진으로 시작했다가 그의 부왜 행각이 공론화하자 시무룩이 물러서고, 다음에 동생 유치환만 전면에 내세우려 한 것이다. 그러다 청마문학관 건립과 더불어 거제와 통영 사이 고향 시비가 붙어 지역이 소란에 빠졌다. 다른 한쪽 시민단체에서는 유치환의 부왜 행각을 문제 삼아 반발이 커졌다.

급기야 유치환의 통영 도주 동기를 실증하기 위한 지역 안쪽 검증 절차까지 이루어졌다. 공적으로 밝힐 수 없을 놀랍고도 참담한 사실이라 관민은 그 내용을 함께 묻었다. 그렇지만 지역 관변단체와 시민단체 사이 갈등은 이미 봉합하기 힘든 상태로 남아 있었다. 이런 마당에 청마문학관과 문학상을 기반으로 삼았던 지역 토호들은 현양 사업의 작동 방식을 아연 바꾸었다. 중국 연변 자치구에 가서 동포 작가를 상대로 문학상을 제정하고, 유치환 현양 사업을 시작한 것이다.

유치환이 만주국에서 이른바 개척농장 가신흥농회 간부로 일하면서 연수현협화회에서 근무했다는 사실은 우리에게도 이미 밝혀진 바다. 그런데 연변 동포 사회에서는 유치환이 연수현의 업무를 잘 본 덕분에 1943년부터는 더 상위 기구인 하얼빈협화회 사무국으로 올라가 거기서 근무했다는 새로운 사실까지 밝혔다. 그때 만주국협화회가 꾀한 중요한 일 가운데 하나가 항왜 광복투사의 투항을 권하는 선전선무(宣傳宣撫) 활동이었다. 유치환은 왜로 앞잡이가 되어 그 일을 적극 맡은 것이다. 글쓴이가 2007년에 밝혔던, 유치환의 하얼빈 기행시는 연수현협화회 업무차 하얼빈을 오간 체험에서 비롯된 것이라 본 기술이 틀린 셈이다. 유치환의 부왜 행각에 대한 실증 자료가 새로 더해진 상태다. 그럼에도 유치환 현양 주체들은 멀리 연변까지 가서 그곳을 들쑤시고 있다.

> 한국의 청마문학관에게 묻고 싶다. 류치환이 그리 좋아서 기념하겠거든 한국에서나 할 게지 왜 중국에는 부득부득 끌어들이는가? 그 목적, 그 야심이 대체 무언지 의심스럽다. 결코 좋은 행실인 것 같지는 않아 보인다. 당신들은 그래 중국에서 자라나는 민족 후대들의 교육을 망그러 놓을 건가? 헝클어 놓을 건가? 그런다면 체면을 몰라도 너무 모르는 량심 없는 짓이니 그러지 말고 당장 거둬치우라.[5]

지역 문화계 토호는 연변 지역에서 유치환 현양을 위한 우회 전술을 썼다. 돈과 자리를 앞세워 행사를 떠벌이는 까닭이 다른 데 있는 게 아

---

5 김관웅, 「청마 류치환의 친일문학 소론—겸하여 최룡관의 류치환 비호론을 론함」, 『연변 모이자』(http://yanbian.moyiza.com/465984), 2013.5.11.

니다. 통영 지역 안에서 이루어진 시시비비를 묵살하면서 부왜시인 유치환이라는 오명을 쓰게 된 원천 장소 만주 땅에서부터 우격다짐 거짓 명성을 세탁, 확대 재생산하겠다는 꾀다. 그에 대해 연변 지역 안쪽 지식인의 격분에 찬 목소리가 위에 따 놓은 글에 담겼다. 지역 토호에게 이해관계가 걸린 작고 문화인 현양 사업은 당장 자신들이 누리고 있는 이익뿐 아니라 자신들의 이념적 좌표까지 녹아 있는 중요한 바탕이다. 정 / 부당의 문제와는 아랑곳없이 결코 물러설 수 없는 자리다. 유치환을 기념한다고 하지만 유치환은 온데간데없고 잿밥과 그릇 수만 자꾸 늘린다는 비난 정도로 바뀔 일이 아닌 셈이다.

관을 낀 지역 문화계 토호의 우회 전술은 창원 지역 이원수 현양 사업에서도 비슷하게 되풀이하고 있다. 처음에는 지역 지배층과 중심 기관 이름을 앞세워 부왜 어린이문학인 이원수 개인에 대한 관변 현양 사업을 크게 벌이려 했다. 그러나 광복회 창원지회를 비롯한 시민단체의 반발로 더 일을 이어 나갈 수 없었다. 그러자 그들은 재빨리 다른 쪽으로 머리를 굴렸다. 국제아동문학축전이니 뭐니 하는 생뚱한 사업이 거기서 비롯했다. 사업의 중심에는 작고 '문화인'의 '문화'가 있는 게 아니다. 그것을 통해 얻을 이익을 향한 토호와 끄나풀의 속셈만 무성할 밖에 없다.

토호는 지역 안에서 파워 엘리트인 척한다. 그러나 그들은 범죄 결사체와 다를 바 없다. 서로서로 묵인하고, 관용을 덕목으로 나눈다. 죄의식이 끼어들 자리가 없다. 불공정과 지위 남용, 비리와 모리는 자연스러운 나날살이 업무 수행에 지나지 않는다. 그런 일을 키워 나가는 데에는 죽은 명망가의 상징성이야말로 무엇보다 확실한 터무니다. 그러니 스스로 문화인이라 하면서 자기 직능에는 관심도 없이 죽은 이 둘레를 맴돈다. 지역 문화계 토호나 끄나풀을 알고 싶으면 갖가지 현양사업에 오른 명단을 살피면 쉽게 알 수 있는 이치가 거기에 있다.

셋째, 문화계 토호는 무리 짓기를 즐긴다. 이른바 연고주의에 의한 유유상종이다. 오늘날 지역 사회는 중앙 권력과 지역 권력, 토착 권력과 비토착 권력 사이 나눔이 뚜렷하지 않다. 지역자치제 아래서 중앙 권력의 대표 자리인 국회의원만 하더라도 지역을 담보로 지역을 오가며 중앙 정치권에서 행세한다. 노는 마당을 종잡을 수 없다. 참된 지역자치나 지역분권이 허울뿐인 까닭은 이러한 중앙집권적 연고주의 정치 현실로 말미암은 바 크다. 토착 연결망인 연고, 곧 혈연 · 지연 · 학연에다 사업 업무와 같은 비토착 연줄이 뒤섞여 이익 동맹을 더 굳힌다.

토착 연결망은 지역 토호의 권력을 강화하는 핵심 고리다. 부산과 같은 거대 도시라 해도 마찬가지다. 그러니 창원이나 진주 정도의 도시로 내려가면 토착 연고망 의존도는 훨씬 높아진다. 연고주의는 편향적이고 폐쇄적인 까닭에 무리 짓기는 필수적이다. 문화계 또한 질세라 그 점에서는 분명하다. 다만 다른 부문과 달리 문화계 토호 무리가 가장 공을 들이는 연고는 학연일 가능성이 높다. 특히 대학(대학원)의 사제 관계나 대학 동문회가 그것이다. 왜냐하면 문화계는 단순 지연이나 친목보다 업무 기능성이라는 도구적 연결망이 더 강조되기 때문이다. 따라서 전문 기능 교육을 맡았던 고등교육기관의 학연이 월등한 토착 기반으로 올라선다.

학연의 권력화는 대학에서 토호 의식에 사로잡혀 사는 교수진에 의해 강화된다. 그러한 학연 연결망 아래서 심사와 의결, 선택과 배제의 문화권력 행위가 쏠쏠하다. 토호와 끄나풀 사이 공범 관계는 더욱 굳건해진다. 함께 나누고 얻을 자잘한 이익이 있는 한 공정성이니 도덕성이니 하는 덕목은 무리에게 별반 뜻이 없다. 객쩍을 따름이다. 지식인의 논쟁거리가 순수한 학문 논의처럼 보이지만 학자들의 파벌과 이해관계를 둘러싼 비학문적 요인이 더 많이 작동한다고 목소리를 높인 사람은 부르디외였다. 학벌을 비판한 것으로 보이지만, 연고주의 무리 일반의 특성을 누구보다 확실하게 짚어 낸 말이다.

흥미로운 점은 우두머리 토호와 하수인 끄나풀로 든든한 패거리를 이루면 자신들 이익 결사체를 뻐기기 위해선지 밤낮으로 몰려다니기를 즐긴다는 사실이다. 그렇다 보니 그들의 무리 짓기는 때로 남녀 사이 짝짓기로 발전해 보는 사람들을 난처하게 만들기도 한다. 만약 무리의 관계가 명백하게 스승과 제자일 경우에는 더욱 당찬 모습을 보여 준다. 제자는 마당쇠처럼 바빠진다. 자신의 업적이 스승의 것으로 올라서는 대작주의(代作主義), 대필주의의 기쁨(?)을 맛볼 수 있는 기회가 잦아진다. 이들 모습이 조직폭력배와 다르지 않다고 보는 이도 있다. 무리의 이익에 어긋나거나 우두머리 눈 밖에 나는 일이 일어나면 가차 없는 보복과 징벌이 이어진다. 이즈음 초등학교에서까지 볼 수 있다는 집단 따돌림이란 오래전부터 문화계 무리에서 이루어졌던, 해묵은 버릇임을 아는 사람은 안다.

넷째, 문화계 토호는 공직능(共職能)에 능하다. 언뜻 산만해 보인다. 살아온 이력을 살피면 자신의 중심 직능이 무엇인지 알기 힘들 정도로 잡다한 이력을 지녔다. 한마디로 사회적 책무 이동이 잦다. 작가면서 언론사 기자를 거쳤고, 교수였는가 했는데 관청 문을 들락거린다. 관변 정치 단체 간부였는가 했는데, 어느새 문화계를 들락거린다. 직업이나 책무 이동이 잦은 점도 능력이라면 뛰어난 개인 능력이다. 본업이 무엇인지 자신도 가끔 헛갈려서 그런지 보통 사람들은 그를 전혀 엉뚱한 곳에서 마주치기도 한다. 강의실에 있어야 할 사람을 경찰서·관청 앞에서 만나고, 사무실에 있어야 할 사람을 술집 입구에서 지나친다. 토호들은 장소 이동에도 남다른 능력을 지니고 있는 셈이다. 어떻게 그 많은 직능을 맡아 내는지 아는 이는 없다.

문제는 그러한 공직능 탓에 그런지 그들에게서는 어느 한곳에서도 전문성을 지닌 결과를 찾기 어렵다는 사실이다. 오랜 세월 문화계에 몸담았다고는 하나 자신의 중심 업무를 놓고 보면 그 결과가 평범한 호사가 수준에 머물고 있어 혹 삶을 탕진한 것은 아닌가 걱정스럽게 만든다. 중구난방, 이것저것 쑤시고 다닌 곳은 많은 듯싶은데 매듭이 잘 보이지 않는다. 그런 까닭에 세월이 지나고 난 뒤, 토호나 끄나풀들이 이루어 놓은 활동에 대한 판단 내리기는 어렵지 않다. 해도 그만 하지 않아도 그만일 일에 공을 들이고 호들갑을 떨었지만 헛웃음을 자아내게 하는 공통점이 그것이다.

오늘날 끄나풀이 움직일 수 있는 활동 영역은 넓어졌다. 국가 단위든 지역 단위든 예술문화 지원과 공간 설립은 더 확대될 전망이다. 재정 지출이 늘고 움직일 자리가 많아졌다. 드러나지 않은 특혜와 비리 사슬은 꾸준히 차례를 기다린다. 이익이 있는 곳에 그들은 결코 빠지지 않는다. 따라서 위에서 살핀 네 가지 가운데 어느 한 가지 특성이라도 제대로 다하기 위해 마냥 바쁘다. 겉으로는 일반 토호와 달리 상징 자본과 명성 관리에 더 골몰하는 듯이 보인다. 그런데 속은 사실 일반 토호와 조금도

다를 바 없다. 돈과 권력, 거기다 남다른 쾌락. 일반 토호보다 오히려 속 곁으로 욕심이 꽉 찬 셈이니, 놀라운 탐식력이다.

4

우리의 근대 100년은 중앙집권적 전횡에 의한 지역의 파괴와 왜곡의 역사였다. 1945년 이전에는 제국 왜로에 의한 피식민지 재편성이라는 한길 위에 얹혀 있었다면, 광복 이후부터는 국가주의 산업화라는 한길 위에 다시 놓여 있었다. 다행스럽게 1990년대 중반부터 지역자치제가 실시되었지만 무늬만 땄을 뿐이다. 참된 뜻의 지역자치, 지역분권은 멀고 먼 데 있다. 그런 자리에 중앙과 이익동맹을 함께하는 지역 상층부 토호의 지배권과 활동 공간은 거듭 커지고 있다. 문화계 또한 다른 부문과 주받거니 하면서 토호나 둘레 끄나풀의 먹잇감 마당으로 변질한 지 오래다.

이런 생태를 바로잡는 일은 어쩌면 불가능하다. 그들의 연결고리인 토착 연고야말로 오래 학습된 인지상정이기도 한 까닭이다. 고도 도시화, 산업화가 진행하고 있음에도 전통적인 연고주의가 살아 있는 우리 같은 나라에서는 더 그렇다. 게다가 오늘날과 같이 개인으로 집단으로 마구 올라탄, 돈과 권력 그리고 쾌락을 향한 탄환 열차에서 사람들이 내리지 않는 한 토호 척결은 불가능하다. 해결 방법은 없는가. 그렇다고 지역과 국가의 전반적인 선진화라는 선언적인 원론만 되풀이할 수는 없다. 현 단계에서 몇 가지 각론을 생각해 봄 직하다.

먼저, 지역 토호나 지배 엘리트에 대한 주민 감시와 고발, 그리고 상시적인 시민 소환을 제도화해야 한다. 토호의 기존 서식지를 좁히고 생태계를 정화할 수 있는 최선책이다. 문화계 안쪽 감시 기능에 맡겨 둘 수 없는 일이다. 문화계의 경계를 걷어 내고 지역 시민사회의 감시 활동이 더 나아가야 한다. 대표 대상지는 국가 중앙 조직 아래 지역 특혜를 버릇처럼 되풀이하고 있는 관변단체와 시설, 관변 문화행정 기구 같은 곳이다. 토호와 끄나풀이 이익을 나누고 노닐 공간을 파괴시킬 수 없다면 교란시키는 길도 있다. 변화는 그런 데서부터 비롯한다. 문화계 지원의 사회적 정합성을 검증하는 데로 우리의 도시권, 시민권을 힘껏 넓힐 일이다.

다음으로, 지역 주류 문화계와 맞서는 대안 취향, 대안 모임이 활성화할 일이다. 기존 문화계의 권력과 지배 사슬에 길들지 않으려는 예외적 소집단 모임이나 취향 활동이 그것이다. 이들을 공공적으로 지원할 수 있는 제도 공간을 마련할 필요가 있다. 지역 토호나 유사 토호에 대해 날카롭게 전선을 만들고 대응 담론을 생산할 비평 모임도 그 가운데 하나다. 그들이 유행을 따르거나, 토호의 제도적 끄나풀로 들어서기 위한 굴신과 굴신의 수사학으로 내몰리지 않도록 부추기고 격려하는 사회적 동력을 마련할 일이다. 그를 위해 담론 전선을 명확히 하는 대안 언론, 대안 매체 활동이 필수적이다.

마지막으로 지역 문화계 안쪽의 자기 갱신. 이를 위해서 가장 급한 자리가 대학(대학원) 환경의 변신이다. 오늘날 학벌자본의 가장 높은 꼭짓점에 놓여 있는 곳이 대학이다. 거기서부터 강좌와 학위, 그 뒤처리까지 자기 파괴라 할 만한 혁신을 끌어들이지 않고서는 지역 문화계 선진화는 공염불이다. 대학원 과정에서는 지역의 실천적인 문화행정 관련 논문 글쓰기가 일반화되어야 한다. 써도 그만 쓰지 않아도 그만인 글 덩어리를 단순 재생산하는 데에다 학위라는 제도 권력을 내맡겨 둘 수 없다. 역설적이지만 지역 토호나 끄나풀의 대표 서식지인 대학에서부터 이루어질 자기 갱신 노력이야말로 어려우면서도 장기적으로는 가장 효과적인 길이다.

지역 문화계 토호의 문제는 지역 다른 부문은 물론 국가 단위의 문제와 맞물려 있다. 이익이 있는 곳에는 모이고 얽힌다. 개선은 어렵다. 그런 점에서 정명론이 늘 새삼스럽다. 제 이름값에 충실한 솔선수범이 그것이다. 돈과 권력은 그것을 애써 쓰고 그것을 애써 부리고 싶은 사람에게나 필요하다. 정명을 다해 원칙을 지키려는 모난 사람과 모난 조직이 많아질 일이다. 우리의 자치권, 도시권을 독점한 채 자기 이익만 키우고 있는 토호 세력의 공간을 줄이고 그곳을 시민의 장소로 되돌려 받기 위한 노력은 더욱 거세질 전망이다.

뜻 같지 않은 현실에 분노하고 냉소를 던지는 사적 감정 처리나 계층적 열패감으로 해결할 수 있는 일은 없다. 지역 선진화를 가로막고 있는 퇴행적 지역 엘리트에 대한 다양한 각개 전투가 곳곳에서 필요하다. 세상의 변화가 늦더라도 끝내 세상은 옳은 쪽으로 바뀔 것이라는 믿음을 포기하지 않는 이들이 벌이는 긴 싸움. 그리하여 뒷날 살아온 자기 삶만큼은 스스로에게 한 느낌표처럼 묶일 수 있는 이들이 많아져야 하리라. 비루하더라도 다치고 더 피 흘릴 일. 승리에도 패배에도 마지막 싸움터는 늘 자신이라는 사실을 잊지 않으면서.

지역문학과 전집 발간의 뜻

1

보내온 책을 펴 든다. 낯익은 글쓴이가 보인다. 내세운 글의 제목도 익다. 펼쳤더니 이미 이루어진 다른 이의 생각을 제 것인 양 그럴듯하게 들이대며 이끌었다. 공부한 터무니를 밝힌다는 듯이 몇몇 서양 사람의 책이름까지 각주에 올려 겉치레를 다했다. 그것마저도 이미 앞선 글에서 다루어진 내용이다. 그러면서 정작 우리 학계에 그 생각을 처음으로 펼쳐 자리를 잡았던 연구자의 이름과 성과에 대한 말은 글 어디에도 보이지 않는다. 그런 제목 아래 이루어진 연구는 자신이 우리나라에서 처음 마련한 양 꾸몄다. 남이 연구한 바나 생각을 훔쳐 쓰면서 그런 냄새를 죽이기 위해 딴전을 부렸지만 솜씨가 낡았다.

아직 젊은 대학 연구자다. 예전에도 몇 차례 비슷한 경우가 있어 개운치 않게 입씨름에 오내렸던 사람이다. 그런데도 아직까지 고칠 기미 없이 지나온 모양이다. 아마 되게 혼쭐이 날 계기를 만나지 못했거나 문제가 크게 불거지지 않았던 까닭이리라. 어차피 제대로 된 연구사 검토가 이루어지면 드러날 일이다. 그런데도 교수니 비평가니 이름을 내걸고 잘 버티고 있다. 그런 일도 재주라 친다면 용한 재주임에 틀림없다. 그렇다고 일의 책임을 당사자에게만 물을 수도 없는 노릇이다. 일찌감치 그 스승 된 이들의 대필문화로부터 본을 본 내림일 것이 뻔한 까닭이다. 게다가 그를 둘러싼 환경마저 그런 일을 알아챌 만큼 다부진 공부에는 뜻이 모자라는 분위기임에 틀림없다. 어쨌든 지역 문제는 원인이 멀리 있다기보다 늘 지역 안쪽에 도사린 것이라는 내 해묵은 믿음을 다시 한 번 확인하는 계기가 된 셈이다.

인문학의 위기라 떠들어 댄 지가 여러 해다. 그렇지만 그 일 맨 처음과 끝은 모름지기 인문학자 자신의 위기일 따름이다. 이른바 대학이라는 제도 안에 들앉아 학문을 내세우며 행세하는 이들의 위기라는 뜻이다. 그들이 달라지지 않는데 인문학이 달라질 까닭이 없다. 인문학의 중심이라고 크게 나대는 문학연구 자리로 더 들어서 살피더라도 사정은 마찬가지다. 새롭고 창조적인 담론으로 나아가지 못하고, 오래전에 마련된 생각에다 겉치레만 바꾸며 깔짝깔짝 되새김질로 진을 뺀다. 문학연구가 인문학 위기론의 핵심 주범이라 핀잔을 받더라도 벗어날 길이 아득한 형국이다. 그런 가운데서 문제가 문제로 자각될 리가 없다. 버릇처럼 내세울 것이라고는 연고나 자리, 정실 말고 무엇이겠는가.

어쨌든 도용・표절 문제는 특정 지역, 특정 개인이 학문을 닦는 과정에서 얻은 잘못된 버릇이거나 기질적으로 약삭빠른 데서 지니게 된 개인 문제이기만을 바랄 따름이다. 아울러 오늘날 연구자들이 흔히 지니고 있는 문제 가운데 다른 하나가 1차 자료에 대한 무관심이다. 역사와 문학이 맞서는 처음은 문학이 구체적으로 쓰인 1차 텍스트를 뼈대로 삼는다는 데 있다. 한 번 쓰여 고스란히 남아 있는 작품의 유일성에서 문학은 비롯한다. 거기에 견주어 역사는 되풀이 쓰이는 것이다. 문학 연구의 밑자리는 텍스트 확정과 발굴, 그리고 그에 대한 거듭된 풀이일 수밖에 없다. 어느 학문 영역보다 이미 마련된 1차 텍스트나 그것을 갈무리하고 있는 매체론이 중요한 까닭이다. 이즈음 젊은 문학 연구가들이 마냥 기웃거리는 동어반복과 막무가내도 바로 이러한 1차 텍스트를 따질 만한 눈길과 그런 일에 훈련이 되지 못한 데서 말미암은 바 크다.

학문이 학문일 수 있는 으뜸 터무니는 이미 마련한 지식이나 사회적 가치에 숟가락을 더 얹어 거드는 일이 아니다. 없는 것을 마련하고, 만들어진 것을 해체 갱신하는 청신한 기운에 있다. 그런 까닭에 작가론이든 작품론이든 아니면 주제론이든 어느 경우에라도 문학연구는 1차 텍스트 확보와 그 풀이를 밑자리로 삼는다. 앞선 사람이 잘못 옮겨 놓은 작품이 아무런 헤아림 없이 그 다음 연구자에게 고스란히 옮겨지는 게 오늘날 실정이다. 또 마음을 내서 살피려 해도 줄기는 보이는가 싶은데 숲이 보이질 않으니 딱하다. 이런 까닭에 문학연구에서 작가의 1차 텍스트를 갈무리하는 전집 발간은 숲에 울타리를 치고 터를 닦는 일이다. 전집(선집)이야말로 한국문학의 날과 올을 단단하게 묶는 가장 핵심 일거리인 셈이다.

몇 주 앞에 글쓴이는 1951~1952년 목포 지역에서 나온 『전우』라는 잡지를 찾아내 그 됨됨이를 알리고 뜻을 따지는 글을 발표한 적이 있다.[1] 그저 학계에 발표하고 말 내용이라 무심히 여길지 모르나 발표자로서 속내는 그렇지 않았다. 안을 들여다보면 여러 주요 작가의 작품 발굴은 물론, 전남문학의 뿌리를 새롭게 알리는 내용이 적지 않았던 까닭이다. 당장 호남 지역시 가운데서 김현승·이동주·이수복의 글들을 새로 더할 수 있었던 일은 그 가운데 하나다. 그러나 그런 자리는 두고서라도 글쓴이로서는 두 가지 뜻만은 살아나기를 바랐다. 첫째, 시인 이동주가 1950년 초기 육군 정훈공작 활동을 했다는 뜻밖의 사실이다. 이동주 연구에 핵심 고리 가운데 하나를 얻은 셈이다.

둘째, 차범석 초기 희곡 세 편의 존재다. 〈닭〉과 〈제2의 벽〉, 그리고 〈밀주〉가 그들이다. 이제까지 속살은 모른 채 이름만 알려져 왔거나, 발표한 해조차 잘못 적혀 온 것들이다. 이들 세 편을 빌려 차범석 초기 희곡이 통념과 달리 사실극이라기보다는 이념극이라는 점을 확인했다. 기존 차범석 희곡 이해에 보다 유연한 입장을 요구할 수 있게 되었다. 1950년대 초기에 나온 자그마한 목포 지역 매체 하나가 지니고 있는 파급 효과나 학계에 이바지할 바가 만만찮다는 점을 보인 셈이다. 비록 특정 매체, 특정 작가에 대한 정보이긴 하지만 1차 사료에 대한 꼼꼼한 접근과 이해야말로 우리 근대문학 연구에 좋은 이음매가 될 수 있음을 알려 준 본보기다.

이러한 1차 사료 발굴보다 더 뜻있는 일이 있다면 그것은 특정 작가에 대한 전집(선집) 간행이다. 그런 점에서 이즈음 그에 대한 업적이 왕성하게 일어나고 있는 흐름은 바람직스럽다. 근대문학 연구 방법 가운데서 가장 전통적이며, 정통적인 쪽은 작가론이었다. 이 점은 아직까지도 한결같다. 문학이 작가 개인의 개별 언어, 독자적 상상력과 체험의

---

1 박태일, 「목포지역 정훈매체 『전우』 연구—한국전쟁기 정훈문학 연구 1」, 『하계학술발표대회 발표논문집』, 한민족어문학회, 2009.7.11.

세계라는 데에 대한 믿음은 허물어지지 않았다. 개별적인 문필 활동에 뿌리를 두는 문학이 무엇보다 작가론에 끈을 댈 수밖에 없는 이치다. 그리고 이러한 작가론의 밑자리에 전집 출간과 유통이 놓인다.

근대문학사의 경우 전집 간행은 우리 문학의 총량을 늘리는 중요한 일이다. 근대문학 향유의 바탕이다. 그러나 이 일에 이제까지 마땅찮았던 점이 적지 않았다. 명망 작가 중심이거나, 연고 작가 중심으로 기울어진 내용과 양은 그동안 근대문학이 이루어온 총량에 견주어 보자면 너무나 빈약했다. 물론 이러한 문제는 우리사회가 근대문학을 바라보는 눈길이 너무 좁았고 가치 매김에서 잣대의 장벽이 높았던 탓이었을 것이다. 작가와 작품은 시간과 공간 속에서 선택, 강화되고 배제 망각된다. 우리가 작가적 명성이라 믿고 있는 것은 그러한 시공간적 정치 과정에서 이루어진 취향과 경향성 문제일 따름이다.

이렇게 볼 때 명망 작가라는 평판을 얻고 있는 이들이 마땅한가 어떤가에 대해 꼼꼼한 헤아림이 필요하다. 아니면 됨됨이를 보다 온전하게 채울 일이 남았다. 오늘날 주류 문학사에서 빠져 있는 이들이나 가장자리로 밀려나 묻힌 작가들이 마냥 그 자리에 놓여 있으리라는 법 또한 없다. 명성이 사회화, 내면화되는 과정에서 지금까지 윗자리에 올라 있었다 하더라도 멀리 볼 때 순위 변동, 위상 변화가 필연적일 이가 한둘 아니다. 물론 대중사회의 항상성 탓에 명성 변화란 매우 힘든 것이고, 통념을 가로지르기란 어렵다. 그렇다고 마냥 그것이 참인 것만도 아니다.

우리 근대문학사에서 몇 차례 작가사회의 명성에 대한 선택과 배제가 확실하게 이루어진 계기가 있었다. 1919년 기미만세의거를 앞뒤로 한 시기 유학생 언론문인 중심의, 근대문학으로 편성, 강화된 과정이 큰 밑자리일 것이다. 그리고 1930년을 앞뒤로 한 시기 계급주의 문인에 대한 억압과 전향 과정에서 함께 이루어진 지역문학인 배제 현상, 1945년에서 1950년 전쟁을 거치는 동안 좌 / 우 조직 활동 중심의 이념 문학사회에서 배제된 작가와 작품, 그리고 1950년대 이후 국가 관변 조직으로 문단이 단일화해 가는 과정에서 꾸준히 순수문학주의에 의해 억눌린 대중문학, 주변문학인 문제가 그것이다. 그런 과정을 거치다 보니 월남한 작가나 주류 매체에 이름을 올리지 못한 작가, 특정 계파 조직에 몸담지 않았던 이들이 놓일 자리는 매우 좁았다. 이러한 사정이니 전집을 내서 모습을 확연하게 드러낸다면 의의가 새로울 작가들이 한둘 아니다. 궁극에는 기존 문학사 서술에서 적지 않은 손질을 이끌어낼 사람이 그들이다.

2

이 자리에서는 이즈음 나온 몇 가지 문학 전집(선집)을 짚어 볼 생각이다. 그 가운데 먼저 부산 지역에서 나온 『김정한전집』(조갑상 · 황국명 · 이순욱 엮음, 작가마을) 5권부터 보자. 모두 10권을 기약한 가운데 먼저 소설 쪽을 마무리했다. 무엇보다 낱말풀이가 충실한 점이 눈에 뜨인다. 기존 판본을 두루 살펴 작가의 의도가 가장 살아 있는 원본을 굳히고자 한 노력도 마찬가지다. 원본 확정 과정에서 나타난, 처음 매체 발표본과 뒷날

자필 교정본 사이에 보이는 차이와 같은 점이 앞으로 꼼꼼하게 다루어져 김정한 소설 연구가 깊이를 더하기 바란다. '나라잃은시대 절필했던 강골의 작가'라는 사회적 평판에 김정한이 스스로 어떻게 맞물려 들었던가를 밝히는 일이 그것이다. 이런 점은 만주 체험이 원죄로 놓여 있었던 안수길이나 이무영과 같은 이들이 뒷날 광복에 앞서 썼던 작품에 대해 가졌던 개작 작업과는 또 다른 쪽에서 흥미로운 사실을 알려 줄 수 있을 것이다.

작가 해적이 자리를 기운 일도 눈에 뜨인다. 동경유학생 회지인 『학지광』 편집을 맡았다는 기존 해적이의 잘못도 '현재 확인되지 않는다'고 처리한 대목이다. 김정한이 왜로 성이름으로 갈아 치웠던 이름 '금곡정한(金谷廷漢)'을 밝힌 일(그것을 1945년 자리에 넣은 잘못이 있다)은 적지 않은 진전이다. '절필'이니 문단 '복귀'니 하는 말도 해적이에서 빠졌다. 확인되지 않았거나 미심쩍었던 사실을 보다 객관적으로 적고자 했던 엮은이의 노력이 돋보이는 자리다. 아마 앞으로 미발표 작품뿐 아니라 수필 쪽이 나오게 된다면 김정한에 대한 더욱 꼼꼼한 정보가 쌓이리라. 1960년대 서울 쪽 신진 비평가 그룹의 지역 문학사회에 대한 무지와 이론적 부풀림으로 말미암아 문단 복귀 담론으로 아름답게 색칠되었던 1950년대, 대학과 언론계를 중심으로 김정한이 지역 문단 토착 '향반'으로서 지녔던 우월적 자리도 밝혀지리라.

『신고송 전집』(김봉희 엮음, 소명출판)의 경우도 눈여겨 볼 작업이다. 이제까지 이름만 알려져 왔으나, 실체가 묻혀 있었던 이다. 울산광역시 언양 출신 아동문학가며 극작가, 연출가인 그에 대한 첫 집대성이 이루어졌다. 1930년을 앞뒤로 한 시기 우리 계급주의 어린이문학과 희곡·

연극 · 비평 활동에 앞장서 중심인물로 일했던 이가 신고송이다. 월북하여 북한의 초기 희곡과 연극에 디딤돌을 놓기도 했다. 남북한을 모아 가장 무게 있는 극작가였다 할 만한 사람이다. 그의 묵직한 전집 두 권에는 이제까지 알려지지 않았던 광복기 동극집 『백설공주』까지 더했다. 엮은이의 발품을 새삼 느끼게 한다.

그런데 이번 전집 간행에 울산광역시의 도움이 직접적이었다는 점을 적어 둘 필요가 있겠다. 지역문학 진흥을 위해 지역행정부가 어떤 일에 나서야 할 것인가 하는 본보기를 보인 까닭이다. 적은 비용으로 이룩한 이 전집 출판이 앞으로 가져올 무형 자산력은 헤아리기 힘들다. 개인이 입을 손해를 마다않고 지역행정부와 접촉, 조정을 맡아 준 지역 박종해 시인은 물론 출간의 뜻을 전적으로 이해한 울산광역시 문화예술행정의 눈매를 높이 살 일이다.

울산광역시로서는 『신고송 전집』에 이어 올해 몫의 전집 지원 계획이 세워져 있다. 『신고송 전집』 간행을 본보기로 근대문학 전통 발굴과 전집 발간 작업에 한껏 뒷받침이 이루어질 것이라 믿는다. 몇 해를 두고 해마다 한 권씩 지역 대표작가 전집을 지역사회와 우리 근대문학 독자들에게 선뵐 수 있을 것이다. 일이 제대로 이루어진다면 울산광역시의 근대문학 자산은 몇 해 사이 그 양과 질에서 다른 곳과 단순 비교를 넘어설 것이 확실하다. 나아가 그 일은 앞으로 울산문학관을 마련하는 데 있어서도 가장 든든한 버팀목 몫을 다할 것이다.

이즈음 나온 문학 전집과 관련하여 짚어야 할 다른 하나는 2008년도에 다섯 해를 기약하고 첫 삽질을 시작한, 한국문화예술위원회의 작고문인 선집 간행 사업이다. "문학사적 의의와 가치를 지녔으나 작품이 제대로 정리, 복원되어 있지 않아 망실이 우려되는 작고문인의 선집(혹은 전집) 발간"을 지원하겠다는 뜻으로 시작한 일이다. 근대문학 자산 발굴과 갈무리에 나라가 나선 품세니 뜻이 예사롭지 않다. 그런 만큼 성과에 대해서 많은 기대를 갖게 한다. 저명문인의 작품집이 아니어서 돈벌이가 되지 않더라도 중요 작가나 작품을 찾아 널리 펼 수 있는 기회가 생겼다. 알게 모르게 뜻을 키우고 있었던 연구자들로서는 좋은 기회가 마련된 셈이다.

지난해 공모를 거쳐 올해 봄까지 나온 책이 12권이다. 엮은이들의 노고가 충분히 느껴지는 저작물이다. 모두 현대문학사에서 냈다. 그런데 아쉬움도 남는다. 엮은이의 기획 의도나 전집의 뜻을 살리기보다는 출판사 쪽 이익 보장에 끌려간 듯한 편집 방향이 그것이다. 대체로 500쪽 앞뒤를 잣대로 이루어졌다. 전집 꼴이 되지 못하고 선집이나 일부 갈래에 묶인 듯한 발간 형태도 보인다. 전집이라는 이름을 가졌음에도 제대로 나오지 못한 것이 그들이다. 전집이나 선집의 경우 500쪽이라는 경계에서 넘칠 수도 있고, 모자랄 수도 있다. 보기를 들어 『이수복 시전집』(장이지 엮음)의 경우는 191쪽에 머문다. 글쓴이가 엮은 『허민 전집』의 경우는 577쪽이다. 500쪽을 넘는다 하여 본문 조판을 좀 더 조밀하게 하고, 작품들을 올려붙이는 길을 따라 쪽수를 줄인 결과다.

『김명순 전집』(맹문재 엮음) 경우에는 그녀의 진면목이 드러나는 자리인 소설이 빠졌다. 대신 시・희곡이 그 자리를 채웠다. 앞뒤가 바뀐 꼴이다. 각별히 『이익상 선집』(최명표 엮음)은 모두 3권을 겨냥했다가 결국 중장편은 내지 못했다. '이익상 단편소설 전집'으로 나아갈 수밖에 없었다. 여러 차례 상업 출판에서 넘보려 할 작가가 아닌 까닭에 한 차례 결정본 출판이 이루어질 기회를 놓친 아쉬움이 더하다. 『백신애 선집』(이중기 엮음) 또한 이제까지 알려진 그녀의 소설을 중심으로, 원문주의에 따라 원본을 대조 확인한 공이 컸다. 하지만 아직까지 학계에 실체가 알려진 바가 없는 그녀의 동화문학이 들어설 자리를 얻어 내기는 어려웠던 모양이다.

다른 선집이나 전집에서 보이는 생각도 가볍게 적어 둘 필요가 있겠다. 『이수복 시전집』의 경우에는 작품을 더 기울 일에서부터 소략한 작가 해적이를 꼼꼼하게 다듬을 일이 남았다. 세상을 뜬 지 그리 오래지 않은 시인의 삶에 대한 해적이가 고작 일곱 줄에 머물고 만 점은 문제다. 『이양하 수필 전집』(송명희 엮음) 또한 '이양하 전집'으로 나아가지 못했다. 그가 우리 문학사에 끼친 이바지가 각별한 번역 쪽 작업이 빠졌다. 앞으로 이양하의 창작시와 번역문학을 다 아우른 『이양하 전집』을 기다린다. 『박봉우 시전집』(임동확 엮음)은 그의 줄글까지 다 넣은 전집 간행이 다음 일로 남았다. 박봉우는 시 못지않게 낱책이나 줄글에도 공을 들였던 직업 문필가라는 점을 놓치지 말 일이다. 어쨌든 다소 부풀려진 듯한 그에 대한 학계의 관심이나 평가도 이름에 걸맞은 전집이 제 모습을 드러낸다면 보다 마땅해지리라 여겨진다.

이태준이 쓴 『신문장강화』(정홍섭 엮음) 경우에는 모르긴 해도 작품집을 내려하다 다른 쪽으로 길을 튼 본보기가 아닌가 싶다. 발굴 의의가 크다고 여겨지는 『신문장강화』 한 권으로 선정 과제를 떠안은 모습이다. 이태준도 아직 발굴하지 못한 글이 적지 않은 작가 가운데 한 사람임에도 500쪽 경계에 걸려든 모양이다. 광복기부터 1950년대까지 이태준의 미문주의가 끼친 영향을 남북한은 모두 크게 입은 바다. 그렇다고 해도 모처럼 마련한 기획 자리가 『신문장강화』의 발굴 소개로 마감된 점은 아쉬운 일 처리라 아니할 수 없다.

이미 나온 마당이니 『신문장강화』에 대한 정보를 더 기워 두기로 한다. 엮은이는 이태준의 『문장강화』가 이번에 펴낸 것까지 모두 세 차례 곧 1940년, 1947년, 1952년에 나온 것으로 적었다. 그리고 엮은이는 이번 출판의 밑책으로 1952년 재일조총련에서 낸 것을 삼았다. 그런데 1952년 재일조총련에서 낸 『신문장강화』는 1949년 평양 청년교육사에서 낸 것을 되찍은 것일 따름이다. 일본 쪽 복각본인 셈이다. 그리고 이러한 복각은 일본 쪽만 아니라, 중국 연변에서도 같은 해, 같은 제목으로 이루어졌음을 밝혀 둔다.

이번에 나온 1차분 12권 가운데서 글쓴이가 지역문학사 쪽에서 각별히 뜻을 더 높이 사고 싶은 책은 『이익상 선집』과 『백신애 선집』이다. 두 책을 빌려 전북문학과 경북문학은 부름켜가 훨씬 더하게 되었다. 글쓴이가 엮은 『허민 전집』은 작품 곳곳에 속속들이 살아 있는 경상도 지역어에 대한 풀이를 충분히 이루지 못한 아쉬움이 못내 남는다. 어린 시기부터 경상도 지역어를 부려 썼던 글쓴이로서는 부끄러움이 사뭇 컸던 일이다. 앞으로 어학 전공자의 꼼꼼한 손길이 필요한 자리다. 그러나 이저런 사정에도 아랑곳없이 이번에 나온 1차분들은 우리 문학사 연구에 이바지가 뚜렷하기를 바란다. 여러 생산적인 담론 창발에 밑거름이 될 것을 의심치 않는다.

지난해에 이은 올해 '2009년도 '한국문학의 재발견―작고문인선집' 발간사업'도 공모를 마감했다. 올해는 자유 공모와 더불어 '지정 공모 대상 문인 리스트'를 미리 내세웠다. 시인으로는 김용호 · 양명문 · 김종삼 ·

구자운·박팔양·이찬이 올랐다. 소설가로서 엄흥섭·송영·이북명·허준·이선희·이근영·안회남이 보인다. 비평가로서 이원조·안막·김동석이, 그리고 어린이문학가로서 한정동·고한승이 이름을 올렸다. 이들 가운데서는 알맞게 가려뽑았다는 생각을 갖게 만드는 이가 있는가 하면, 몇몇은 선부르거나 문학사 속의 무게에서 뒤로 밀어 놓아도 될 만한 이다. 두고 보아야 할 일이지만, 지정 공모 쪽만이라도 기획 의도가 잘 살아난다면 우리 문학사에서 모습이 알려지지 않았던 중요 작가와 작품집을 새로 갖는 즐거움을 맛볼 수 있으리라.

게다가 1차와 달리, 이번에는 공모 규정에 그 양을 아예 500쪽 안밖으로 내놓고 묶어 두었다. 지명 공모한 작가만 놓고 보더라도 모름지기 그런 분량으로 작품집의 뜻을 제대로 살려낼 수 있을까 물음이 생긴다. 한정동 경우는 그의 본령인 동요에서 벌써 500쪽을 훌쩍 넘긴다. 나아가 그가 발표한 매체의 많은 것은 오늘날 학계에서 얻어 보기 힘들다. 엄흥섭 경우에는 기획하는 쪽 생각으로 아마 소설을 두고 올렸음 직하다. 그러나 그의 작품은 1920년대 활동에서부터 월북한 뒤 북한에서 이루어진 활동 말기까지 어린이문학이 한결같은 핵심 축을 이루었다. 그것까지 아우른다면 500쪽이라는 분량 제한은 그에게 뜻이 없다. 이번 기획에서 어떻게 처리할지 궁금한 일이다.

분량의 경계만을 생각한다면 지정 공모 명단 가운데서 적지 않은 작가들의 전집은 바라보기 어렵다. 글쓴이 깜냥으로 볼 때 당장 500쪽을 넘겨야 할 문인만 들더라도 엄흥섭·박팔양·김용호·안회남·송영·이북명·이근영·한정동이다. 게다가 지정 공모 명단 가운데서 이찬은 이미 2003년에 한 번 품격 있는 전집으로 되살아난 바(이동순·박승희 엮음, 『이찬 시전집』) 있다. 구자운의 경우, 그의 시작품은 거의 앞선 전집에서 갈무리하였다. 남은 자리는 출신지인 부산 지역 매체에 실린 초기 시에다 수필, 번역물이 대종이다. 그들을 죄 갈무리할 수 있어야겠다. 김종삼 경우도 두어 차례 전집 모양으로 작품을 엮은 바 있다. 새로운 데서 얼마나 뜻있는 성과를 얻을지 지켜볼 일이다. 어쨌든 지정 공모가 아니라 '자유 공모'에서는 좀 더 적극적이고도 발굴 의의가 무거운 작가의 작품집을 마련할 수 있기 바란다. 이를 위해서는 몇 가지 전제를 검토해야 할 일이다.

첫째, 모처럼 큰 뜻을 지니고 이루어지는 기획 출판인만큼 출판사의 이익에 너무 기울어지지 않기를 바란다. 한국문화예술위원회의 적극적인 요구와 관리가 필요한 일이다. 전집(선집)의 의의에 맞게 양적인 제약으로부터는 경우에 따라 부드럽게 넘나들 수 있어야 한다. 연구자의 의도를 가장 소중하게 앞세울 일이다. 영리를 맨 먼저 따져야 할 개인 사업자가 떠맡기 힘든 사업을 하는 마당 아닌가.

둘째, 새로 나올 작가 선정에서 좀 더 지역문학지적인 배려와 고려를 할 필요가 있다. 모두 다섯 해에 걸친 기획 가운데서 이제 두 해째 준비하는 자리다. 앞으로 이 일이 내다볼 성과는 매우 두터울 전망이다. 따라서 새로운 작가, 중요한 작가의 발굴 작품들도 많이 이루어지리라 본다. 그러나 기획한 뜻이 한국 근대문학의 총량을 더해 전통의 폭과 깊이를 되찾는 일이다. 시도적인 작가나 묻혀 있었던 지역작가의 전집 간행에 아낌없이 눈을 줄 일이다. 이미 어느 정도 수습된 작가, 알려진 작가의 작품집을 재탕 삼탕하는 일에 새삼스럽게 힘을 빼고 나랏돈을 쓰는 어리석음을 되풀이하지 말아야 한다.

셋째, 간행 대상 영역을 보다 넓게 열어 둘 필요가 있다. 우리 근대문학의 전통을 다변화하기 위해 시·소설·희곡·수필·평론과 같은 기존의 단선적인 갈래 범위에 붙박이지 않는 개방성을 지닐 일이다. 주요 작가의 미발간 일기나 편지글, 또는 회고록에서 더 나아가 특별한 뜻을 지니고 있는 대중문학 영역의 발굴과 갈무리도 필수적이다. 근대문학사의 주류적 관심이나 연구에서 밀려나 있었거나 놓쳤던 영역까지 힘차게 받아들이는 진취성을 보여 줄 때다. 국가적 기획의 의의가 훨씬 두드러질 자리가 거기다.

넷째, 이미 나와 있는 작가의 전집 경우에도 앞으로 깁고 더해야 할 것이 적지 않다. 당장 떠오르는 이름만 들더라도 계용묵·이무영·현진건·이상화·백석·박목월·정지용·김현승을 찾을 수 있다. 경남·부산 지역문학 쪽에서 본다면 김춘수·조향·장호·최계락·남대우·김상옥이 그런 일을 기다리는 이름이다. 걸음이 바쁘지 않다 하더라도 이들에 대한 새로운 작품 발굴과 해명이 제대로 이루어진 전집을 뒷날 독자사회는 볼 수 있기를 바란다. 그 일을 위해 뜻있는 연구자뿐 아니라, 선정을 맡은 쪽에서도 좀 더 다채롭게 우리 문학사회와 작가들을 챙겨 보고 따져 주기를 바란다.

3

근대문학 제도의 핵심은 출판이다. 그를 빌려 바탕을 마련하고 모습을 갖추고 자신을 키워 왔다. 숱한 작가와 작품이 그 안에 빛나는 모자이크처럼 박혀 우리의 삶을 밝혀 주고 되비추어 준다. 살아온 자리, 나아갈 바에 대한 꿈을 일깨운다. 오늘날 출판 매체가 지닌 무게가 줄어들곤 있지만 그 뜻이 작아진 것은 아니다. 문학은 운명적으로 출판 기록문화와 뗄 수 없다. 그런데 그동안 우리 사회가 보여 준 출판물에 대한 관리와 추억은 참혹하다고 말해야 할 처지다. 기껏 반세기를 지나지 않았음에도 1차 사료의 많은 자리를 잃어버렸다. 그로 말미암아 숱한 작가와 작품을, 삶의 진실을 알게 모르게 묻어 버렸다.

그들 가운데서 많은 경우가 지역문학지 쪽에서 돌아보지 않으면 모습이 잘 드러나지 않을 이들이다. 근대 일국주의 문학제도 아래서 제도 문학교육에서 홀대받고 주도 매체에서 비켜서 있었으며 중앙조직에서 벗어나 있었던 이다. 가끔 눈에 뜨이는 작품 한 편 한 편, 구석진 자리에 놓여 있는 작품집 한 권을 놓고 보면 큰 개성도 뜻도 없을 것 같다. 그러나 그것을 줄거리 세우고 한곳에 묶어 놓고 보면 뜻밖에 문학사에서 무거운 자리를 떠맡을 만한 이가 적지 않다. 오늘날 이저런 곳에 빠뜨리지 않고 얼굴을 내밀고 있는 이들보다 더 우뚝한 삶과 뜻있는 작품을 남기고 간 경우다. 앞으로 전집 간행이 이루어진다면 그런 이들에게 더욱 공을 들여야 한다는 뜻이다.

그리고 그 일을 위해 이제까지 팽개쳤거나 밀쳐 두었던 지역 문헌,

지역 매체를 되찾아 내고 갈무리하는 일이 바쁘다. 물론 커다란 대학 도서관에서도 보관 효율성이 떨어진다고 차떼기로 묵은 자료를 실어 내 버리는 우리 사회다. 100년을 넘긴 중고등학교 도서관에서 정보화 설비를 한다는 명분으로 맨 먼저 1960년대 이전 문헌부터 폐지 창고로 보내버리고도 아무런 죄의식이 없다. 특정 지역에 걸린 일을 말하는 게 아니다. 온 나라 안에서 그러한 문화적 폭거가 아무렇지도 않게 여겨지는 나달을 오래도록 겪어 온 우리다. 지역지를 온전하게 품고 있는 1차 사료 복원이 매우 험난할 것은 정한 이치다.

그럼에도 지역문학 사료에 대한 발굴과 보존・연구・출판은 꾸준하게 이루어져야 한다. 몇 해 앞선 때 어느 지역에서 개인 문학관 건립에 대한 논의가 실행단계까지 나아간 적이 있었다. 도움말을 청해 왔기로 그것을 흔해 빠진 쪽으로 이끌지 말고 특색 있는 주제 문학관으로 나아가, 일본의 근대문학관과 비슷한 민족문학 사료관으로 생각을 폈다. 그러나 지역 문화행정의 근시안과 보신주의 탓에 그 일은 더 이루어지지 못했고, 내 생각은 객쩍은 말로만 그쳤다. 그렇긴 해도 그때 지녔던 뜻이 달라질 까닭은 없다. 근대문학 100년 역사 가운데서 제대로 된 통합 자료관이 없다는 사실은 부끄러운 일이다. 기껏 군이나 시에서조차 억을 몇 십 번 넘기는 나랏돈을 들이부으며 문학사 쪽 값어치가 의심스러운 지역 작가까지 치켜세우는 문학관 건립에 나서는 나라다. 그러면서도 정작 그들 작가의 작품 발표와 유통의 핵심 자리였던 1차 문헌 자산을 갈무리・전시・연구하는 대표기관 마련에는 뜻이 없다.

세월이 흐른다고 바뀔 사정이 아닌 일이다. 그렇더라도 개인 연구자로서 할 바는 언제나 멀리 열려 있다. 지역 중요 작가에 대한 전집 발간에 적공을 아끼지 말 일이다. 그들을 빌려 우리가 살아온 삶과 나아갈 길을 되묻고 놓여 있는 자리를 살펴 헤아리는 기운이 지역사회 곳곳에 깃들도록 애써야 한다. 일은 많고 보람은 적으나 오래도록 세상에 이바지할 바가 큰 자리가 거기다. 그리고 그 일에 지역행정부나 지역사회가 보다 진취적인 눈길로 거들 필요가 있다. 지역 문단 거간꾼들을 앞세워 나랏돈이나 버릇처럼 나눠 돌리는 편의주의 문화행정만으로 그런 책무를 다했다고 믿는 무지와 무관심에서 벗어날 때도 되었다.

겉보기론 화려하지 않지만, 일회적이고 소모적인 문화 예술 행사와 다른 거시적인 뜻을 지닌 일이 문학전집 간행이다. 문화의 시대라 하지만 창조적 상상력의 가장 밑자리, 문화 생산성이 가장 높은 자리가 문학 아닌가. 내 당대, 내 손으로 이루어지지 않더라도 세상에 꼭 필요한 일이라면 언젠가는 반드시 이루어진다. 그러한 믿음을 단단하고도 넉넉하게 다지며 주어진 몫을 다하고 노력을 아끼지 않는 우직한 연구자, 진지한 지역사회, 눈 밝은 독자가 그리운 이즈음이다. 지난날을 소중하게 여기고 오늘에 치열하며 뒤 세대를 멀리 섬기는 마음으로 작가와 작품을 대하면서 한발 한발 나아가야 하리라.

지역문학의 전선(前線)과 전선(戰線)

1

지역문학은 우리 문학의 중요 현실이다. 어느 것 못지않은 자리를 차지해 왔으면서도 제 의의를 제대로 드러내지 못했던 문학이다. 근대 국가주의 인정 제도와 출판 자본 속에서 지역문학이 목소리를 내기란 쉽지 않았다. 정치적으로나 문화적으로 지역화를 소리 높이고 있는 이즈음에 이르러서도 사정이 나아진 것 같지는 않다. 지역문학은 우리 근대 시기 내내 중앙에 대해 선망 어린 지방문학이거나, 중앙을 향한 배타적인 향토문학으로 있어 왔던 셈이다. 게다가 문학보다 문단을 앞세우는 향유 환경은 지역문학의 열등한 지위를 더욱 굳혔다. 정보・자본・매체・사람에서 지역문학은 지역패배주의에 터를 둔 자신의 그늘에서 벗어나기 어려웠다.

이즈음 들어 디지털 문학의 가벼운 생산과 소비 방식은 완연한 문학 환경으로 구조화하고 있다. 국가주의 문학의 경계가 느슨해지고, 기존 문학제도나 상징 자본의 분배와 소비에도 다중적・다층적 변이가 속도를 붙여 나간다. 이런 속에서 지역문학의 위상 또한 예외일 수 없다. 마땅한 지역문학 자리와 길을 찾고자 하는 논의도 이저곳에서 잦아졌다. 그럼에도 이제까지 지역문학 담론은 이론으로서는 소박했다. 방법으로서는 명분론에 머물기 십상이었다. 게다가 지역문학을 문화라는 거시적 틀 위에서 바라보고자 하는 눈길 또한 엷었다. 미시와 거시를 오가고, 명분과 실질을 아울러 담아내는 통합 담론을 찾기가 쉽지 않았던 셈이다.

이렇게 볼 때 구모룡의 『지역문학과 주변부적 시각』(『신생』, 2005)은 지역문학에 대한 통합 담론을 마련하고자 하는 여러 글로 채워져 있어 뜻이 크다. 지역문학 현장 비평가의 이론적 고심과 실천에 대한 헤아림이 두루 담긴 바다. 문학은 삶의 구체성을 문제 삼는 가장 핵심적인 문화 양식이다. 지역문학은 그러한 문학의 존립 기반이며 쇄신 가능성이다. 이런 믿음을 지닌 이에게 지역문학은 예나 지금이나 우리 문학의 전선(前線)이며, 효과적인 전선(戰線)을 이룬다. 네 매듭으로 엮어 나간 책 곳곳에서 그 점을 확인하기란 어렵지 않다. 제1부 '지역문학의 논리', 제2부, '지역문학의 전개 양상', 제3부 '지역문화의 논리', 그리고 제4부 '주변부 삶과 풍경'이 그것이다.

2

지역문학에 대한 지은이의 생각을 가장 잘 살필 수 있는 글이 제1부의 1장, 「지역문학－문학적 생성 공간으로서의 경계영역」이다. 세계체제론에서 볼 때 지역은 중심부가 기획한 근대의 산물이자 형성물이다. 그렇다고 중심부의 권력과 자본이 일방적으로 실천되는 주변부 식민지는 아니다. 오히려 중심과 주변을 함께 성찰할 수 있는 공간이 지역이다. 지역의 창조적 가능성이 여기서 비롯한다. 지역은 중심과 주변, 근대와 전통, 서구와 비서구, 게다가 문명과 자연으로 이항 대립하는 여러 가치들이 뒤섞인 장소다. 아울러 그것을 종합하면서 새로운 형성 가치를 만드는 중층 공간이다. 세계체제와 일국체제는 이 점에서 함께 맞물려 든다.

이러한 지역의 지역성을 드러내는 문학이 지역문학이다. 근대 중심부 기획에 따른 여러 대립항이 대립에 떨어지지 않고 오히려 중심과 주변의 경계 영역에서 솟아오르는 생성적 문학이다. 이렇게 볼 때 지역문학은 중앙의 식민지로서 지방문학이라는 편견에서 벗어날 수 있다. 아울러 중앙을 향해 막연하게 겉칠된 향토문학이라는 미망에서도 자유로울 수 있다. 주변부 문학인 까닭에 오히려 지역문학은 새로운 창조의 공간, 희망의 장소다. 지역문학을 향한 이러한 인식 전환은 매우 중요한 바다. 그리고 그것은 지은이에 의해 비판적 지역주의라는 이름으로 온축된다. '지역에 바탕을 두면서도 중심과 주변의 변증법을 꾀하는 문학'이 그것이다.

오늘날 문학은 전 지구적 독점 자본의 재편과 한결같은 세계화 기획에 뚜렷하게 갇혀 버렸다. 반생명 자본과 반인간 권력에 더욱 짓눌리며 전방위 문화산업의 하부 더부살이로 몰려 앉은 형국이다. 지은이에 따르면 새로운 문학주의 경향이다. 이런 속에서 맹목적인 지역중심주의를 허물고, 중심의 지배까지 허물고자 하는 태도가 비판적 지역주의다. 중심 권력에 맞서면서 자연과 사람, 그리고 사회를 전 지구적 차원에서 바라보는 새로운 현실주의가 비판적 지역주의의 요체다. 서로 다른 주변부 지역문학과 맺는 연대나 생태학적 공동체 활동, 그러한 연대를 빌려 주변부 문학을 보편 수준으로 끌어올리고자 하는 이론적 전선(前線)인 셈이다.

그리고 이에 이르기 위한 효과적인 창작 방법 가운데 하나가 자기 성찰적 글쓰기다. 전통과 근대를 두텁게 이야기할 수 있고, 주변부의 중층성을 마땅하게 담아낼 수 있는 가능성이 이로부터 열린다. 지역과 근대의 문제를 한 고리로 읽는 눈길 또한 중요하다. 역사에 대한 다시 쓰기 방법이 권장되는 까닭이다. 서평자가 더욱 공감하는 바는 중심부에 대한 저항 못지않게 지역 안쪽의 식민성에 대한 헤아림이다. 오늘날은 다중심, 다주변 시대다. 중심부-반주변부-주변부라는 단선적 줄거리로는 죄 잡아 내기 힘든 중층적 부름켜를 지닌다. 지역을 생성의 공간, 희망의 장소로 만들기 위한 비판적 지역주의 전술은 더욱 기능적일 필요가 있다는 뜻이다.

제2부, '지역문학의 전개 양상'은 지역문학의 역사 속에서 드러나는 생산적 가치를 힘껏 읽어 내고자 한 자리다. 1960년 마산의거나 오월문학의 저항적 민족주의를 비판적 지역주의로 발전시켜 나가자는 요청

도 보인다. 경남・부산 지역문학지 속에서 그 징후를 읽고자 한 자리도 있다. 이러한 전사적(前史的) 검증이야말로 지역문학의 다채로운 지역성을 찾고 키워 내기 위한 디딤돌을 놓는 일이다. 타락한 중심부의 억압과 지배뿐 아니라, 지역의 왜곡과 지역 안쪽 식민지 현상도 이러한 노력을 빌려 보다 효율적으로 허물어뜨릴 수 있을 것이다. 지역문학의 전선(戰線)이 지역 안밖에 전방위로 열린 힘겨운 자리라는 새삼스러운 일깨움을 얻게 하는 글들이다.

지역문학이 실질에 이르기 위해서는 지역문화에 대한 관심은 필연적이다. 지역문학이 지닌 공공적 외부성이나 사회적 정합성은 바로 지역문화 속에서 확인된다. 그러나 이제까지 지역문학은 자신을 문화 속에서 폭넓게 연관시키지 못했다. 오늘날 문화예술 정책의 방향은 문화 민주화와 문화 민주주의라는 두 길로 묶어 볼 수 있다. 앞선 것이 보다 많은 사람들을 위한 문화로 나아간다면, 뒤선 것은 보다 많은 이들에 의한 문화로 나아간다. 이 둘의 조화롭고도 진취적인 실천에 예술문화의 앞날이 있다. 그런데 오랜 기간 우리 사회는 이 점을 선언적인 곳에 묶어 두고 있었다. 그만큼 실질을 얻기 위한 노력이 도전적일 수밖에 없는 까닭이다.

오랜 관 독점과 공직 사회의 편의주의, 외화내빈의 실적주의 인습은 어제오늘 일이 아니다. 토목 자본과 권력이 은밀하게 올려 세운 덩그런 문화공간과 행정 독재도 마찬가지다. 거기다 지역의 해묵은 연고주의와 특정 관변 집단의 이익 추구, 예술문화 정책의 단발성에 따른 사회적 낭비까지 지역 문화 복지의 이상과 터전을 뿌리째 흔들어 대고 있다. 문화 행정 주체로서 시민사회 구성원의 잠재력과 문화 민주화 가능성은 더욱 줄어드는 형국이다. 지은이는 오늘날 우리 지역사회가 안고 있는 이러한 예술문화 행정 현실에 대한 대거리를 분명히 했다. 비판적 지역주의 전략이 제3장에서 다시 한 번 전선(前線)을 날카롭게 가다듬고 있는 셈이다.

지역적이면서도 사회 전체의 문화 변혁을 상정하고 실천하는 노력이 비판적 지역주의 문화 전략의 요체다. 그 최전선에 생명이 있다. 전지구적 연관 아래서 지역이나 국가의 생태적 대응이 마침내 구성원의 생태 복지로 나아가게 하는 디딤돌이 여기에 놓인다. 그러나 생태적 빈부차별과, 생태산업의 독점적 이익만 제 몸집을 더욱 키워 가고 있는 것이 아닌가 걱정스럽다. 전선(戰線)이 혼미할 수밖에 없다. 과연 우리는 자본의 탐식을 버텨 내고 권력으로부터 자유로울 수 있을 것인가. 지은이가 거듭 목청 높이고 있는바, 지역이 지역의 실질적인 주체가 되어 지역의 문화 활력을 얻어 나가기 위한 비판적 지역주의 전략이 더욱 다급하게 와 닿는다.

3

지역문학과 지역문화가 시대의 날카로운 전선(前線)에서 효과적인 전선(戰線)을 이루기 위한 노력은 어떤 것일까. 그 고된 힘겨루기와 다툼에서 마침내 이기기 위한 길은 무엇인가. 이런 고민을 지닌 이들에게 구모룽의 이번 저술은 폭넓은 안목을 마련해 준다. 세계화 자본의 허구 앞에 놓인 새로운 현실주의 문학, 민족문학의 갱신에 대한 믿음을 지역에 실천하고자 하는 비판적 지역주의 명제는 굳건하다. 그리고 생명과 문화 민주주의에 대한 믿음 또한 실질적이다. 시민 권력의 재조직과 관변 권력에 대한 대항, 그리고 통합적인 생명가치의 실현으로 나아가고자 하는 지은이의 담론 투쟁은 앞으로 여러 길로 더욱 날을 세울 것이다.

서평자로서는 그의 비평 정신이 지역을 중심으로 거듭날 것임을 믿어 의심치 않는다. 비평은 권력 행위다. 중심에 맞서는 권력, 스스로를 반성하는 권력만이 자기 순수성을 보증 받을 수 있을 것인가. 지역문학과 지역문화 현장에서 진정한 비평에 대한 바람은 어제오늘 일은 아니다. 그렇다고 현실에 걸맞지 않은 것만이 참이라는 아도르노식의 극단적 부정도 문제다. 물론 일정한 권력과 이익을 양보받아 자본에 기생하는 문화주의의 한계는 뚜렷하다. 험난한 지구역화(glocalism)의 시대다. 생명과 지역이 함께 살아남기 위한 드넓은 지평까지 비평적 전선(戰線)이다. 마땅한 지역문학과 지역문화의 진지전을 향한 고심은 더욱 깊어가리라.

부산 지역 수필의 오늘과 내일

1

수필이 뛰어다니고 있다. 곳곳에 수필가며 수필 잡지다. 대학이나 사회기관에서 이루어지는 사회학습 문예창작 강좌에서도 수필 갈래와 작품은 넘쳐 난다. 시라고 그렇지 않느냐고 되물을라치면 나같이 시에 몸담고 있는 이쪽에서 보자면 시야 걷기도 힘든 상태가 아니냐고 되쏘고 싶다. 숱하게 쏟아져 나오는 시집에도 정작 사서 읽는이는 많이 잡아야 팔천 명을 지나지 않을 것 같다는 짐작은 언론계 사람이 낸 통계라 했던가. 거기에 견주면 수필은 쓰는이 수뿐 아니라, 널리 읽힌다는 장점까지 지녔다. 이다지 수필이 득세하고 있는 까닭이 무엇일까.

수필은 무엇보다 형식이나 규범에서 자유롭다. 근대문학 가운데서 삶의 가장 낮은 자리에 터 잡고 자라 나왔다는 소설보다 오히려 더 열린 갈래가 수필이다. 게다가 수필은 시에 견주어 훨씬 솔직하고도 다채롭게 삶의 속살을 드러낼 수 있다. 수필이 지닌 주제의 자유로움은 형식의 자유로움에 못지않은 즐거움이다. 말할이에 초점을 두어 본다면 수필은 시에 가깝다. 시의 본디 모습인 서정 발화 또한 수필이 드넓게 터 잡은 자리다. 특정 말할이가 제 목소리로 한결같이 내는 단독 발화가 그것이다.

극 갈래에서 볼 수 있는 교환 발화나 서사 갈래와 같이 이야기꾼이 들어서 줄거리를 이어 주는 매개 발화는 수필이 지닌 진면목이 아니다. 수필은 서정 갈래와 마찬가지로 실존 갈래로서 시민사회의 삶과 앎을 전방위로 담는 방식으로 자리를 굳혀 왔다. 따라서 서정·서사·극과 같이 해묵은 서양의 전통 삼분법에서 보자면 수필은 바깥에서 끼어든 네 번째 갈래인 셈이다. 그런 만큼 폭넓은 변화 가능성을 지닌 유동 갈래며 서정·서사·극과 맞물리는 자리가 드넓은 중간 갈래이기도 하다.

오랜 우리 근대문학 흐름 가운데서도 이러한 수필의 유동성은 초기 수필부터 잘 드러난다. 1919년 기미만세의거를 앞뒤로 한 시기에 수필시가 기지개를 펴기도 했다. 두려움과 기대로 가득한 근대 앞에서 수필시라는 형식을 빌려 복잡하고도 막연한 마음자리를 솔직하게 담아낸 전통이 그것이다. 시보다 긴 젊음의 탄식, 몽환의 진술을 펼치기에는 가락에 얽매인 시로써는 담아내기 힘들었던 탓이겠다. 아울러 일인칭 서술자의 내면 독백이나 서간체, 일기체 형식을 지닌 단편 서사 또한 수필에서 멀지 않다. 읽는이를 작품 안쪽으로 끌어들이기에 손쉬운 방식으로 이용된 것이다. 소설과 수필은 일찌감치 동거를 시작했던 셈이다.

그럼에도 한국 수필이 드넓은 항해를 시작한 때는 1980년대 후반으로 봐야 할 것 같다. 국가 안쪽으로는 경제 호황으로 말미암은 중산층의 확대, 국가 바깥으로는 국제화 감각 확산이 중요한 구실을 한 듯싶다. 그런 가운데서 세 가지 환경 변화가 잇따랐다. 첫째, 가정 안쪽 가사 중심이었던 여자 향유자의 취향문화 향상과 더불어 사회 진출이 크게 늘어났다. 1970~1980년대 어렵게 시대를 거쳐 올라오면서 키웠던 문학열을 되켜 으려는 세대가 그만큼 두터워진 셈이다. 둘째, 나아가 문화 민주주의 의식이 자라남에 따라 개인의 취향에 대한 욕구나 사회적 배려 또한 드높아졌다. 다양한 향유층 개발이 가능했다. 셋째, 계층 모순이 두드러진 사회 의제가 되었음에도 크게 교육받은 교양 독자층이 두텁게 자랐다. 이러한 정황은 어느 것보다 중간 갈래인 수필에 대한 관심으로 모이기 좋은 환경을 이루어 주었던 셈이다. 1990년대 초반에서 2000년대로 오면서도 수필 향유층이 꾸준히 늘어나게 된 배경이 이에 있었다.

이즈음 부산 지역 수필의 흐름 또한 이러한 국가 단위 흐름과 다르지 않을 것이다. 무엇보다 곳곳에서 볼 수 있는 생활문학과 그들이 이끌고 선택하는 갈래로서 수필의 활발한 항해는 그 점을 쉽게 엿보게 한다. 이 자리에서는 오늘날 부산 지역 수필이 지닌 모습을 한 차례 짚어 보고자 한다. 거의 열 해를 앞뒤로 한 시기 창작 경험을 지닌 작가들 모임이다. 기회가 닿아 그들 작품을 꼼꼼히 살필 수 있었다. 한 사람이 세 편에서 네 편에 이르는 작품을 내놓은 자리였다. 이주홍・손풍산・박문하・허천으로 이어졌던 부산수필의 빛과 그늘이 2000년대 지역 수필가 속에서는 어떻게 드러나는 것일까? 한 사람 한 사람의 작품에 대한 대강을 먼저 짚은 뒤, 그들 속에서 드러나는 문제를 뒤에서 뭉뚱그려 보고자 한다.

2

윤희아의 작품은 특정 주제나 글감에 초점을 두고 그것을 늘어놓는 입자식 짜임새를 지녔다. 「다행이다」는 '다행'을 느끼게 하는 여러 계기를 늘어놓았다. 불행으로 여겨질 수도 있었지만, 오히려 다행일 수 있었던 삶의 여러 국면이 그것이다. 아파 병원에 들렀으나 생각보다 큰 병이 아니어서 느끼는 다행, 늦은 나이나마 글쓰기를 배우게 된 다행, 자라는 아이들에 아직은 어머니 역할을 할 수 있는 다행, 그리고 남편에게도 밉상을 받지 않는 아내라 느끼는 다행이 그것이다.

> 맘고생 시켜 미안하다는 남편에게 내가 당신 인생에 끼어들어 복잡하게 하는지도 모른다는 아내. 아내의 고함을 피해 일찌감치 잠을 청하는 남편. 번번이 봐준다며 인심이 후한 척하는 아내. 오지랖 넓은 남편에게 아량 넓은 내가 참는다며 가슴만 치는 아내. 그런 아내에게 넓은 아량으로 이해해 줘서 고맙다며 당신뿐이라고 맞장구치는 남편. 살자면 착각도 그나마 '다행'이 아닌가.

아내가 남편에 대해 가진 생각과 자신을 향한 자의식이 잘 드러났다. 착한 아내인 것이 다행이라 말하고 있는 마무리 자리만 옮겼다. 평범한 데다 귀족적이라는 냄새까지 풍길 참이어서 읽는이들이 느낄 공감 지수가 얼마일지 궁금하다.

「사랑이 머무는 풍경화」도 사진을 초점으로 삼아, 혼인식 사진과 관련하여 혼인식장의 추억, 가족사진 가운데서 할머니 방에 걸려 있었던 것, 시누이 댁 거실의 것들, 자신의 거실 장식장 위에 있는 막내딸 사진과 같이 것에 걸친 이야기를 늘어놓았다. 그 마무리가 다음 두 월이다. "사진은 삶의 풍경이다. 사진은 사랑이 머무는 풍경화다." 평이하기로는 위의 「다행이다」와 크게 다르지 않을 듯싶다.

「마술피리」는 앞서 본 두 편에 견주어 '마술피리'라는 이름을 가진 음악 감상실에서 비롯하여, 삶의 갖가지 국면에서 마술이나 마술피리와 같은 정황을 지녔을 법했을 일들에 대한 늘어놓기로 한결같다.

> 우리는 입버릇처럼 속으면서 산다는 말을 한다. 그렇다고 무엇을, 어떻게 속았느냐고 되물으면 꼬집어 말하는 사람도 없다. 삶은 착각의 연속이라는 말이 새삼스레 떠오른다. 착각은 단순한 푸념일 수도 있고 자기 위안일 수도 있을 게다. 곤혹스러움보다는 약간은 행복에 겨워서 하는 엄살 정도로 들릴 때가 잦다. 엄살을 떨면서도 그럭저럭 살아가는 것을 보면 삶의 마력은 대단하다. 요지경 속 같은 세상, 산다는 것 그 자체가 마술이다.

세 편의 수필에서 윤희아는 점적 짜임새를 거듭한다. '다행'과 '사진', 그리고 '마술피리'가 그 초점이다. 그럼에도 그것이 담고 있는 경험 현실은 날카롭게 파고들거나, 특별한 집중・응시를 실천하고 있지도 않다. 이미 마련해 둔 글의 입자, 곧 주제적 발상에 작품이 뒤에서 끌려가는 듯한 인상을 던진다. 이것은 글쓴이가 삶에 대해 가진 앎의 깊이에서 말미암은 문제라기보다 말할이가 보다 솔직한 속살을 드러내지 않는 데 따른 일인지 모른다. 그만그만하고 평안한 나날살이에 대한 인상을 되풀이하는 일로 수필이 지닐 바 경험의 강렬함을 얻어 내기란 힘들다.

노현희는 「그대와 나」를 비롯해 「개소리」·「전봇대에 세워 둔 꽃다발」·「없는 전화번호」 네 편을 선보였다. 「그대와 나 사이」는 오늘날 도시 생활 속에서 나와 타자, 곧 '그대' 사이 거리감을 느끼게 만든 세 가지 경우를 골라 옴니버스 꼴로 엮은 수필이다. 가까운 지인인 '그녀'와 자신 사이, 도시 광장에 몰려드는 무리와 자신 사이, 그리고 거대 도시에 세워진 이십이 미터 크기 '해머링 맨'과 자신 사이 거리감이 그것이다. 글쓴이는 그들 어느 것 하나와도 일체감을 느끼지 못한 체 겉돌고 있는 자신을 발견한다. 우정과 집단 소속감, 또는 도시적 노동 현장이 그들이다.

「개소리」는 어느 더운 여름밤 무더위 탓에 짜증 섞인 사람들이 더위와 벌이는 대응 현장을 듣고 보는 말할이의 경험을 담았다. 글 모두에서 대화체를 끌어들이면서 일인칭 이야기 기법을 따랐다. 그러나 이야기가 지녀야 할 사건이 속속들이 드러나지 않은 약점이 있다. 따라서 여름 더위 탓에 짜증스러웠던 "그날 밤의 개소리"가 '문득문득' 그리워졌다는 글쓴이의 되새김에 읽는이들이 함께 젖어 들기는 힘들다.

> "왈왈, 왈왈왈,"
>
> 왜 그래. 내가 뭘 어쨌다고, 다시 개가 짖었다. 조금 전보다 더 큰 소리였다.
>
> "이 개새끼를 죽여 버려야지. 야, 잠 좀 자자. 개새끼야."
>
> "왈, 왈, 왈, 왈왈왈."
>
> 내가 왜 죽어야 해. 누가 자지 말랬어. 개는 더욱 극성스러워졌다.
>
> 아파트의 밤은 한동안 개소리와, 매미소리와, 짜가 호랑이 소리로 가득했다.
>
> "왈왈, 매애맴, 저 개새끼가 …….”

> 내 등에서는 여전히 땀이 삐져나오고 머릿속은 소용돌이 치고 있었다.

「전봇대에 세워 둔 꽃다발」은 이와 달리 "꽃다발"에 대한 추억을 좇아간 작품이다. 말하자면 "징검다리 끝자락에 예쁘게 만든 장미꽃다발" 하나를 발견하고, 그것을 고리로 삼아 살면서 겪게 된 몇 개의 '꽃다발'에 대한 추억을 보여 준다. 손쉽게 다가설 수 있을 줄거리다.

「없는 주민번호」는 가정주부로서 겪기 쉽지 않았을 성인 누리집 접근 경험을 다룬 작품이다. 남편 주민번호로 누리집에 들어가려다 어떤 까닭으로 실패하고 그 일을 남편에게 이르면서 아버지 주민번호로 들어가려다 말았다고 거짓말하는 모습을 재미있게 그려 보고자 했다. 노현희의 네 편은 이렇듯 사뭇 글의 형식 측면에서 유다른 모습을 보이는 가운데 자기 성찰을 두드러지게 드러내고자 한 글맵시를 보여 준다. 그럼에도 그들이 성공하고 있는 것 같지는 않다.

> 내 속에 감추어진 나, 나의 엑스 파일. 그 파일 속에는 '지금이 어떤 세상인데 그깟 음란물 하나로 웬 수선이야, 그거 괜한 내숭 아니야' 하는 내가 있고, 지지리도 못난 짓을 벌인다며 혀를 차는 내가 있다. 그러나 그것만은 아닐 것이다. 한송이 꽃을 가꾸며 도란도란 이야기를 건네는 나, 창밖으로 스치는 바람을 따라 여행을 떠나는 나, 가족을 위해 따뜻한 음식을 마련하는 나, 지금까지 미처 발견하지 못한 많은 내가 있을 것이다. 내 파일 속에는 그런 갖가지 씨앗들이 자라고 있는 것이다. 그런 상상을 하자 갑자기 나라는 존재의 씨앗이 꽃밭에서 들판에서 더 먼 곳에서 나를 기다리고 있을 것 같다.
>
> 나의 엑스 파일, 너의 엑스 파일. 살고 싶어지는 이유다.

수필이 자기 성찰의 한 방식이라는 데 대한 앎이 강박에 이른 듯이 보이는 자리가 「없는 주민번호」에 붙여 놓은 마지막 두 단락이다. 주부의 성인 누리집 접근과 그 실패로 겪게 된 자의식에 초점이 주어지지 않고, 성찰 방향이 막연한 사변으로 넓혀져 버렸다. 재미있는 글감이나 그것을 읽는이의 재미로 되돌려 놓기에는 모자람이 있어 보인다. 경험 자체에 대한 집중과 응시가 더 필요한 게다.

김은미가 쓴 세 편은 가족 가치에 대한 관심이 두드러진다. 「우리 집 그이」와 「우리 집 남자」는 주변 사람들이 남편을 부르는 일컬음에 담긴 바 거리감을 문제 삼았다. 자신의 남편을 '우리 그이'라 부르는 한 언니의 경우와 남편을 '우리 집 남자'라 일컫는 다른 언니, 두 경우가 그것이다. 그 가운데서 글쓴이 자신도 남편과 사이에서, 보다 객체화한 삼인칭 '우리 집 여자'보다는 '우리 그녀'로 거리감 없이 불리기를 바라는 뜻을 담았다. 혼인한 여자가 가질 수 있을 가족 로맨스의 한 부분을 엿볼 수 있게 하는 작품이다.

> 아파트 뜰 사이로 나타난 그의 등이 편안해 보인다. 내가 그를 내려다보고 있다는 것을 모르고 있을 것이다. 아니다. 그는 나의 시선을 의식하면서도 굳이 모른 체하고 싶은 것이다. 어쩌면 지금, 그는 나에게 속삭이고 있을지도 모른다. '우리 집 여자' 보다 늘 '우리 그녀'인 당신이길 바란다고.

「멸실환」은 멸실환이라 일컫는 고생물학 쪽 용어를 빌려와 자신이 겪는 삶의 역정을 추억하는 모습을 드러낸다. "우리들 삶에도 군데군데 설명할 수 없는 단절된 부분, 멸실환이 있다"는 전제를 깔고 글쓴이는 그것을 자신이 지니고 있었던 '열등의식의' 시원을 찾는 데 끌어들이고 있다.

> 잠자리에 들 때마다 공연히 눈물이 고이곤 했었다. 내 가슴에 언제나 똑같은 결정체를 남기는 그 눈물은, 그날 비틀어지고 잘못된 것을 모두 내 탓으로 돌리고야 마는 일종의 자책이었다. 원인이 무얼까 돋보기를 들이대기도 전에, 으레 그런 습한 감정으로 치달아 버리곤 했다. 날마다 복병처럼 들고일어나는 자기 비하, 그것이 열등의식이라는 것을 나는 오래도록 알지 못했다. 언제부터였을까. 이것이 내 안에서 똬리를 틀게 된 것이. 나는 열등의식의 시원(始原), 잃어버린 고리 하나를 찾아 과거 속을 샅샅이 훑어보고자 했다.

그리고 자신의 열등의식에 고리가 됨 직한 '멸실환'을 찾아보고자 한 노력은 금방, 어릴 적 오라버니와 함께하면서 결코 이길 수 없었던 내기 곧 "나라 이름, 꽃 이름 이어 말하기"와 같은 놀이의 추억으로 마무리된다.

> 오빠들을 결코 뛰어넘을 수 없었던 실력의 벽, '주워 왔다'는 아리송한 출생 발언, 잉태부터 못난이인 줄 알고 어머니가 낳을까 말까 망설였다는 유언비어. 나는 미운 아기 오리처럼 점점 외톨이가 되어 갔다. 그것들은 어린 내가 감당하기에 너무 무거운 것들이어서 열등의식에 깊게 젖어 든 기원이 되었을 것이다.

마무리 부분에서 뽑은 한 단락이다. 열등의식을 겪게 된 원인으로 생각하는 경험이나 사건에 대한 추억의 세부를 꼼꼼하게 담아내지는 않았다. 그보다는 '멸실환'이라는 관념적 지식에 초점을 두어, 성급하게 글을 끌어 나가고 있다는 느낌을 준다. 멸실환이라는 것은 손쉽게 경험할 수 있을 지식체가 아니다. 그러한 거대 담론에 자신을 맡김으로써 글쓴이의 개별 경험은 오히려 단순해지고 묻혀 버렸다. 말하자면 수필이 지닐 바 글쓴이의 진진한 내면이나 목소리가 쑥 들어가 버린 형국이다.

「엔트로피의 법칙」도 비슷한 경우다. 거대 지식인 '엔트로피의 법칙'을 현실 속에서 찾아보고자 한 눈길은 충분히 받아들일 만하다. 다만 아래와 같은 거대 신화적 서사의 한 곳에다 글의 결말을 밀쳐놓는 자세는 읽는이를 글 속으로 끌어넣기 어렵게 만든다.

> 올려놓은 바위가 굴러 내려오고 다시 끌어올려야 하는 무수한 반복, 그 시시포스 신화에서 나는 인간의 한계를 읽는다. 얼룩이 생기고 다시 그 얼룩을 지우려는 노력은 네트를 넘나드는 탁구공처럼 계속 되풀이될 것이다.
>
> 이불이 베란다에서 한껏 볕을 쬐고 있다.

글 맨 마지막 월, "이불이 베란다에서 한껏 볕을 쬐고 있다"는 범상하지 않을 구체적인 표현과 그 앞에 든 막연한 표현이 서로 맞서면서 읽는이를 둘 사이에서 이음매를 찾지 못한 채 헛갈리게 만든다.

읽는이가 김은미의 세 편에서 느낄 수 있는 것은 엄밀한 과학 지식이나 핵심 주제에 대한 이성적 풀이가 아니다. 세 편 모두에서 느껴지는 강하나 소박한 가족 가치일 것이다. 그러므로 거대 지식과 미시 경험이 하나로 옹글지 못한 데다, 그 경험마저 소박한 데 머물고 있다는 비판을 받기 쉬운 자리에 작품이 머물고 있는 셈이다.

김정임도 세 편을 내놓았다. 그 가운데서 첫 작품 「유월의 텃밭」은 김은미의 작품과 같이 가족 가치로 글의 속살이 모인다. 「유월의 텃밭」에서는 시모, 곧 '어머님'이 "시댁 뒤뜰"에서 가꾼 "손바닥만 한 밭"과 그 밭으로 푸성귀 키우기를 소일거리로 하시는 당신 마음을 헤아려 보면서 자신과 둘레 삶에 대한 성찰을 드러내고자 했다.

지난해 어머님은 뒷밭에서 수확한 붉은 고추를 말려 태양초를 만드셨다. 양은 그리 많지 않았지만 고춧가루가 담긴 비닐봉지를 몇 번이나 나에게 들어 보이며 자랑을 하셨다. 어떤 보물이 그런 귀한 대접을 받을까 싶었다. 고춧가루의 달콤하게 매운 맛이 지난여름의 햇빛인 줄만 알았는데 정작 그 진한 맛은 고추를 매만지던 살가운 손길이었다. 그저 커 가는 모습만 잠깐잠깐 지켜봤던 나도 기특한 마음이 들었다. 나의 일상도 애정을 담아 익어 간다면 그렇게 진한 맛이 될까. 살아가는 일이 무언가를 정성들여 가꾸는 일이라는 것을 나는 깊이 있게 알지 못했다. 삶이라는 정원에 씨앗을 심는 일을 등한시했으니 환한 결실을 기다리는 재미가 있을 리가 없었다.

그냥 버려진 땅에 불과했던 뒷밭에 싹을 틔우는 건 어머님 삶의 방식이었다. 하루 종일 평상에 앉아 하루를 보내는 듯 보였던 이웃 노인들의 일상이기도 했다. 평범하게 늙어 가는 사람에게도 오랜 시간 터득해 온 자신만의 지혜가 있는 것 같았다. 삶의 연식이란 단순히 세월만을 축적해 놓은 것은 아니었다.

작품 가운데에 놓인 단락이다. 어머님이 "버려진 땅"을 이용해 붉은 태양초를 만들 수 있을 만큼 멋진 수확의 결실을 보게 된 데 대한 글쓴이의 생각을 길게 옮겼다. 그런데 앞머리 태양초에 대한 경험은 잠깐 드러나고, 뒤를 가득 채우고 있는 것은 글쓴이가 뱉는 성근 지혜 말씀이다. 수필이 사색과 성찰을 빌려 교육적, 계몽적 기능을 떠맡아야 한다는, 세간의 수필에 대한 고정관념이 고스란히 배어 있는 한 본보기라 할 만하다.

「도시에서 꿈꾸다」는 멀리 다른 나라 낯선 도시로 여행을 떠난 벗에게서 온 편지로 말미암아 겪게 된, 자신의 도시 체험에 대한 회고와 도시 감각을 담은 글이다. 열네 살에 부산에 정착해 길지 않은 세월 부산에서 살게 된 것이 글쓴이가 겪은 도시 체험의 핵심이다. 그래서 아래와 같은 깨달음은 범상하지 않다.

> 한 도시에 오래 살아가다 보면 자신만의 지도를 만들게 된다. 목적지가 어디든 가장 빠른 길과 여유롭게 돌아가는 길을 알고 있는 유일한 도시가 되는 셈이다. 이제 나에게 길은 목적지를 향한 통로만이 아니다. 통로가 만들어 내는 무늬와 그 변해 가는 모습까지 기억하고 있다. 어느 길목에서는 뜬금없이 가슴이 아리기도 하고 초췌한 기억 속으로 빠져들게 하는 곳도 있다. 유통기한 지난 열정이 시든 꽃처럼 남아 있는 거리와 불쑥 마주치기도 한다.

사람이 지닌 장소 지각에 대한 글쓴이의 회고는 설득력이 있다. 그러나 「그의 어깨」는 사정이 다르다. 「도시에서 꿈꾸다」가 보다 성근 도시 경험에 막연히 내맡겨진 주제 의식을 보여 준다면, 「그의 어깨」는 네걸음길에 있는 은행 앞에서 은행 홍보를 하고 있는 남자 직원을 문득 발견하고, 그를 빌려 비슷한 직종에 있는 남편의 어깨로 연상의 고리를 옮기면서 새삼스럽게 내외 사이 사랑을 되새기는 작품이다. '어깨'라는 제재에 초점을 분명히 한 짜임새를 보여 준다. 도시 경험이라는 다소 막연한 데 눈길을 두었던 「도시에서 꿈꾸다」보다는 훨씬 명료하나 새삼스럽게 발견한 남편의 어깨에서 가족에 대한 헌신과 세월을 읽어 내는 글쓴이의 눈매는 예상된 줄거리를 그냥 따르고 있다는 느낌을 준다. "가슴속으로만 꾹꾹 눌러 담았던 마음이 한 뼘 남짓한 어깨의 표정으로 나타난다"는 뛰어난 월이 담아내고 있는 속살은 사실은 신선하지가 않은 셈이다.

정성화는 유소녀기 기억을 되살리는 공통점을 지닌 세 편, 「버드나무」와 「돼지고기 반 근」 그리고 「기차는 그냥 지나가지 않는다」를 선뵈고 있다. 그러다 보니 세 편 모두 유소녀기 추억의 이음매로 어릴 적 살았던 장터 '버드나무', 소녀 시절 대학 입시에 떨어졌던 딸을 위해 아버지가 밤늦게 사 오셨던 '돼지고기 반 근', 어릴 적부터 어른으로 자라나는 과정에서 여러 삶의 인연을 갖게 한 '기차'라는 초점을 중심으로 추억을 끌어올리는 입자식 짜임새를 보여 준다.

그런데 세 편 모두 회상에 대한 구체적인 묘사보다는 부분 부분 교훈주의라 할 만한 추상 서술이 끼어들어 글의 긴장을 풀리게 한다. 수필은 교훈이나 계몽적 성찰이 담겨야 한다는 강박을 다시 한번 엿보게 한다.

> ① 부러진 버드나무 가지를 봐도 그렇다. 다른 나무보다 훨씬 빨리 수액이 굳어지고 생채기가 아문다. 그것이 바로 버드나무의 힘이 아닌가 싶다. 부드럽게 가닥가닥 풀어지면서도 껍질 속으로는 무섭도록 내공(內功)을 쌓아 가는 나무다. 삶의 가지 하나만 부러져도 그에 대한 미련과 집착을 버리지 못한 채, 부러진 가지 끝만 바라보고 있는 우리들 자신에 비하면 나무는 참으로 의연하게 제 몫을 꾸려 가고 있다는 생각이 든다.

② 슬픔의 무게는 얼마나 되는 걸까. 그것은 고작 반 근의 무게밖에 되지 않는 것 같다. 신문지가 엉겨 붙은 돼지고기 반 근과 맞바꿀 수 있었던 그날의 슬픔을 돌이켜 보면.

아버지의 사랑은 한 손으로 들 수 없는 무게였다. 온전한 한 근이었기 때문이다.

③ 기차에서 잠깐 잠들었다가 깨어 보면, 옆에 앉았던 사람이 내리고 다른 사람이 그 자리에 앉아 있을 때가 많다. 삶 또한 그러하다. 몇 정거장 지나다 보면 내 옆에 앉아 있던 슬픔이 내리고 그 대신 기쁨이 찾아들며, 어두운 얼굴로 앉아 있던 절망이 내린 뒤엔 환한 미소를 띤 희망이 내 옆에 사뿐히 앉기도 한다. 질주와 멈춤, 채움과 비움을 반복한다는 것, 그리고 종착역에 이르러서는 모든 걸 내려놓고 다시 빈 차가 되는 것까지, 기차는 우리의 삶과 아주 많이 닮았다.

①, ②, ③은 「버드나무」 · 「돼지고기 반 근」 · 「기차는 그냥 지나가지 않는다」 세 편에서 낱낱으로 따온 것이다. 누구보다 이야기로서 재미가 있을 추억을 담고 있음에도 위에서 본 바와 같은 교훈적 어투가 추억에 대한 글쓴이의 응축을 가로막고 있다. 각별히 ①의 경우에서 보는바,

장터 한복판에 점포도 없는 가정집이 있다는 것은 싱거운 일이다. 왁자지껄한 시장바닥에 양쪽 귀를 틀어막고 앉아 있는 모양새의 집이 바로 우리집이었다. 그래서 닷새에 한 번씩 장날이 되면 시장판으로부터 온갖 실랑이와 악다구니가, 투박한 경상도 사투리와 육두문자 섞인 욕지거리가 방 안까지

차고 들어왔다.

와 같은 소박한 의인법에 기댔으나 "시장바닥에 양 쪽 귀를 틀어막고 앉아 있는" 듯하다고 본 '우리집'에 대한 감각, 또는

바람이 거세게 부는 날, 버드나무는 천막이 날아갈까 봐 천막 주인보다 더 안절부절못했다.

에서 보는바, 바람 "거세게 부는 날" 버드나무가 오히려 "천막 주인보다 더 안절부절 못"했다는, 시장 바닥 풍경에 대한 감각은 빼어나다. 그런데 그러한 빼어남을 제대로 살려 내지 못한 까닭은 글쓴이가 지닌 교훈주의에 대한 강박에 있다. 수필이 작가가 선택한 글감이나 주제에 대한 교훈을 담아 읽는이에게 계몽적 가치를 지니거나 교육 효과를 얻어야 한다는, 무거운 접근 태도가 그것이다. 「돼지고기 반 근」 또한 "소금이 물에 녹아내리듯 내 몸도 슬픔에 조금씩 녹아내려 이제 남은 것이라곤 아버지를 기다리는 귀 두 개뿐인 듯했다"는 구절도 ②로 이어진 감상으로 말미암아 살아나지 못했다. ③ 또한 필연성 없이 교훈주의의 일반화에 떨어져 막연한 말을 되풀이하고 있을 따름이다. 거기다 글의 맨 뒤에 붙인 아래 단락은 더욱 군더더기다.

오후에 건널목에서 동해남부선 기차를 만났다. 겨우 다섯 량의 객실만 이은 기차였다. 기차는 은빛 햇살을 받으며 마치 나비가 날아가듯 바다 쪽을 향해 팔랑팔랑 날아갔다. 나도 그렇게 산뜻하고 경쾌한 기차가 될 수는 없을까.

기차는 오늘도 그냥 지나가지 않았다.

박영란은 「땀 좀 흘려 봐」·「참 웃기네」·「나의 멘토를 찾아서」 세 편을 선보였다. 「땀 좀 흘려봐」는 살면서 겪게 되는 여러 가지 땀에서 삶의 참을 엿보고자 한 작품이다. 구슬땀과 비지땀, 식은땀, 진땀, 피땀으로 나아간 엮음이 그것이다. 그러다 보니 땀에 대한 수평 파동식 짜임새를 보여 준다. 땀을 빌려 삶의 깊이보다 땀의 유형화에 더 매인 듯한 느낌이다. 게다가 나눔마저 작위적이라는 눈길을 받을 만하다. 무엇보다 작가가 땀에 대해 겪은 솔직한 경험 세계가 모자라는 데서 오는 까닭이다. 글감이 낯익은 만큼 그것을 파고드는 글쓴이의 자기 고백은 훨씬 깊거나 신선했어야 했다.

> 진땀은 말한다. 땀의 진수는 자기라고. 고양이가 쥐를 향해 집중할 때 그 먹잇감이 되는 쥐가 흘리는 땀이나, 면접을 보는 입사시험의 마지막 관문에서 내심 떨리면서 솟아나는 땀이 진짜라고. 하긴 진땀은 그야말로 교감신경과 자율신경의 통제를 벗어난 가장 이성적인 상태에서 흘리는 땀이다. 예기치 않는 상황에 직면했을 때 그 긴장이 극에 이를 때 우리의 몸은 숨통을 틔우는 방법으로 땀을 내보낸다. 그때 사람은 스스로 몹시 애를 쓰고 있다는 걸 땀을 통해 확인한다. 자기애를 느끼게 하는 땀이다.

지식과 경험, 사색과 표현이 맞물려 돌아가지 않고 겉도는 듯한 작품 분위기를 보여 주는 부분을 따 옮겼다. 이렇듯 땀이 지닌 뜻에 대한 경험적, 표현적 가치를 만족스럽게 마련하지 못한 것은 아마도 교훈주의 덫에서 말미암은 바라 생각한다. 오늘날 적지 않은 글쓴이는 익명으로 널려 있을 읽는이가 그리 무지하지 않을 뿐 아니라 글쓴이보다 삶의 경험에서 더 다채롭고 긴장할 수 있다는 사실을 짐짓 모른 체한다. 그러다 보니 자신이 겪은 솔직하고도 예리한 경험 현실에 뛰어들기보다 해도 그만, 하지 않아도 그만일 무거운 '말씀'에 짓눌리고 만다.

「참 웃기네」는 살아가면서 참 웃긴다라는 일깨움을 줄 만한 상황과 맞닥뜨리게 된 경험을 늘어놓았다. 그러나 글쓴이가 겪은 경험은 너무 사소한 나날살이에 머물고 있어 가볍다는 인상을 벗기 힘들다. 참 웃긴다는 일깨움이 반어로까지 더 깊어지지도 않았다. 군자 같지 않으면서 군자라는 이름을 달고 사는 군자란에서부터 어머니의 관심을 몰라주는 아들, 남편 또한 마찬가지다. 그럼에도 「참 웃기네」는 여자 작가다운 섬세함이 잘 살아난 작품이다.

「나의 멘토를 찾아서」는 삶의 조언자, 곧 멘토를 다룬 글이다. 딸에게서 자신이 오히려 멘토 역할을 한다는 말을 빌미로 자신의 멘토를 짚어 보는 과정을 보여 준다. 그 가운데서 글쓰기와 읽기로 말미암아 얻게 되는 "새로운 기운들"이 자신 삶의 멘토가 되고 있음을 밝혔다. 자기 고백이라면 다소 막연하고, 경험에 대한 재구성이라면 결핍감을 느끼게 한다.

> 그러고 보면 나의 멘토는 나를 끊임없이 형성해 가는 것들이다. 저 산에 피어 있는 강인한 들꽃에서도 멘토를 만나고, 신문 기사에 난 착한 미담 기사의 주인공도 어느 날은 나의 멘토가 된다.

「멘토를 찾아서」의 마지막 단락이다. 어쩌면 글의 마지막에서 만날 속살이 아니다. 멘토로 여겨졌을 '들꽃' 하나에 깊이 빠져들던가, 착한 미담 기사 하나라도 더 소중하게 닦아 보는 섬세한 눈길도 생각해 봄 직했다.

앞에서 성글게 살펴본, 여섯 작가의 열아홉 편에 이르는 수필이 오늘날 부산 지역 수필의 현황을 다 보여 주거나 잘 품어 안은 것이라고는 생각하기 힘들다. 그럼에도 글쓴이 모두 적어도 열 해를 앞뒤로 한 시기 동안 습작과 발표를 꾸준히 거듭해 온 이라는 점에서 만만하게 여길 것이 아니다. 이들 작품이 여태까지 써 온 대표작이라 할 수는 없다 하더라도 한 사람 한 사람이 지닌 개성을 살피는 터무니로서는 모자람이 없을 듯싶다. 크게 세 가지에서 이들이 지닌 특성을 묶어, 더 나아갈 길을 살펴보기로 한다.

3

이제껏 일별한 작품을 중심으로 오늘날 부산 지역 수필의 현황을 뭉뚱그려 살피기 위해 형식과 내용, 그리고 어법이라는 세 가지로 나누어 볼 생각이다.

첫째, 형식 곧 짜임새에서 드러나는 폐쇄적이라는 됨됨이다. 한 편의 글은 그 안쪽에 유기적 통일성을 지녀야 한다. 그러한 통일성을 빌려 읽는이에게 잘 짜인 줄거리 덩어리, 또는 잘 이어진 연상이나 추론 과정을 전해 줄 수 있다. 이 점은 작품 전개를 물이 흘러가듯 수평적으로 넓혀져 나가는 파동식 전개를 따르거나, 특정 대상이나 제재에 초점을 두고 유추를 따르는 입자식 전개를 따르거나, 둘을 뒤섞거나 다 걸린다.

문제는 그 과정에서 읽는이의 발랄한 해석적 상상력이나 읽는 즐거움을 가로막는 닫힌 마무리나, 감상적 과장에 빠져든 경우다. 이 경우에는 끝이 뻔한 수필이 되기 쉽다. 읽는이의 예상이나 기대를 결코 배신하지 않을 것 같은, 그래서 읽는이와 동일시 체험이 손쉽게 일어나는 작품이 그것이다. 결코 좋은 수필로 올라서기 힘들다. 뻔하고 빤한 생각이나 느낌의 줄거리만 늘어놓았다는 느낌을 준다. 이렇듯 작품의 처음과 가운데, 그리고 끝을 쉽게 예시하게 만드는 형식을 지닌 작품을 우리는 폐쇄 형식의 것이라 일컬을 수 있다.

작품으로서는 「다행이다」·「땀 좀 흘려 봐」·「버드나무」·「유월의 텃밭」이 이러한 점에서 비슷하다. 이 점은 작품이 담고 있는 주제의 무거움이나 가벼움과는 관계가 없는 일이다. 작품 형식이 읽는이의 기대와 달리 치열한 사물 인식이나 주제에 대한 집중, 또는 세계 현상에 대한 성찰이 다채롭게 열려 있는, 그래서 작품의 마지막까지 눈을 떼기가 힘든 작품에나 붙일 것이 '좋은'이라는 그림씨다. 수필의 갈래적 우월성이란 이러한 개방 형식에서 비롯하는 것이다.

둘째, 작품의 내용 곧 속살에 나타는 가족 가치 중심주의 태도다. 가족은 말할 것도 없이 근대성의 중요 일면이다. 가족과 사랑으로 표현되는 가족 이념은 근대 자본주의 산업 사회가 일구어 온 아름다운 텃밭임에는 틀림없다. 많은 사회 문제는 가족 문제를 빌려 구조화하고, 많은 개인 문제는 가족 문제로 되비친다. 가족이라는 단위는 나와 사회 사이에 놓인 핵심 고리임과 아울러 나와 사회의 알레고리다. 따라서 모든 문학이 가족 동기나 가족 가치에 기대는 것은 당연하고도 마땅한 일이다.

그런데 문제는 가족 가치에 있다기보다 그것을 좇아가는 방식에 도사리고 있다. 오늘날 가족은 역사 맥락에서 볼 때 수동적 소비자로서 자리가 굳건하다. 소시민적 유약함에 빠져드는 가족중심주의는 이러한 자리를 더욱 키운다. 도의 규범을 강조하고, 사소한 생활 윤리를 내세우며, 사생활 보호를 위해 애쓰는 태도가 그것이다. 그러다 보니 시시하고 걱정 없는 삶을 가족의 안온함이라, 행복이라 오해하기 쉽다. 또한 그러한 속살을 주도적으로 담아내다 보니 필연성 없는 감탄이나 감동만을 내돌리기 쉽다. 「돼지고기 반 근」·「우리 집 그이」·「우리 집 남자」와 같은 작품에 담긴 속살도 따지고 보자면 마침내 소박한 가족주의 의식으로 돌아갈 수밖에 없다.

말하자면 가족을 다루되 다루는 방식에서 새로워져야 한다는 뜻이다. 가족중심주의 속살은 이미 굳어진 것인 까닭에 탈가족적 주제에서도 작가를 섣불리 이성적 자세를 지키도록 이끈다. 그렇게 해서는 읽는 이의 눈길을 작품 안쪽으로 돌리게 할 수 없다. 문학은 도덕 교과서일 수도, 또한 그럴 필요도 없다. 살아가면서 겪게 되는 반역, 해체의 솔직함이나 숨겨진 삶의 참을 드러내고 그들로 눈길을 넓혀 나가는 진취적 자세가 필요한 까닭이다. 「없는 주민번호」에서 보았던 소박한 일탈도 쉽게 찾기 힘든 게 오늘날 수필의 모습이다.

그렇다고 가족 가치에 매몰될 위험을 벗어나기 위해 섣불리 비평적 눈길을 내세우거나, 사회 현상에 대해 격조 있는 앎을 드러내겠다는 무거운 태도도 위험하다. 수필이 지닌 자유로운 즐거움을 잃어버릴 위험이 있다. 소박한 가족 가치를 거듭하는 곳에서는 삶에 대한, 자신에 대한 차가운 성찰과 풍자, 웃음과 울음이 공존하는 역동 공간을 만들기 힘들다. 수필은 사람살이 속으로 열린 문화관습이어야 한다. 손쉬운 인습이나 도덕적 성찰 과정에 작품을 내맡기지 말고, 솔직하고도 치열한 속살을 채워 나가려는 더디고 늦은 눈길과 발걸음이야말로 오히려 더 깊은 삶의 참에 이르게 한다는 사실을 명심할 일이다.

셋째, 어법에서 드러나는 특성이다. 수필은 말씨에서 서정시와 가장 닮았다. 수필은 모방 갈래보다 실존 갈래에 든다. 말할이의 개별 담화를 중심으로 경험의 양과 질에 기대는 갈래다. 객관화하는 소설이나 극적 자세와는 뚜렷이 나뉘는 사적 공간이야말로 수필을 다른 갈래와 나누게 해 준다. 문제는 그렇다고 해서 말할이의 목소리가 단일하거나 단조로운 데 빠져 있을 필요가 없다는 점이다. 극적 긴장을 일깨우는 깊은 내적 독백이나, 탈을 빌려 드러나는 대화적 교환 발화, 또는 시치미떼기와 같은 이중 화법은 수필이 지닌 자유로움과 즐거움을 우리에게 한껏 내보일 수 있는 말씨다.

나아가 시적 이미지를 속속들이 감각화하고 있는 묘사, 환상적 일탈로 나아가는 비약 또한 수필이 얻어 나가야 할 자유로움을 잘 드러내는 말법일 수 있다. 그뿐이랴. 이야기 문학에서 볼 수 있는 서사적 개관도 다루기에 따라서는 수필의 공감대를 넓힐 수 있는 길이다. 그렇게 보자면 부산 지역 수필의 목소리는 단조롭고 단선적이다. 말씨가 평면적이라는 뜻이다. 그러한 데를 가장 많이 벗어난 것으로 보이는 노현희의 「개소리」에서 엿보는 시침떼기조차도 긴장된 위트를 끌어들이지 못했다.

오늘날 지역 수필의 주도 계층으로서 40~50대 작자가 가꿀 수 있는 말씨나 목소리는 매우 다양할 수 있다. 작품 모두를 꿰뚫는 구조적 목소리의 다양성도 문제거니와 작품 곳곳에 새로운 말씨를 끌어안는 가능성을 고심하는 일이 긴요하다. 더듬거리기, 귀엣말하기, 비약, 수다 떨기, 말꼬리 흐리기와 같은 익숙한 여자 화법을 끌어들일 필요가 있다. 새로운 말씨 개발이나 발견이야말로 새로운 삶의 발견과 맞닿아 있다는 사실을 잊지 말 일이다.

4

수필은 서정 갈래나 서사 갈래, 또는 극 갈래와 다르다. 유동 갈래로서 지닌 몫이 뚜렷하다. 그 터가 매우 넓어도 시나 소설로 갈아 넣을 수 없는 고유성을 지닌다. 그곳을 더욱 키우고 넓혀 나가는 일이 앞날에도 수필이 살아남을 수 있을 길이다. 20세기 백 년 동안 근대 수필이 지닌 사회 위상이나 창작에 대한 관심에 견주어 뛰어난 작품은 많이 남기지 못했다. 사회 전반에 걸쳐 있는 문학적 명성은 소설의 재미나 시의 높이에 견주기 힘들었다. 수필가를 기리는 단독 문학관 하나 없는 우리 현실이 그러한 자리를 잘 보여 준다.

21세기는 문학 복지의 시대가 될 전망이다. 개개인의 특별하고도 천재적인 문학 역량이 사랑받고 상찬을 독점하는 작가주의 문학에서 벗어날 것이다. 이미 작품 하나하나, 작가 한 사람 한 사람의 개성과 개별 가치는 대량으로 덮쳐 오는 대중 영상문화의 회로 속에 갇힌 채 모습을 제대로 드러내기 힘들다. 대화와 독백 사이에서 머뭇거릴 수밖에. 어느 문학 갈래가 그렇지 않겠나마는 수필 자리가 더 새삼스럽다. 사람들이 찾을 만한 수필이 이어지지 않는다면 밝은 앞날을 마냥 내다보기는 힘들다. 그것이 시든, 수필이든, 소설이든, 아니면 새로운 갈래든 치열한 창조성 확보와 표출을 위한 노력을 쉬지 말 일이다. 그런 가운데서 문학은 한결같이 그것을 중요하다고 믿는 이들의 취향과 관심 속에서 정당성을 거듭 키우면서 진화할 것이다.

그런 점에서 부산 지역 수필가가 각고해야 하리라. 우리 둘레서 오래도록 밀려난 세상과 억눌린 삶, 무너져 버린 참에 대해 좀 더 차갑고도 진지한 응시와 성찰을 필요로 한다. 지역에서 지역을 벗어나는 좋은 작품은 그로부터 말미암을 것이다. 누구나 쓸 수 있을 짜임새나 속살, 말씨에서 벗어나 즐거운 일탈을 극력 꿈꿀 시점이다. 형식적 단조로움과 가족 중심주의 의식, 그리고 폐쇄적 말씨에서 벗어나 힘껏 자신의 바깥으로 깃발을 옮겨 볼 일이다. 더 솔직해지고 더 엄밀해지고 더 섬세해지는 일이 그 처음일지 모른다. 앞 시대와 다른 삶의 방식, 교환 방식, 표출 방식에 눈 돌리기. 부산 지역 수필가가 그 일을 보다 자유롭고 진취적으로 떠맡기 바란다.

4부
지역문학의 이랑

부산의 동인지 문학

부산대학교문학지

현대 시조의 값진 갈무리와 시조 사랑

정신가치와 실증가치의 균형

시의 지도에는 풀나라가 있다
박태일 시인(좌담)

부산의 동인지 문학

1. 동인지와 문학 활동

사전적 의미로 동인이란, 뜻을 같이하는 사람이다. 그 뜻이란 지연이나 학연 중심일 수 있고, 문학적 경향의 유사성이나 이념 결속일 수도 있다. 또는 단순히 작품 활동을 같이한다는 뜻도 있을 수 있다. 일반적으로 동인이란 이러한 뜻을 아울러 넘나드는 소집단으로 이루어진 것이 보통이다. 이런 동인 활동이 특히 눈길을 끄는 점은 그 자체 하나의 힘있는 전위를 형성한다는 데 있다. 문단의 유행이나 권위에 위축당하지 않고 뚜렷한 문학 경향이나 참신을 바탕으로 당대 문학과 시대정신을 열고 넓힐 수 있는 가능성은 건전한 동인 활동을 빌려서만 바라볼 수 있는 점이라고까지 말할 정도다. 근대문학 초기에서부터 대표 동인 활동이라 할 수 있는 『창조』·『백조』·『금성』 들의 활동은 이러한 뜻에서 중요한 문학 전범이다. 그 뒤 동인 활동의 전개는 숱한 군소 동인의 떠오름과 가라앉음을 거듭하면서 1960년대의 『현대시』·『60년대사화집』, 1970년대의 『반시』·『자유시』를 거치면서 문단 안의 신선한 기운을 더해 주었다. 각별히 1980년대에 들어서면서 문학의 이념 지향이 두드러지게 강화하면서 그에 대한 반발과 편승 속에서 『시운동』·『열린시』·『시와경제』·『오월시』와 같은 동인지가 나름의 신선한 충격으로 한국 문학사회의 젊은 세대를 이루면서 가능성의 많은 부분을 열어 보이고 있다. 이것은 기존 문학 소통 매체의 양적 증대에 따른 이즈음의 질적 평준화 현상에 대한 문학 안쪽의 거부와 새로운 전망을 열어 보임으로써 존재 의의를 더한다.

어떻든 건전한 동인 활동은 그들의 문학적 역량과 가능성을 뚜렷하게 보여 주는 집단 전위라는 점에서 바람직한 문학 활동으로 북돋워야 마땅하다. 부산의 문학 풍토도 일찍부터 있어 온 동인 활동과 그 문학적 전통 축적을 빌려 바탕을 마련해 왔다 할 만하다.

2. 부산의 동인지 문학과 1980년대

부산에서 동인의 시작은 1934년에 나온 『신흥시단』이었다. 이어서 염주용·유치상과 같은 동인들로 짜여진 『생리』가 1937년에 나왔다. 부산의 동인지 문학 활동의 앞자리로 눈여겨볼 만한 것이다. 그러나 그 뒤 뚜렷한 동인 활동은 보이지 않는다. 이러한 사정은 광복 뒤에까지 거듭하였다. 경인전쟁 뒤 전시 피란문인의 부산 유입으로 말미암아 경남북 일원에 활발한 문필 활동이 일어났다. 이러한 분위기 속에서 고석규 · 송영택 들의 『신작품』 · 『시조(詩潮)』와 같은 동인지가 탄생하였다. 안장현 · 손동인 · 장호의 『시문(詩門)』이나 최계락 · 천상병이 활동한 『처녀지』까지 나오면서, 부산을 중심으로 한 의욕적인 청년 동인 활동이 꽃피었다. 이어서 1959년에는 한찬식 · 조순 들이 『서정시』를, 원문갑 · 조병철 들이 『표현』을 냈다.

이러한 1950년대 활발했던 젊은 동인 활동은 1960년대로 이어져 1962년 최계락 · 김규태 · 손경하 들에 의해 『시기(詩旗)』 동인이 발족하였다. 이것은 1965년의 『신어(新語)』 동인으로 이어졌다. 또한 『오후』 동인이 만들어져 부산에서 이념 중심 동인의 가능성을 보였다. 특히 이 시기에는 대학생과 고교생을 중심으로 한 동인 활동이 돋보이기도 했다. 김형윤 들에 의한 『적도록(赤道錄)』이 한 본보기다. 이러한 젊은 고교생 동인 활동은 기성 문인의 서울 해바라기식의 안이한 작품 활동과는 나뉘는 것이었다.

1970년대로 접어들면서 변종환 · 주성돈 들의 『백치』 동인, 전원문학회의 『전원』, 『시로(詩路)』 동인의 부지런한 활동이 부산문학의 바탕을 이루면서 나름으로 지역 분위기 쇄신에 일조를 더했다. 또한 시조에서도 드물게 『볍씨』 동인이 활약하기 시작했다. 대학문단에서는 부산대학교를 중심으로 한 간선문학회와 그 뒤를 이은 부대문학회 아래의 동인이 일으킨 신풍과 동아대학교의 『자정』 동인의 활동은 비교적 좁은 동인지 배포 범위에도 부산문학의 성숙을 위한 중요한 디딤돌 역할을 자임했다 하겠다.

이상의 부산 동인지 문학 활동을 살펴보면 다음과 같은 됨됨이를 엿볼 수 있다. 첫째, 부산이라는 지연・학연 중심의 동인지가 대종을 이루고 있고, 이념 중심적인 동인 결성은 미미한 쪽이다. 둘째, 거의 시 갈래에 국한하여 동인 활동이 이루어졌다. 이것은 한국 문단의 일반적 경향이기도 한데 동인지 출판에 있어서 소설 갈래가 주는 경제적 부담에 그 까닭의 많은 부분이 있으리라 여겨진다. 셋째, 대학・고교생이 이끈 동인 활동이 뜻밖에 활발하였으나 거기에 견주어 일반 문인에 의한 것은 발표 지면 확보에 그치고 있었다. 이 점은 1970년대까지 부산 문학인의 수적 열세와 서울 문단 지향적인 자세에 그 까닭을 빚지고 있는 것으로 볼 수 있다. 1980년대에 들어서면 사정이 달라진다.

1980년대에 들어 부산의 동인지 문학 활동은 새로운 전기를 맞이했다 해서 지나친 말이 아닐 정도다. 그것은 먼저 동인지의 양적 증대와 이념적 결속이 두드러지게 드러나고 있는 점과 무관할 수 없다. 이미 1970년대 후반에 결성을 본 『탈』・『절대시』 들에서 본보기를 볼 수 있다. 또한 일부 수필 갈래에서 꾸준한 활동은 예외로 하고, 시를 중심으로 이루어져 오던 동인 활동이 보다 다변화한 점도 비로소 1980년대를 앞뒤로 해 나타난다. 시조 동인인 『볍씨』의 건재와 어린이문학 특히 동시에 있어서 『갈보리』 동인, 수필에 있어서 『윤좌』・『수필』 동인의 꾸준한 정진, 소설에서 『을숙도』, 여자 모임인 『여성시』, 그리고 『지평』・『전망』의 무크지 활동을 빌린 일반 계간 잡지의 동인 편집 체제 도입은 부산 동인지 활동의 다변화 현상을 잘 드러내 주는 일이다. 이러한 다변화 현상은 그동안 문학적 축적을 통하여 부산의 문학인이 갖게 된 자신감과도 맞물리면서 전국적인 지명도를 얻고 있을 정도다.

부산대학교문학지

1. 머리글

올해로 부산대학교는 개교 서른세 돌을 맞았다. 이 기간은 한 개인이 사회적 주체로 설 수 있는 세대 단위다. 국내 정치사로는 경인전쟁, 경자 시민의거, 유신체제를 거치며 자유 민주주의 국가로 나아가는 과도 혼란기였다. 이러한 서른세 해를 부산대학교도 영남 지역 유수 국립대학으로서 많은 변화, 발전을 거듭했다. 특히 금번 학생회지 『효원(曉原)』 22집을 내면서 이제껏 본보기가 없었던 『부대시집(釜大詩集)』을 권말 부록으로 엮어, 동문 시인과 재학생의 시를 한자리에 모아 부산대학교 시문학의 흐름을 한눈에 조감할 수 있도록 기획했다. 이에 따라 간략하게 부산대학교문학의 흐름을 덧붙이는 것도 뜻있는 일이 되리라.

부산대학교문학의 흐름을 살피는 일에 있어 이제껏 몇 차례 볼 수 있었던 글[1]에서 두드러지게 나타나는 점인 단편적 사건 서술을 벗어나기 위해 될 수 있는 대로 많은 작품과 자료를 사람 중심으로 예시하려고 애썼다. 그리고 편의를 따라 개교 뒤 『시조(詩潮)』 동인을 중심으로 한 1950년대 전반, 『표현』 동인과 1960년대 앞뒤, '간선문학회(幹線文學會)'와 1970년대 앞뒤, '부대문학회'와 이즈음 문학의 네 매듭으로 나누어 부산대학교문학지라는 이름을 빌려 살펴보겠다. 물론 여기서 부산대학교 문학이라는 용어는 부산대학교에 적을 두었거나, 두고 있는 이들의 학외, 학내 문학 활동을 일컫는다.

2. '시조동인회'와 1950년대 전반기 부대문학

1946년 개교 이래 1950년까지는 별다른 문학 활동이 없었다. 서울 문단에서는 정치 이념에 따라 조선문학가동맹과 전조선문필가협회로 나뉘어져 문인들은 문학 외적인 활동에 더 많이 동요하고 있었다. 부산에서도 이주홍·김정한·고두동과 같은 문인이 자리를 지키고 있었다. 그러다 경인전쟁을 맞이하였다. 토인비의 말대로 '세계사의 스캔들'로 불리는 경인전쟁은 우리 겨레에게 크나큰 불행이었지만, 전쟁을 통해 많은 서구의 근대 문물이 유입하기 시작했다. 그리고 문학은 이러한 한계상황 앞에서 발악처럼 꽃피었다.

---

1 이유식, 「효원문단의 편모」, 『효원』 14집, 부산대 학생회, 1971; 박춘덕, 「대학시단 순례(부산대학편)」, 『시인들』 창간호, 시인들사, 1972; 박태일, 「부산의 시문학」, 『문리대학예』 13집, 부산대 문리과대학 학생회, 1975; 박지열, 「부대시단의 산보」, 『부대문학' 75』, 1975; 차윤홍, 「부산대학교 문단과 문리대」, 『문리대학예』 14집, 부산대 문리과대학 학생회, 1976.

피란 내려온 문인들은 '종군작가단'을 만들어 전선으로 나아가기도 했고, 『전선문학』을 발간했다. 『문예』도 전시판을 냈다. 김순기와 이주일 같은 이는 현역 군인 신분으로서 전쟁시집을 내놓기도 했다. 1930년대 모더니즘의 계승과 새로운 모더니티의 개화를 주장한 '후반기' 동인 결성이 있었다. 문인들은 쓰고 또 쓰면서 어울렸고 때로는 스스로 막막한 목숨을 끊기도 했다.

기성 문인의 영향을 받으면서 전시 대학생도 모여 문학 동인을 만들었다. 1952년에는 김일곤 · 손경하 · 송영택 · 천상병 들이 『신작품』을 시작했다. 부산대학교에서는 『시조(詩潮)』 동인이 발족했다. 이때는 부산대학교도 충무동 가교사에서 지금의 장전동으로 교사를 옮기고 학내에는 『부대신문』을 발간하며 차츰 확충기로 접어들고 있던 때다. 고석규 · 김연수 · 남진희 · 김소파 · 장세호 · 장관진 · 손경하 들로 짜인 『시조』 동인은 그들의 시, 번역평론, 신간 서평 들을 포함한 다양한 편집 아래 1953년 4월 동인지 『시조』 제1호를 프린트판으로 냈다. 그 뒤 6호까지 발간하고 문학의 밤을 열었다. 그러한 활동으로 부산대학교 문학의 전설적인 태동기를 일구었다. 그러면 『시조』 동인을 중심으로 1950년대 전반기에 활동했던 몇 사람을 보기로 한다.

1) 고석규

부산대학교문학을 생각할 때 씨를 벽두에 두어야 하는 것은 큰 기쁨이며 또한 슬픔이기도 하다. 씨의 문학에 대한 열의는 지금도 그를 아는 이들의 입에서 종종 들을 수 있다. 씨는 1932년 함남 태생으로 1956년 부산대학교 국문과를 졸업하고 1958년에는 대학원 국문과를 졸업, 그 해부터 강사로 강의를 맡기도 했다. 재학 시절부터 『시조』 동인의 중심 구성원으로서 다수의 시와 「불가시의 초점」, 「상징의 편력」 들과 같은 평론을 발표했다. 그 뒤 『부대문학』·『신작품』 동인으로도 활약했다. 1957년에는 월간 『문학예술』에 「시인의 역설」을 무추천으로 발표(2월호~8월호)하여 신예 평론가로서 많은 눈길을 받았다. 씨의 저작으로는 김재섭과 공저인 『초극(超劇)』, 유인본 『시적 상상력』이 있다. 후자는 사후 유고로 『현대문학』에 게재(1958.6~11)되기도 했다.

씨는 시와 평론에 다 열중하였지만 평론에 더 힘을 들인 것 같다. 왜냐하면 씨의 문학적 성과가 평론 쪽에서 더욱 드러나 보이기 때문이다. 철학·심리학·구미문학에 대한 해박한 독서 체험을 바탕으로 한 씨의 평문은 어쩌면 산문시의 경지를 탐냈는지도 모를 일이다. 초기 저작인 『초극』에 실린 「돌의 사상」·「해바라기의 인간상」·「서정주 언어서설」 들과 같은 몇 편과 『신작품』에 실린 「지평선의 전달」 들에서 알맞은 비유와 월 구성의 활달함에 씨의 평론문이 지닌 문학성이 잘 드러난다.

씨의 관심은 주로 문체론과 문학의 형이상성 둘레를 맴돌면서 문학이 학이 되는 터무니를 밝히는 데 있었던 것 같다. 「문체의 방향」과 김소월·이상·이육사·윤동주로 이어지는 피식민지 시기 시의 방법적 역설에 대한 탐색인 「시인의 역설」, 비유를 통한 「현대시의 전개」, 그리고 '비판'하면서 '반영'하는 현대시의 두 가지 기능인 감성과 지성의 종합적 체험을 가능케 할 시적 상상력에 대한 관심은 씨의 문학 원론에 관한 깊은 이해를 보여 준다. 이것은 우리 전후 비평계에서 문체와 비유론에 대한 관심으로 등장한 이어령, 김우종들과 한줄기에 서는 것으로 그들에 앞서 전후 신세대 문학의 성립을 시도한 것이다. 그러나 1958년 뜻하지 않은 심장마비로 말미암은 요절(향년 26세)로 씨의 학문적 깊이와 비평적 예지를 계속하여 한국문학과 부산대학교문학에 이바지할 수 있는 기회를 잃은 점은 참으로 안타까운 일이 아닐 수 없다.

씨의 시작품은 문협부산지부 기관지 『부산문학』 5집(1973.8) 부산의 작고시인 특집에 손경하 시인의 「고석규의 기억」이라는 회고기와 함께 10편이 실렸다. 거기서 소개하지 않은 씨의 시 한 편을 아래에 적는다. 정지용의 「유리창 · 1」을 연상케 하는 작품이다.

눈꽃이 지는 밤
창을 향하여 어떤 날개가
몇 번이고 부딪쳤는데

유리에는 꽃보다 붉은
날개의 피가 있고
날개의 울음보다 애처로운
유리의 상처가
얼음 안에 보–얀 무지개로 짙는다.

바람을 막은 나의 창이여!
이렇게 곱게 얼수록 아픈
기쁨을 위하여

이 겨울밤에는
먼 달빛이 없고나.

— 고석규, 「유리」[2]

2) 장세호

1929년 부산에서 태어나 6년제 동래중학교를 졸업하고 1953년 부산대학교 국문과를 졸업했다. 씨는 1963년 숙환인 결핵으로 별세할 때까지 『시조』·『시기』·『경남시단』과 같은 여러 지면에 꽤 많은 양의 작품을 발표했다. 씨의 시는 거의 현대인의 삶에 대한 부정적인 자의식을 노래하고 있다. "어느 날 밤 어둠을 향하여 내가 탄환을 쏘았는데 그것이 적이 아니라 바로 내가 표적이 된 사실" 앞에서 씨는 "벙어리 같은 기성(奇聲)만 뱉고" 절망한다. 시도 생활도 많이 쓰리고 괴로웠던 시인이었다. 씨의 최후 발표작이라 여겨지는 「기계」 전문을 소개한다.

여기는
어둠이 말뚝 친
사면이 막다른 벽

오늘도 나는

2 『제6회 시낭독 작품집』, 부산대 문예부, 1958. 모두 60쪽의 유인본으로 거기에 유고로 실렸다.

벗어날 통로 없이
폭력의 허구 속에 끼어
전율에 떨며
한자리를 곤두박질만 친다

이미
손발이 닳고
톱니가 허느적거려
서로의 균정(均整)을 잡을 수 없는
퇴화한 육체들

누구나 어서
새로 창구멍을 내자
녹색 바람이 불고 강렬한 소낙비라도 쏟아질
창구멍을 어서 내자

바깥에는
막혔던 강물이 트이는데
동결된 의식이
분명한 언어들을 싣고
다시금 흐르는데

어찌면 나는

나서 볼 신작로 없이
덜거덕 덜거덕 벙어리 같은 기성만 뱉고
벽을 못 벗어난다.

— 장세호, 「기계」[3]

3) 손경하

『시조』 동인으로 시작하여 현재까지 꾸준히 시작을 멈추지 않고 있는 부산의 중견시인이다. 본교 상대를 졸업하고 오랜 교단생활을 하였고 지금은 부산시교육위원회에서 일하고 있다. 「오월의 자세」·「선의의 꽃을」·「고향산천」 들과 같은 단단한 서정시를 발표하는 한편 부산 문단을 위해 문학 바깥쪽에서도 많은 공헌을 해 왔다.

휘파람을 불며 파도가
흰 창을 번득이는 무기를 닦는데
바람은 부지런히
문들어진 세계의 내장 같은 그물을 꿰메고 있다.

— 손경하, 「가을 파도에서」 가운데서[4]

친근한 의인법에 의해 지탱하고 있는 가을 해변 풍경이 신선하게 펼

3 『시기』 1집, 청우출판사, 1962. 1월에 1집을 내고 중단한 동인지로 씨의 작품 세 편이 실려 있다.
4 『남부의 시』, 아성출판사, 1974.

쳐진다. 씨의 시력을 생각할 때 하나 아쉬운 점은 시집 한 권쯤 꾸며도 좋지 않겠느냐는 것이다.

이밖에도 『시조』 동인으로서 1950년대 전반기 문학인으로 관직에 있으면서 틈틈이 시를 발표하고 있는 하연승 씨, 민속학을 전공하여 부산대학교 국문과에 재직 중인 장관진 씨, 상대 김일곤 씨, 조유로 씨 들과 함께 『신지대』·『시기』 동인으로 활동하였고 성모여고에서 일하는 한편 한국 모더니즘에 대한 꾸준한 연구로 『한국 현대시 연구』(친학사, 1975)라는 저술을 펴냈을 뿐 아니라 부산대학교 국문과에도 출강하고 있는 한봉옥 씨, T. S. Eliot · S. Spender들의 현대 서구 시론 번역 소개에 주력한 영문과의 홍기종 씨를 들 수 있겠다.

3. '표현동인회'와 1960년대 앞뒤 부대문학

1950년대 후반에 접어들어 『문학예술』·『현대문학』·『자유문학』 들과 같은 문예종합지의 꾸준한 발간과 아울러 전국에 동인지 활동이 어느 때보다 활발해지기 시작했다. 손창섭 · 장용학과 같은 전후 작가군의 뒤를 이어 전쟁 체험의 심리적 극복을 시도한 선우휘의 「불꽃」이 나오고, 시에서는 '후반기' 동인의 쇠퇴와 경자시민혁명, 군부쿠데타의 혼란과 사회적 무질서 속에서 『60년대사화집』·『현대시』·『신춘시』 들이 출범하였다. 이 시기에 부산대학교에서는 『표현』 동인의 활동이 활발했다. 추영수 · 임수생 · 박응석, 평론가 이유식 씨의 등단과 함께 김열규 씨가 국문과에서 강의를 맡기 시작하여 『시조』 동인의 뒤를 이어 새롭게 활발한 문학 활동에 불을 질렀다. 부대문학회에서 벌였던 시화전, 해마다 계속한 문학축전, 그리고 기념 문집의 발간과 같이 활발한 활동을 통하여 부대문학은 성숙기를 맞이한 것이다.

1) '표현동인회'

1956년 11월 "아아 너의 가슴에다 우리의 비창한 언어를 묻을 순 없는가, 의미여"라고 외치면서 정혜옥 · 노태교 · 김희동 · 원문갑 · 조병철 들의 '표현동인회'는 시 동인지 『표현』 1집을 내고, 이어서 이듬해 3월에는 아름다운 장정을 한 2집을 냈다. 거의 모두 국문과 재학생으로 짜인, 동인 가운데 정혜옥은 한찬식 · 이성환 · 강경 들과 함께 『운석』 동인으로도 활약하며 「목숨」 · 「바람」 · 「낙화」 들에서 섬세한 여성 취향을 무리없이 드러냈다. 씨의 시 「점경(點景)」을 보자.

> 언덕 아래 꽃을 피운다.
>
> 어쩌면 바람 같은 마음 옆에
> 자리 잡은
>
> 꽃은

통히 바람소리를 모른다.

잿빛 너울을 쓴
여인은 문을 닫어야 할
시간.

나르시스의 자화상을
살뜰히 간직하면

또 밤은 열리는가 보다.

—정혜옥, 「점경」[5]

조병철은 국문과 재학 시 「월영소묘(月影素描)」·「바람에게」·「촛불 IV」와 같이 시각적 이미지에 치우친 시편을 발표하였다. 졸업 뒤 언론계에서 일하면서 한때 시작을 꺾고 있다가 근년 『현대시학』에 추천을 받고 왕성한 시작을 거듭하고 있어 이채롭다. 최근 시는 대체로 단순한 뼈대 속에 삶에 대한 아픈 자성(自省)을 즐겨 구축하는 듯하다.

보이지 않은 그물로
소리를 건지며 살아갑니다
그물 안에 남은 한두 마디 소리 때문에

5 『운석』 5집, 한글문예사, 1956.

살아갑니다
때로는 하늘에서 떨어지는
신의 목소리로
그물 안에 남아 있습니다
나의 재산은 보이지 않는 그물이 전부입니다
아내도 소리를 건지며 살아갑니다

— 조병철, 「소리」[6]

그물과 소리의 선명한 대비로 이루어진 삶의 현실을 아름답게 형상화하고 있다.

그리고 원문갑, 김희동 들도 부산의 여러 일간지에 많은 발표를 하였다. 지금은 교직에 몸담고 있으면서 거의 활동을 하지 않고 있다.

2) 오난옥

씨는 재학 시절 작품들을 묶은 개인 시집 『부각된 광야』를 1961년 서정주의 서문을 붙여 출판하였다. 이 시집에 실린 총 20편의 시는 서정주의 지적과 같이 대체로 생경한 언어 구사가 눈에 뜨이나, 시의 밑바닥을 흐르는 생각은 병약한 여성답지 않고 건강하다. 시집의 표제시이기도 한 작품 「부각된 광야」를 소개한다.

6 「신작특집 / 이 달의 한 시인」, 『심상』, 심상사, 1979.9.

시간을 사색하는 정오의 절벽이며
서로들 돌아가야 할 손들이
고향을 향하여
소망을 담고서
차디찬 내일로 가는 황막한 광야

오후로 하여 기다려진 시간은
약속에 오는 기쁨이 앞서기보다
별리를 인사할 연한 떨림이
밤이 오는 시간엔 더욱 커진다

광야에 내려온 자황(紫雌黃)빛 노을은
대지의 향수를 노래하며
지심(地心)으로 향한 여운을 보게 하여
밤이란 서곡을 단주한다.

— 오난옥, 「부각된 광야」[7]

3) 임수생

1959년 『자유문학』에 추천을 받으면서 문단에 나선 씨는 그 뒤 시집

7 『부각(浮刻)된 광야(廣野)』, 청우출판사, 1961.11.

『형벌』을 펴냈다. 씨의 시는 독특하게 전쟁 체험을 통한 현대문명의 비리와 피해받는 아픔을 형벌처럼 써 오고 있다.

> 사랑의 노래여, 편지여.
> 나의 배달부의 손으로
> 나에게로 돌아왔을 적
> 내부의 화원은
> 전쟁으로 변하고 있었다.
>
> — 임수생, 「미쓰 강에의 연가」 가운데서[8]

전쟁으로 변해 버린 "내부의 화원"은 임진강, 또는 이국 병사의 철모, 핏빛처럼 붉은 딸기, 베트남 전선과 같은 글감을 강박관념처럼 떠올린다.

> 늪가, 갈대밭 우거진 늪가에서
> 하얀 갈꽃이 핏빛으로 울고 있던 강 언덕에서
> 어린 병사는, 미처 사유의 철이 들어가던 그는
> 하늘을 보고 총을 쏘고 있었지
> (…중략…)
> 갈꽃 위를 날며 총탄은 꽃밭을 이루었고
> 강물 속으로 떨어지는 탄피들의 죽음.
> 기하학으로 지쳐 가던 대지.

---

8 『형벌』, 정토문화사, 1959.10.

(…중략…)

자동차들은 끊어진 다리의 강변을 지나
남과 북으로 내달리고 있지만
너는 아무런 말이 없구나.
핏빛 늪가에서 빨갛게 익어 간 너는
하얀 갈꽃을 피우고만 있구나.

— 임수생, 「갈꽃」 가운데서[9]

4) 정재필

1963년 부산대학교 국문과를 졸업한 씨는 주로 동인지를 빌려 작품 활동을 했다. 재학 시절 영남 7개 대학 연합 국어국문학회 '문학의 밤'에 임명수 · 김봉근 들과 함께 참가하기도 했던 씨는 졸업 뒤 진주에서 『흑기(黑旗)』 동인으로 활약했다. 지금은 부산 동래여중으로 옮겨 교편을 잡고 있다. 『흑기』 시동인은 정재필 · 김영화 · 박용수를 비롯한 6인으로 짜였는데, 1965년 8월 동인지 『흑기』 1집을 냈다. 그들은 동인 선언에서 한국 시단의 그릇된 풍조의 지양과 언어 순화를 위해 흑기를 게양하여 순수시류에 대하여 도전한다고 공언하고 있다. 동인 구성은 주로 진주를 중심으로 한 시인들로 씨는 여기에 「귀환」 · 「겨울 노상에서」를 비롯해 3편을 싣고 있다.

---

9 『ENNUI 동인 작품집』, 앙뉘동인회, 1973.2.

참으로 많은 기억들을 데리고
지금 우리는
음산한 지구 아래를 거닌다

일찍이 음악을 잃어버리고
아무런 완구도 없이 흐렁 흐렁 눈물에 젖어 헤매어 온 유년시절을
방기된 과원을 지나며
우리는 얘기하고

— 정재필, 「겨울 노상에서」 가운데서[10]

득의의 작품이라 할 여기서 씨의 세계에 대한 사랑은 알맞게 절제된 표현을 얻고 있다. 『흑기』 동인 이후 씨는 김대규가 편집한 경기도 안양의 『시와 시론』 동인에 가입해 「상륙」을 발표하였다. 『시와 시론』은 오랫동안 1960년대 동인지 춘추전국 시대의 기수로 활약했던 매체다.

처음부터 우리
다시 시작할 수는 없을까
모든 것을 팽개치고
다시 출발해 볼 수는 없을까
아무래도 우리는 잘못 떠나온 것을……
환히 트이어 오는 어느 아침엔가,

---

10 『흑기』 1집, 신구문화사, 1967.5.

만일 내가 모든 걸 잃게 된다면
믿을 수 없게 된다면
노래하겠는가
불모와 오해의 바다 속에
익사해 간 대륙을, 잃어버린 폐허를.

—정재필, 「상륙」 가운데서[11]

5) 이문걸

누구보다도 많은 활동을 하며 꾸준한 시작을 거듭하고 있는 씨는 동래고교 재학 시절부터 백일장이나 예술제의 입상 경력이 다양하다. 1963년 국문과를 졸업한 뒤 주로 부산의 『남부의 시』·『목마』 들에서 활약하여 비교적 잘 알려져 있으나 『시와 의식』을 통해 1977년에야 서울 문단에 나섰다. 씨의 눈길은 주로 정적 자연을 통해 투명한 이미지를 발견해 낸다.

땀내 젖은 내의를
저마다 바람에 말리며
간지러운 모발을 적시는
화살촉 끝에서

11 『시와 시론』 18집, 무향문화사, 1969.10.

빛은

떨기꽃의 중량으로

산산히 분해되고 있었다.

— 이문걸, 「물레질 속의 율무(律舞)」 가운데서[12]

키 큰 비둘기를 연상케 하는 씨의 발걸음은 이렇게 주저 없이 사물의 중심으로 들어가 시를 물레질해 내는 비범을 보여 준다. 이즈음 아담한 시집을 발간했다 하나 지금 수중에 없어 소개하지 못하는 아쉬움이 남는다.

6) 박응석

1960년 『서울신문』에 「야로(夜路)」가 입선, 1963년 『조선일보』에 「미개지의 꽃」이 당선한 씨는 한때 『신춘시』 동인으로 활약했다.

눈부신 너의 입술은

녹슬지 않은 단두대.

숱하게 개량 종마의 모가지를 잘라 두었었네.

— 박응석, 「장미」 가운데서[13]

---

12 『시와의식』 8월호, 시와의식사, 1977.7.
13 『신춘시(新春詩)』 4집, 백문사, 1964.2.

송욱의 「장미」에서도 느껴지는 독한 붉음이 표현의 묘를 얻고 있다. 그러나 씨의 시는 대체로 1960년대 난해시 논의의 궤에서 이야기할 수 있을 듯하다. 빈번한 추상 형용사에 의해 지탱되고 있는 한자어와 반어의 공간은 해독은 가능케 하나 시적 감동을 요구하지는 못하고 있다.

온갖 퀴퀴한 내음에 말려
황금의 기적으로 성숙하는
삼번관은 영리한 자본가의 금세 화원

— 박응석, 「삼번관(三番館)」 가운데서[14]

다음과 같은 시줄은 도무지 지적 난해성의 결과라고는 보이지 않는다. 자조적인 언어의 가락만 느껴진다.

그러나, 뜻밖에도 뜻밖에서
뜻밖의 생색을 떨치면서
되살아난다

— 박응석, 「삼번관」 가운데서

관념시의 범주에 넣을 수 있을 씨의 시가 드러내고자 하는 바는 언어 유희 쪽에 가깝다. 시인 자신은 될 대로 되라 할 수도 있으나 시는 그럴 수 없다. 그것이 시인이 시인 됨의 이유다. 다음과 같은 진술과 만날 때

14 『신어(新語)』 1집, 가자출판사, 1965.1.

시는 이미 문화적 장치이기를 스스로 포기한다.

> 내가 한 말의 방사선에
>
> 내가 찔렸다.
>
> 나는 체면 없다.
>
> 지금, 될 대로 되라다.
>
> —박응석, 「말의 분열식(分列式)」 가운데서[15]

새로운 시의 지평이 열릴 것을 믿는다. 현재 해기사 협회에서 일하고 있다.

이 밖에도 1960년 앞뒤로 기억할 만한 분들로 이유식 · 추영수 · 이해주 · 진선주 · 여해룡 · 허일만 · 김봉근 · 김학 · 최화수 · 장량수 씨 들을 들 수 있겠다. 서울 중앙여중에 재직 중인 추영수 씨는 1958년 본교를 졸업하고 1961년 『현대문학』에 서정주의 추천으로 등단한 뒤 앤솔로지 『사색과 영원』, 개인 시집 『흐름의 소묘』(선명문화사, 1969.5)를 서정주의 서문을 얹어 냈다. 여자 특유의 생활 감성으로 꾸준히 서울에서 '청미회(靑眉會)' 동인으로 활약하여 이즈음에는 『겨울에서 겨울까지』(청미회 작품집, 심상사, 1978.12)에 작품 다수를 발표했다.

1959년 시집 『위치』(세기문화사, 1959.11. 김용호 씨의 서와 시 30편 수록)를 발간하고 수필집 『덤으로 사는 인생』을 낸 부산대학교 상대의 이해주 교수, 조선일보와 동아일보에 시조가 당선한 소아과 의사 김석규를 비

---

15 『부산문학』 4집, 문협부산지부, 1972.12.

롯해 진선주·김봉근 씨 들은 활동이 거의 없다. 여해룡·허일만 씨는 특이하게 기독교 문인으로서 부산기독교문인협회 기관지 『기독교 문예』(창간호, 1969.9) 들에서 활동하고 있다.

그리고 부대문단에 귀한 소설가로 전작 장편 『오후가 길어지는 계절』(친학사, 1967.5)을 낸 최화수·김학·장량수 씨는 졸업 뒤 활동이 보이지 않는다. 다만 장량수 씨는 언론계에서 일하는 틈틈이 잡문을 발표하고 있다. 특히 이유식 씨는 『현대문학』의 추천(1961.11)으로 나온 이래 많은 활동을 하고 있는 평론가다. 씨의 현실참여 문학론은 한국 평단에서 기억될 만한 것이다. 서울에서 외국어 학원을 꾸리고 있는 씨의 절필이 퍽 유감이다.

4. '간선문학동인회'와 1970년대 앞뒤 부대문학

참여와 순수 논쟁, 그리고 리얼리즘 논쟁에서 다시 문학사 논쟁으로 우리의 평단이 옮겨 가는 동안 한국문학은 질적, 양적으로 많은 축적이 이루어졌다. 외국 문학을 전공한 이론가의 국문학 연구가 두드러졌으며, 피식민지 처지에서 교육받은 이들의 손 아래가 아닌, 광복 세대에 의한 또 다른 문학사가 쓰이기도 했다. 이른바 대가들의 전집 발간이 잦아졌으며, 문학 저널리즘의 발전과 함께 1970년대 작가의 상업적인 성공도 보장받기 시작했다. 부산문단에서는 문협부산지부 기관지 『부산문학』, 월간지 『시인들』이 거듭 나왔으며 김정한 씨는 오랜 잡문 활동을 깨고 오뉴월 낙동강 갈잎같이 서슬 퍼런 필치로 왕성한 소설 발표를 하고 있다.

본교에서는 '간선문학회(幹線文學會)'가 창립하여 시화전, 문학의 밤, 진주 개천예술축전의 '부대문학의 밤', 고교생 백일장 들 학교 안밖 여러 행사를 이끄는 한편 몇몇 사람이 신춘문예를 통과하는 성과를 이루면서 부대문학의 기치를 더욱 높였다.

1) 임명수

부대신문사가 제정한 제1회 부대문학상(1963) 수상자며 이즈음 늦게나마 『시문학』의 추천을 마치고 『목마』 동인으로 활동하는 부산문단의 숨은 정력가가 임명수 씨다. 그는 부산대학교 후배 문사들에게도 각별한 것으로 알려졌다. 초기 섬세한 서정의 세계에서 벗어나 이즈음에는 행간의 여운을 노리면서 규모 큰(?) 시를 의도하는 것 같다.

큰 강의 몸부림으로
큰 강의 몸부림으로

황토빛 산야를 가르고
나를 가르고

마주 서서 오는 연안
숲의 울음

연인의 뜨거움까지 모두 가르고
몇백 리 감긴 한이 풀려 내린다.

— 임명수, 「강」[16]

그런데 씨의 시에서 지적해야 할 점은 언어가 충분한 시적 환기력을 갖지 못한다는 사실이다. 상투적인 내포언어로써는 높은 수준의 시는 불가능하다. 그런 점은 시인의 개성적 안목과 관련을 갖는데, 씨에 있어서는 원인이 어디에 있는지는 알 수 없다. 혹 어떤 주저스러움에서 기인한 것은 아닌가. 추천작 「우리의 잡초」를 비롯해서 이즈음 『목마』 6집에 발표한 씨의 시들이 부연과 구어체 가락 속에서 아슬아슬하게 느껴지는 것도 이런 까닭에서다. 초기의 단단한 서정의 세계가 크게 꽃필 날이 있을 것을 믿는다. 씨는 현재 목마화랑을 경영하고 있다.

2) 김창근

1970년도 조선일보 신춘문예 시부문에 당선한 씨는 시집 『미납편지』를 1975년 9월에 냈다. 이즈음에는 장시 「겨울에 세우는 묘비」(『남부

16 『목마』 2집, 목마시동인회, 1976.8.

의 시』 V, 1979.7)를 발표하였다. 씨의 감성은 맑고 긍정적이다. 신춘문예 당선시 「단추를 달면서」를 소개한다.

작업복에 단추를 달면서
아내는 잠시 엄마의 나라에
머무르곤 한다.

땀에 젖은 나의 추억이
떨어져 나간 난간 위에 놓이고
어머니는 때때로 영혼의 질긴 올실로
나의 계절에 색감 고운
수를 놓으셨지.

생활이 그림책이었던 나날의 뒤에
나는 작업복에 업히어
그림자 없는 비인 거리
그 가로수 밑을 배회했었다.

아내는 가끔씩 불안해 하는 다 큰 아가를 위해
싱그런 동화를 짜기도 했지만
아무래도 뒷맛이 아린
일상의 눈치를 감추려 했다.

가을은 저만치서 잠자리를 날리고
나는 그 울타리 안에
부재의 해바라기를 심고 있었지.

지금은 기억의 바늘도 녹이 슬고
꿰맬 수 없는 마음만 세월을 단다.

작업복에 단추를 달면서
아내도 나같이 꿰맬 수 없는 마음과
시간의 옷깃을 여미겠고—.

—김창근, 「단추를 달면서」[17]

"영혼의 올실", "기억의 바늘", "시간의 옷깃" 들이 이끄는 차분하면서도 낯익은 수사가 일상에 대한 사랑을 단정하게 붙잡고 있다. 씨의 시가 지닌 또 다른 특성으로 수식어의 심세한 사용이 눈에 띈다. 국문과를 졸업한 뒤 교직에 몸담고 있으면서 현재 부대신문사 간사로 일하는 한편 대학원에서 수학하고 있다.

17 『미납편지』, 친학사, 1975.9.

3) '시문학동인회'

범부대문학인 모임인 '간선문학회'가 발전적인 해체를 한 뒤 그들은 '자유문학동인회'와 '시문학동인회' 들로 나뉘어 활동하였다. 특히 시문학동인회는 능력 있는 동인 구성으로 눈여겨볼 만하였다. 박지열 씨는 '독립가옥'의 맹주로도 잘 알려져 있다. 1971년 한국일보 신춘문예에 당선하고 시집 『유년의 겨울』을 냈다. 철학과를 졸업한 뒤 현재는 도서출판 모음사(母音社) 대표로 일하면서 짭짤한 재미를 보고 있다는 소식이 들리곤 한다. 씨의 당선작인 「유년의 겨울」은 이른바 신춘문예 시형(?)의 대표 작품으로 그 뒤 몇 년 동안 여러 모작을 낳게 하였다.

> 물구나무 서면
> 거울 속처럼 돋보이는 하늘이 있었고
> 하늘 속으로
> 자맥질하던 아이들의 손과 발
> 하나의 표적으로 날으면 선악의 화살
> 아무도 그 끝 간 데를 모르리라
>
> — 박지열, 「유년의 겨울」 가운데서[18]

이달희 씨는 박지열 씨에 이어 「낙동강」으로 1972년 한국일보 신춘문예에 당선하였다. 상대를 졸업하고 시집 『물의 상징법』을 냈으며 지

18 『유년의 겨울』, 부림출판사, 1971.9.

금은 『월간 중앙』의 기자로 일하고 있다. 부대문학상 당선작인 「어부사(漁父辭)」에서 재질을 인정받은 씨는 신춘문예 당선 이후 별다른 활동을 하지 않고 있다.

이상호 씨는 의예과 재학 중 시집 『아름다운 생명』(1968.4)을 냈고, 졸업 뒤 『현대문학』에 서정주의 추천(1976.12)을 받았다. 부산대학교 영문과 출신의 아내인 김수경 씨도 『현대문학』 추천을 마쳤으나(1978.3) 이후 작품 발표가 보이지 않는다.

김석도 · 정영태 · 이병구 · 정영철 들 다른 동인들도 다 눈여겨볼 만하나 별다른 활동이 없다. 어슷비슷한 시의 경향으로 묶인 듯한 '시문학동인회'는 출발과는 달리 『하늘의 꽃』이라는 동인 작품집을 내곤 지속적인 활동을 전개하지 못하고 있어 애석하다.

이 밖에 1970년도 앞뒤에 기억할 만한 분으로 국문과의 오수일 · 박춘덕 · 이인필, 영문과의 이문섭 씨 들이 있다. 오수일 씨는 '부산시조문학회'의 활동이 보이며, 나머지 재기발랄한 시작으로 누구보다 장래가 촉망되던 이들은 졸업 뒤 소식이 없다. 영문과 출신인 공영은 씨는 1969년 시집 『사라실』 이후 1973년에는 『표류지』를 냈다. 특히 이 시기에 기억해야 할 일은 평론가며 영문학자인 김종출 교수의 서거다. 동아일보 신춘문예에 당선한 이래 「김정한론」 · 「대중소설론」을 비롯한 다수의 평론과 셰익스피어 번역의 권위자로 알려진 고인의 묘소는 부산시 공원묘지에 있음을 부기한다.

5. '부대문학회'와 최근의 부대문학

1970년대 후반에서 최근까지 일별해 보면 많은 자질 있는 이들이 눈에 뜨인다. 그럼에도 쉽게 문학적 개안을 이루지 못한 것으로 보인다. 문학이 예(藝)의 경지에 이르지 못하고 술(術)의 차원에 빠져 있는 느낌이다. 많은 노력의 흔적은 보이나 아직 성과를 이야기할 수 없음이 유감스럽다. 아마도 문학청년성 때문인가. 그런가? 이런 물음에 대한 대답은 더욱 어렵다. 왜냐하면 이 물음의 응답자는 바로 지금도 부대문학의 현장을 헤매고 있는 우리 자신이기 때문이다.

'간선문학회'의 뒤를 이어 결성한 '부대문학회'는 그 아래에 여러 소동인들을 규합하면서 현재까지 꾸준히 활동하고 있다. 비록 진주에서 '부대문학의 밤'은 개최하지 못하고 있으나 그것은 종합대학으로 승격한 경상대학교에 바통을 넘긴 격이다. 학내에서 갖가지 문학 행사들은 맥을 한결같이 이어가고 있다. 그리고 덧붙일 일은 『부대문학』의 발간이다. 1973년 창간 이래 2집 발간을 본 『부대문학』은 종래의 예술제 작품집보다 규모를 늘려 학도호국단 문예부에서 범부대인을 대상으로 발간한 의욕적인 시도였으나 근년 계속 나오지 못하고 있다. '부대문학회' 아래 몇 개 동인회와 몇 분을 중심으로 이즈음 몇 년 동안의 활동을 살펴보자.

1) '회귀선시문학동인회(回歸線詩文學同人會)'

1972년에 발족한 『회귀선』은 현재까지 동인지를 9집(1979.8)까지 냈다. 의예과, 의학과, 간호학과 학생들로 구성한 동질성 탓인지 초기의 정영태 · 조광현 · 배광훈 · 이상호 들에서 최시현 · 이현구, 다시 강영우 · 이규열 · 김경수 · 김상남 들로 이어져 내려오면서 꾸준히 활동을 하고 있다.

대체로 시의 사회성에 태만한 쪽에 이 동인의 특징이 놓인다. 최근의 강영우 · 김경수 씨에서는 다양한 변화를 보이고 있다. '시문학동인'이기도 했던 초기의 정영태 씨는 「선유가(船遊歌)」와 같은 역작을 발표하였고 깽깽이로 전락한 씨의 바이올린은 유명한 바 있었다. 씨의 침묵이 안타깝다. 이들 동인에게는 졸업 뒤에도 시작을 쉬지 않는 지속적인 작업이 필요한 것 같다. 그렇지 않으면 시가 호사가의 적당한 취미로 매도당할 염려가 있다.

2) '귀성문학동인회(龜聲文學同人會)'

'자유문학동인회'를 개칭해 만든 이 동인회는 국문과 동문과 재학생으로 구성하였다는 특징을 지닌다. 몇 차례 꾸준한 시화전 개최에 이어 이즈음 동인지 『귀성』을 창간(1978.11)하였다. 대체로 이들 작품은 교과서적으로 안정된 점이 장점이며 또한 한계다. 김대환 씨와 함께 발기인인 광안여중 교사 정대영 씨는 『현대시학』 1회 추천을 마치고 목하

시로써 술을 빚을 준비에 여념없다. 소설의 공옥식 · 김창식 · 손정아, 시의 정인오 · 차윤홍 · 김명수 · 박진규 들이 문학의 비수를 갈고 있다. 그 가운데 단순해지고 싶은 정인오, 분위기 유희에 빠진 차윤홍은 더욱 가열한 단련을 받아야 하리라. 김명수의 군복무가 안녕하기를 이 자리를 빌려서 적어 보낸다. 그의 시가 갖는 가능성은 크다.

그리고 필자는 1980년 중앙일보 신춘문예 시부문에 당선하여 이른바 문단 데뷔라는 것을 했다. 1972년 이달희 씨 이후 한동안 잠잠했던 부산대학교 문단의 현실로 보아 1980년대를 향한 작은 촉진제가 되리라는 점에서나 뜻이 있을까.

3) '등시문학동인회(燈詩學同人會)'와 '흙비시문학동인회'

김영진 · 김세윤 · 김혜경 들로 시작한 '흙비' 동인은 동인지 발간, 합평회를 통한 시작업을 계속하고 있다. 조홍 · 안미숙 · 노혜경 · 신용길 들과 같은 재학생 주요 동인의 작품은 몇몇을 제외하고는 기성시인의 시에 너무 깊게 영향을 받은 것 같다. 하루바삐 자신의 시 중심을 들여다보아야 할 일이다. 졸업한 김영진 · 김세윤은 송구근 · 박령 들과 따로 동인지 『곤두박질』을 내었다. 김영진은 초기 모더니즘적인 심취에서 얻은 언어 수련이 김춘수 씨의 구문에 갇혀 노력에 맞물리는 좋은 작품을 쓰지 못하고 있다. 김세윤은 이미 세계에 대한 나름의 시적 시선을 잡아 나가는 것 같아 성과를 기대케 한다.

이들 동인들 밖에 몇 사람의 '부대문학회' 회원을 이야기하지 않고서는 나무를 보고 숲을 놓치는 격이 되리라. 박설호는 김준홍과 함께 '문우동인(文愚同人)'을 하기도 했다. 매운 시를 쓰는 한편 평필을 들었다. 이미 한 시인으로서 몫을 당당히 하고 있는 씨의 문운을 빈다. 이정주 씨는 현재 군복무 중으로 『현대문학』 1회 추천을 받았다. 시를 발견하려 힘쓴 노력에 맞물리는 결과라 생각한다. 강선학 씨는 『현대문학』 추천을 완료하고 문단의 주목을 받기도 했으나, 이즈음 매너리즘에 빠져 있는 듯하다. 경북대학교를 졸업하고 『현대시학』에 시 추천을 마친 뒤 본교 대학원 국문과에 재학 중인 엄국현 씨를 적어 두어야겠다. 씨의 앞으로 있을 활약에 기대가 크다. 그리고 변세현 · 손재찬 · 민병욱, 군복무를 하고 있는 최춘식 · 정성태와 한채영 · 김호섭 들의 활약을 기다린다. 그들에 대한 기대는 부산대학교문학이 어느 시기보다 뚜렷한 문학 의식과 작품으로 성과를 보리라 확신하게 만든다.

말을 맺기 앞서 부산대학교문학을 음양으로 이끌고 있는 교수와 문학 저널리즘에 대해 이야기하지 않을 수 없다. 한때 본교에서 강의를 맡았으나 서거 또는 타교 전출로 만날 수 없는 장덕순 · 한로단 · 김열규 · 이경선 · 김종출 · 김정한 · 김치수 씨, 현직 시인 서림환 · 김광규, 평론가 홍기종 · 김천혜 씨의 영향은 크고 앞으로도 그럴 것이다. 그리고 문학 저널리즘으로는 '부대신문'과 '부대방송국' 그리고 학생회에서 발간하는 『효원』과 각 단과대학 학예지를 들 수 있겠다. 부대신문은 '부대문학상'을 만들어 꾸준히 부산대학교문학 발전에 이바지하는 한편 적지 않은 지면을 작품 발표에 할애해 줌으로써 발표원 역할이 크다. 부대방송국도 가끔 작품 소개를 하고 있으나 미미한 편이다. 『효원』과 각 단대의 학예지는 부대신문과 달리 해마다 단행본으로 내는 이점을 살려 작품을 선별해 실으면서 그 해 부대문학의 수준을 종합해 오고 있다. 특히『효원』은 1956년 창간 이래 22집을 냈다. 부산대학교의 학문적 수준과 학생 활동, 문화예술 역량의 종합체로서 뚜렷한 역할을 다하고 있다. 그리고 시화전, 문학의 밤과 같은 행사와 아울러 낸 소규모 작품집, 동인지는 문학을 공유하겠다는 부산대학교문학인의 꾸준한 성실성을 엿보게 한다. 앞으로도 부대문학의 현장을 살피는 좋은 자료로 남을 것이다.

6. 꼬리글

이상으로 한 세대를 겪어 온 부산대학교문학을 살펴보았다. 주로 시에 치우친 점은 다른 문학 갈래에 견주어 시가 압도적으로 우세했던 까닭이다. 대학인의 문청성(文青性) 또는 쉽게 쓸 수 있으리라는 단순한 까닭 때문이라면 부대문학인의 취약상을 그대로 드러내는 일이다. 갈래 선택 의식은 바로 작가의 세계관, 문학관이다. 확고한 문학관이 서 있지 않으면 지속적으로 좋은 작품을 발표하기 힘들다. 등단하거나 작품 활동을 한 사람은 많으나 꾸준히 계속하는 분이 드문 것과도 무관하지 않은 일이다. 그리고 개인의 문학관이란 변화하려는 창조적 의지와 고정되려는 인간적 욕망 사이의 방향 감각임을 부기할 필요도 있겠다.

잘못 소개한 점, 누락된 분과 작품이 적지 않을 것은 물론이다. 그런 것까지 바로잡고 보완한 세세한 언급은 지면 부족에다 무엇보다 능력의 한계 때문에 사양할 수밖에 없었다. 이 글은 1980년대, 1990년대로 나아가는 부산대학교문학의 흐름에 한 디딤돌이 되기를 바라면서 마련했다. 역사의 강을 건너기 위해서라면 크든 작든 무수한 디딤돌이 필요하다. 다양한 문학적 시도와 성과가 있을 것을 믿으면서 잡문에나 들이 글을 마친다.

현대 시조의 값진 갈무리와 시조 사랑

1

최재섭이 『네 계절의 노래』(불휘, 1999)라는 책을 엮었다. 『시조문학』에 추천 완료한 작품 440편을 묶어 낸 것이다. 최재섭다운 공력이고 결과다. 1961년부터 1996년에 이르는, 서른다섯 해 긴 시기 동안의 추천 작품이 묵직한 한 권의 책 속에 담겼다.

이 책을 두고 묵직하다고 표현한 것은 두 가지 뜻을 지닌다. 첫째, 『시조문학』이라는 문학 매체가 우리 현대시조사에서 지니고 있는 위상과, 그에 걸맞은 추천 작품의 질적·양적 수월성이 그 하나다. 『시조문학』은 오늘날까지 꾸준하게 나오고 있는 우리나라 최장수 시조 전문 잡지다. 시조사에서 유래가 없는 일이다. 게다가 그런 위상에 걸맞게 추천을 받은 작품과 추천 시인은 당대로써는 모범적 자리에 놓인다 아니할 수 없다.

둘째, 엮는 일이 지니는, 일의 어려움으로 말미암은 묵직함이 그 둘이다. 선집을 엮는 일이란 그 어려움에 견주어 크게 이름을 내세울 만한 바가 없다. 게다가 시조선집은 남다른 사명감 없이는 이루기 어렵다. 이제 이 묵직한 책을 두고 세 가지로 그 발간 의의를 생각해 본다.

2

귀로 듣는 가창시조가 아니라 눈으로 읽는 문자시조로서, 우리 근·현대시조는 1900년대부터 숱하게 발표되었다. 그에 걸맞게 시조시인도 많이 배출했다. 그사이 작품에 대한 갈무리도 몇 차례 이루어졌다. 몇몇 보기를 들자면, 1958년도 가람 이병기와 월하 이태극이 힘을 모아 엮어 낸 『현대시조선총(現代時調選叢)』(새글사)이 앞자리에 놓인다.

작고시인이나 생존시인에 설림 없이 근·현대 시조시인의 작품을 엮어 낸 첫 일이다. 일흔에 이르는 시조시인의 작품을 실었다. 비록 계급주의 문학인이나 월북한 이의 작품이 빠졌으나, 이 책으로 말미암아 한국 근·현대시조의 주요 작품은 많은 부분 갈무리를 한 셈이다. 가람과 월하 두 사람은 시조를 현대 자유시와 떼어 이름 그대로 독자적인 창작과 연구의 갈래로 올려 세우는 공을 이루었다.

1963년도에는 이은상의 화갑기념으로 『현대시조작가대표작집』(현대사)이 마련되어 시조인의 잔치를 벌인 바 있다. 그리고 1969년에는 금란여자중고등학교에서 금란문학교재 4집으로 『시조동요시선』을 내어 시조를 어엿하게 대접하여 이채를 띄었다.

1970년대에 이르러서 한국시조작가협회는 해마다 회원의 작품을 모아 엮어내는 『연간시조집』이나 회원의 『기념시조선집』을 몇 차례 만든 적이 있으나, 이름에 걸맞은 선집으로 보기 어렵다. 1977년 어문각에서 신한국문학전집을 엮으면서 36권째 책을 『시조선집』이라는 이름으로 따로 마련해, 현대문학전집에서 시조를 독자적으로 묶는 본보기를 만들었다.

그리고 1980년대에 이르러 70년대와 80년대 신문의 신춘문예 당선 시조를 한자리에 묶은 선집이 나오기도 했으나, 특정 시기의 작품을 엮는 데 머물렀다. 또한 박옥금이 1986년 『한국여류시조문학전집』(미완)을 엮어 시조선집의 흥미를 더했다.

그런 속에서도 임선묵이 1981년에 낸 『근대시조대전』(홍성사)과 1988년에 이어서 낸 『근대시조집총람』(단국대 출판부)은 매우 뜻깊은 업적이라 하겠다. 1900년대부터 1950년에 이르는 동안 문학 매체에 실린 우리 근・현대 시조집과 작품이 한자리에 놓이게 됨으로써, 연구자나 문학 교육자에게 큰 도움을 주었다. 그러나 이 책들은 1950년대 이후의 현대 시조에 대해서는 갈무리하지 못했다.

이렇게 보면 보다 다양하고도 흥미롭게 시조를 알리고 널리 읽히도록 하기 위한 노력이 잦지는 않았음을 알 수 있다. 우리 근・현대 시조의 오랜 내림으로 미루어 보아 모자람이 있다. 이런 속에서 최재섭이 『시조문학』 천료작을 모아 낸 것이다. 앞에서 말한 바와 같이 『시조문학』은 우리 현대시조사의 중요 매체로서 제 몫을 충실히 해 오고 있는 잡지다.

다른 시조동인지나 잡지가 없었던 것은 아니었으나, 『시조문학』은 범시조인 차원에서 밀어주고 끌어 주며 영향력을 키워 온 매체다. 따라서 『시조문학』 추천작품 선집이란 바로 1960년대부터 현재까지 이르는 동안 한국 현대 시조사의 많은 신인이 내뿜었던 가장 의욕적인 국면을 느끼고 맛볼 수 있는 기회를 독자에게 제공하는 것이다.

이 책을 펼치면 오늘날 우리 시조시단에서 중요한 몫을 다하고 있는 시인인 김제현・이상범・서벌・한춘섭・유제하에서부터 시작하여, 김종・이건선・문무학・박옥위・이일향・구영주와 같은 이들의 의욕적인 초기 작품을 쉽게 만날 수 있다. 한 전범으로서 우리 시조와 그 흐름에 대한 안목을 일깨워 주는 주요한 의의가 새삼스럽다 하겠다. 문학교육 현장에서는 문학 부교재로서, 습작하는 이에게는 작품 창작의 실습서로서, 시조시인에게는 시조사의 큰 맥락을 읽게 해 주는 주요 지침서로서 지닌 바 몫이 크다.

누군가 해야 될 일이면서도 선뜻 나서지 못하는 문학마당의 일 가운데 하나가 지나간 시기의 숱한 작품의 높낮이, 전통과 인습을 가리고 간추려 그 전통을 현재와 미래의 겨레 자산으로 뒷사람에게 이어 주는 일일 터다. 그 일 가운데 하나를 최재섭이 묵묵히 홀로 감당한 것이다.

3

경남 지역, 나아가 경남시조문학지 입장에서도 이 엮은 책은 소중한 업적이다. 백 년 남짓한 우리 근현대 시조사에서 볼 때 경남 지역은 창작과 향유의 주요한 중심지 가운데 하나였다. 그 본보기로 통영 지역의 시조 전통을 들 수 있겠다. 통영 지역은 1920년 무렵 이미 시조 동인지를 내면서 서울 지역의 시조부흥활동과는 구별되는 독특하고도 영향력 큰 시조 창작 작업을 이어 왔다.

탁상수나 고두동에서 시작하여 김상옥 · 박재두 · 이금갑으로 이어지는 통영 근대 시조의 흐름은 매우 이채로운 풍경 가운데 하나다. 그러한 통영시조는 마산 안자산의 창작 작업과 서로 얽히면서 경남 지역 시조의 위상을 한국 문학사의 반열에 우뚝 올려 세우는 역할을 다했다.

지금도 통영에서 고성을 거쳐 마산과 부산, 그리고 대구에 이르는 영남시조의 맥은 대단한 기세를 내뿜고 있다. 1952년 우리나라 최초로 나온 시조문학 전문 잡지인 『시조연구』도 통영 출신 고두동이 가까운 부산에서 만들었다. 그리고 1960년대 한국 시조계를 앞서 이끌었던 영남의 『낙강』 동인과 『율』 동인의 주요 구성원이 바로 경남 지역 시조인이었다는 기억이 새삼스럽다.

그리고 그러한 전통은 그대로 이어져 바로 최재섭의 고향이기도 한 고성의 최재호, 서벌과 선정주 시인에서부터 울산의 김교한, 마산의 김연동을 거쳐 창원의 원은희를 중심으로 한 젊은 세대까지 넣는다면 가히 경남시조는 질적으로나 양적으로 대단한 기세를 보여 주고 있는 셈이다.

그러나 그와 다른 쪽에서 경남 지역 시조시단은 노쇠하고 무기력에 빠져 단체와 정치만 번성하고 있다는 핀잔을 듣기도 한다. 작품이나 문단의 풍토로 볼 때 내일을 기약하기 쉽지 않다. 오히려 새로운 세대의 발전과 신선한 창작 의욕을 가로막는 걸림돌이 되고 있다는 우려 섞인 목소리까지 들리곤 한다.

그런 점은 이 책에 실려 있는 경남 지역 시조시인의 면면을 시기별로 살펴보면 확연하게 드러나는 일이다. 초창기인 1960년대의 높은 비중이 뒤로 가면서 점점 줄어들다가 지금은 뚜렷하게 낮아지고 있는 것을 볼 수 있다. 물론 시조시단의 전국적 편재성이 높아진 문단 사정이 한몫을 했겠다. 그럼에도 경남시조의 비중이 크게 줄어든 것은 경남시조 시단의 전반적인 노쇠현상과 깊이 관련되어 있다 하겠다.

따라서 이 책을 통해 지역 시조인은 다시 한 번 경남시조의 위상과 자신의 자리에 대한 자각과 반성의 계기를 마련할 수 있을 것으로 여겨진다. 문학적 노쇠현상이 어찌 생물학적인 나이로만 잴 수 있는 것인가. 몇몇 사람의 사교 활동에 경남 지역 시조시단의 장래를 맡겨 두기에는 그동안 경남시조가 이루어 온 전통이 깊고 뜻이 높다.

이런 정황 아래서 이 책은 경남시조의 맥을 새롭게 되살리고, 엄격한 창작 기풍을 수립해야 할 시조시인과 미래의 시조인에게 중요한 자극이 될 것이다. 이 책이 경남 지역에서 나오게 된 것도 바로 변화와 쇄신에 대한 지역 시조시단 안쪽의 요구를 반증하는 일이라 여겨진다.

정신가치와 실증가치의 균형

1

요즈음 들어 우리 근・현대시 연구에 있어 눈에 거슬리는 경향이 둘 있다. 먼저 새로운 이론 좇기라고 일컬을 만한 일이다. 지식의 확대 발달과 더불어 자연스레 이루어질 이 일이 새삼스럽게 거슬리는 까닭은 속겉으로 요란스럽기만 하다는 데 있다. 모든 이론은 그것이 붙박은 제 나름의 땅과 뿌리가 있기 마련이다. 이런 점을 무시한 채 내 것 남의 것 가림 없이 끌어다 붙이고 엮다 보니, 그 글이라는 것이 번잡스러운 말 잔치가 되고 만다. 줏대 없이 문제인식부터 겉돌 것은 뻔한 이치다. 하찮기 짝이 없는 결과를 떠벌리느라 용을 뺀다. 모름지기 바른 정신가치와 그것을 세워 나가는 마땅한 방법을 위해 고심해야 할 일이다.

다음으로 엄밀한 실증 정신의 부족이다. 공부란 이어 주고 이어받을 뿐 아니라, 더 나은 길로 나아가는 데 이바지하기 위해 필요한 것이다. 따라서 기존 지식을 이어받는 것이 첫 일이다. 이런 까닭에 앞선 지식에 대한 엄밀한 인지지도(cognitive map)의 마련은 쓸모 있는 지식을 주받으며 새로운 지식을 개발하기 위해 꼭 필요한 일이다. 문제는 그 일을 게을리 한 탓에 이미 죽어 버린 지식을 붙잡고 아까운 공력을 낭비하는 데 있다. 아니면 학문이란 탈을 쓰고 잘못된 권위에 어물쩍 기대거나 자의적인 결론을 쳐들어 대기도 한다.

공부의 쓸모를 밝혀 나가는 바른 정신가치와 그것을 기존 지식세계 속에서 엄밀하게 세워 나가는 실증가치 이 둘은 따로 떨어진 것이 아니다. 둘 가운데 어느 한쪽에 치우치거나 한쪽이 크게 모자라는 공부는 헛된 일이기 쉽다. 학문하는 이가 갖추어야 할 기본 자질이라고까지 할 만한 이 점을 새삼 문제 삼지 않을 수 없다는 데 우리 앞에 놓인 위기의 심각함이 있다. 이런 가운데서 박경수 가 낸 책 『한국근대문학의 정신사론』(삼지원, 1993)은 그러한 우려를 물리칠 만큼 온당한 글로 짜여 있어 남의 글 읽는 즐거움을 오랜만에 안겨 준다.

2

이 책은 크게 3부로 짜여 있다. '제1부 근대시의 정신사적 명암'과 '제2부 민요시 지향의 시학' 그리고 '제3부 근대문학론의 몇 국면'이 그것이다. 제1부는 책의 뼈대를 이루는 부분이다. 글쓴이가 세우고자 하는 우리 문학의 '정신사'에 대한 기본 관점을 잘 보여 준다. 제2부, 3부는 '정신론'에 드는 글로 짜여 있다. 제2부는 민요시와 민요시론을 빌려 제1부에 깊이를 더하는 부분이다. 그런가 하면 제3부는 제1부의 폭을 더해주는 네 편의 글을 실었다. 책의 짜임에서부터 꼼꼼한 글쓴이의 손길을 엿볼 수 있다.

제1부는 글쓴이가 머리말에서 밝혀 놓고 있는 바와 같이 나라잃은시대 35년간 "암울했던 민족의 역사현실에 대응한 문학의 주체적 응전의 노력과 이의 안티테제인 반민족적 친일의 논리를 체계화시켜 보고자 한" 세 편의 글을 실었다. 책 이름에 내세웠던 '정신사론'의 틀거리를 알게 하는 글들이다. 처음 「근대시에 나타난 민족주의 문제」와 다음 「일제하 후반기 시의 저항적 문맥」은 서로 이어진 글이다. 첫 글이 '민족주의'를 앞세워 1910년대에서 1920년대에 걸치는 우리 문학의 바른 정신가치를 가다듬어 보려고 하였다면, 다음 글에서는 "저항적 문맥"을 잣대로 내세움으로써 1930년대 문학 속에서 그것을 보다 구체적으로 따져 보고 있다. 그리고 셋째 글 「일제 말기 친일시의 양상과 의미」에서 그 맞은쪽을 살폈다.

전체적으로 온건한 논지가 눈길을 끈다. 그러한 온건함을 첫 글에서 신채호 선생의 시론과 시를 떠받들고 난 바로 뒤이어 최남선의 이른바 신체시에서도 "민족역량 확보"라는 값을 읽어 내고 있는 데서 잘 엿볼 수 있다. 서평자로서는 이러한 글쓴이의 눈길을 정신의 지향 가치나 문학현장의 현상 가치 어느 한쪽에 치우치지 않으려는 균형감각이라 보고 싶다. 이러한 균형감각은 사실 이 책에 실린 글 곳곳에서 느껴지는 특징이 되고 있다. 그것이야말로 첫머리에서 말한 바른 정신가치와 명료한 실증가치라는 둘 사이의 거리를 끌어당기며 민족 논의의 폭과 너비를 넓혀 주는 요소로 여겨진다.

그러나 이런 특징은 자못 불만을 살 일이 되기도 한다. 왜냐하면 최남선의 신체시 작품과 신채호 선생의 정신가치는 '바른' 민족문학이라는 당위론 쪽에서 보면 엄청난 거리를 지니는 것이기 때문이다. 이런 맥락에서 1920년대 시사 흐름 속에서 상해 임시정부의 기관지 『독립신문』에 실린 시와 나라 안 민요시를 다루고 있는 데서도 아쉬움을 갖게 한다. 이미 "우리 근대 시문학을 대상으로 민족주의의 문제를 실상대로 파악하고, 이의 문학사적 의의를 해명"하고자 했다면 의병노래나 광복군노래 또는 신민요와 같이 민족 저층을 흘러왔던 노래에 대한 관심이 최남선의 신체시나 독립신문 소재 신체시와 나란히 또는 더 큰 무게로 다루어져야 했을 것이다.

이어서 「일제하 후반기 시의 저항적 문맥」에서는 1930년대부터 광복까지에 이르는 시기 근대시의 저항의식을 심훈·이육사·박세영·이용악·윤동주 시를 내걸고 다루었다. 피식민자 한국인이 나라 안밖으로 식민자 밑에서 사회검열과 개인검열을 거치면서 모든 행동이 제약당했던 것은 다 아는 일이다. 따라서 글쓴이는 저항의 바른 뜻매김에 이르는 데 많은 어려움이 있음을 밝힌 다음, 스스로는 '저항시'를 "시인의 역사적 상황의 인식과 관련하여 시의 내용상 메시지를 고려한 바탕 위에서 설정되는 용어"라 했다. 곧 "삶의 모순과 불합리성"에 대하여 이를 "부정, 비판, 극복하고자 하는 정신적 지향과정"에 바탕을 둔 "역사의식 또는 현실인식의" "문학적 형상화"의 문제로 "저항적 문맥"을 다루어야 한다는 것이다. 행위의 실천이 아니더라도 인식의 실천, 곧 "행위 이전의 내면의 정신적 자질", "삶의 정직성에 대한 자아인식"도 저항의 내용으로 문제 삼아야 함을 말했다. 그런 바탕 위에서 "저항시는 궁극적 의식에서 민족 주체의 생존과 자주독립과 발전을 꾀하는 민족주의적 성향을" 갖게 된다고 봄으로 적용 범위를 넓혔다. 이리하여 "비극적 현실인식과 초극의지를 표상"하고 있는 심훈과 이육사의 시, "자아성찰과 희생의 시대정신을 표출하고 있는" 윤동주의 시를 한꺼번에 다룰 수 있는 터무니가 마련된 셈이다. 한 분씩 따로 떼어 살피거나 작가론 수준에서 다루어졌던 개별 논의를 "저항적 문맥"이라는 쪽에서 한 꾸리로 묶은 글쓴이의 온건한 입론이 돋보이는 글이다.

'주체적' "민족문학사의 반성적 성찰"을 위하여 쓰인 「일제 말기 친일시의 양상과 의미」도 눈길을 끈다. 이런 쪽 연구는 실상 파악보다 정서적 대응이 더 많았던 것이 사실이다. 게다가 임종국 선생이 우뚝한 업적을 연 때가 1960년대 초반이니 한 세대가 지난 터다. 이제는 나라잃은시대 부왜문학에 대한 차분하고도 엄정한 실증적인 논구가 이루어져야 할 때다. 이런 점에서 이 글이 지닌 계도적 몫은 크다. 연구자는 부왜시(본문에서는 '친일시'라 쓰고 있다)의 양상을 크게 둘로 나누었다. "일본정신 내지 이념의 찬양 · 고취로부터 일제의 식민지 지배를 정당화하기 위한 목적"을 지닌 "친일의 황도시(皇道詩)"와 "전시체제에 따른 일제의 침략전쟁을 합리화 · 고무시키기 위한 목적"의 "친일의 전쟁시(戰爭詩)"가 그것이다. 앞선 연구자가 부왜 정도에 따라 가르거나 몇몇 유명작가 중심, 또는 표기체계에 따라 나누었던 점을 생각하면 그 무렵 문학 상황에 비추어 논의 대상과 그 범위를 넓게 아우를 수 있는 분류로 보인다. 김용제 · 김종한 · 주요한 · 이광수 · 모윤숙 · 김동환 · 김억 · 김기진의 시가 논의에 오르고 있다. 앞으로 왜어 시를 비롯한 더 많은 자료 공개와 실상 파악뿐 아니라, 자연스레 그 무렵 부왜문학론과 상응 관계를 찾아 나서는 데까지 논의가 깊어지리라.

제2부 '민요시 지향의 시학'은 1920년대의 민요시와 민요시론을 다룬 세 편의 글로 이루어졌다. 김억과 주요한 그리고 김소월, 서로 다른 세 사람의 민요시 지향을 다룬 이 글들은 글쓴이가 한결같이 힘을 쏟았던 부분이다. 게다가 정신가치와 실증가치의 균형이라는 글쓴이의 특징이 잘 살아나고 있는 곳이다. "일본을 매개로 한 서구시의 영향을 중심적으로 다루었던 종래의 시사연구에 대한 반성"으로서 글쓴이가 민요시 연구로 나선 것은 마땅하고도 자연스러운 일로 보인다. 왜냐하면 민요시와 민요시론이야말로 어찌 보면 이른바 국민문학과 계급문학을 하나로 묶을 수 있는 논점을 마련해 줄 수 있을 터이기 때문이다. 게다가 1920년대를 지나 1930년대를 거치면서 민요시 지향이 지니는 시사적 비중은 줄어들기는커녕 더욱 커진다. 빠른 실상 파악이 필요한 일이다. 그럴 경우 한죽송이나 김병호와 같은 시인의 민요시뿐 아니라 나라 바깥 만주 지역의 유이민시와 나라 안의 무명시까지 묶는 커다란 영향력과 의의를 읽어 낼 수 있을 것이다. 때문에 학위논문을 비롯하여 줄기차게 쏟고 있는 글쓴이의 민요시 연구가 우리 "근대문학의 정신사론"에 이바지할 몫은 크다.

제3부는 '근대문학의 몇 국면'이라는 이름 아래 네 편을 실었다. 첫글 「근대문학에서의 자연과 문명(文明)인식」은 우리 "근대문학의 형성과 전개과정에서 자연과 문명의 문제가 중요한 제재와 테마가 되어왔다"는 생각을 앞세워 두고 그 "구체적인 내용과 그 양상"을 "계몽주의적 관점, 유미주의적 관점, 낭만주의적 관점, 현실주의적 관점"으로 나누어

살피고 있다. 문예사조가 문학이 터 잡고 있는 세계관이나 세계상을 손쉽게 밝혀 줄 수 있다는 점에서 "자연과 문명의 인식유형"을 이 넷으로 갈라보는 것은 마땅한 방법일 수 있다. 다만 자연 환경과 인문 환경, 곧 문명이라는 묵은 이분법에다 전통사회와 근대사회, 또는 농촌과 도시라는 가까우면서도 다른 이항대립하는 요소를 뒤섞어 이끌어 들임으로써 논지 흐름에 얼마간 혼란이 따를 수도 있겠다.

두 번째 글인 「노월 임장화의 유미주의 수용과 문학」은 우리 문학사에서 제값대로 다루어지지 않고 있었던 임장화를 새롭게 찾아 나름의 자리매김을 하고자 한 글이다. 1920년대 초반 창조 동인에 뒤늦게 들어가 잠시 활동했던 임장화는 특히 유미주의를 받아들이고 그러한 문학에 걸맞은 문학활동을 펴고자 했던 사람이다. 글쓴이는 임장화의 전기사실을 꼼꼼하게 찾아 밝힌 뒤, 오스카 와일드 문학을 우리 문단에 처음으로 알린 그의 유미주의 수용 과정과 그 모습을 몇 항목으로 정리하였다. "반도덕, 반현실 추구", "죽음과 악의 찬미, 관능 추구", "반사실, 반자연 추구", 그리고 "반민족, 반계급의식"이 그것이다. 이렇게 보면 임장화는 자아 확대와 개성 신장을 꾀한답시고 몽롱한 관념 가치를 좇으며 민족현실과 등을 돌린 채 낙관과 비관을 되풀이했던 1920년대 초반기 동인지 문학인들의 의식 파탄을 잘 보여 주는 한 본보기가 됨 직하다. 글쓴이는 이러한 점들을 꼼꼼히 따지면서 1920년대 문학정신 속에 흐르는 한 "극단적 유미주의"의 자리를 찾아 문학사의 부피를 더하고자 했다.

이러한 노력은 다음에 실린 「정로풍의 계급적 민족의식의 문학론」에서도 되풀이한다. 정로풍 또한 임장화와 마찬가지로 그 이름이 드물게 알려져 온 사람이다. 임장화와 달리 활동 시기가 1920년대 후반에 걸치고, 카프 중심의 계급주의와 다른 독특한 계급주의 문학관을 지닌 점이 유별나다. 그는 "복고적 · 관념적인" 민족의식 탓에 자칫 민족허무주의에 빠져들었던 이른바 국민문학파와, 민족모순보다 계급모순을 앞세우며 계급 보편주의에 빠져 민족 현실에서부터 멀리 벗어나고 있었던 그 무렵 카프문학파를 함께 비판하면서, "민족의식과 계급을 일원론적"으로 인식하였다. 그에 따르면 조선 민족 안쪽의 계급갈등이란 당연히 일제 식민 민족에 의한 것으로, 조선에서의 민족모순과 계급모순은 둘이 아니라 하나다. 제국주의 일본 식민 민족과 그들에게 수탈당하고 있는 피식민 민족인 조선 민족 사이에 빚어지는 투쟁과 모순이야말로 1920년대 현실인 것이다. 이렇듯 "민족 대 민족의 계급적 대립관계에서 계급을 파악"하는 그의 일원론적인 인식은 문학의 형식과 내용 문제에까지 그대로 이어진다. 정로풍의 "계급적 민족의식의 문학론"은 1920년대 후반 민족 통합 활동으로서 신간회 활동이나 양주동 같은 이들이 내세운 바 있는 절충주의 문학 논의와 다른 자리에서 "당대 문학의 편파성"을 뛰어넘고자 했던 뜻있는 한 보색이었다는 점을 글쓴이는 읽어 내고 있다.

그리고 책 맨 뒤에 실은 「민족문학론의 전개와 그 실상」은 1980년대 들어 활발하게 이론 증식과정을 거쳤던 문단현장의 민중문학 논의를 바라보면서 그 "역사적 전개과정을 전체적으로 조망하면서, 쟁점의 본질과 그 상관성을 가능한 객관적 관점에서 정리, 구명"하고자 한 글이다. 먼저 글쓴이는 민중이라는 용어의 쓰임과 뜻을 우리 역사 속에서 살핀 다음 민중문학론이 본모습을 갖추었던 1920년대 후반 1930년대 초반 카프파 전후의 논의들을 세세하게 짚고, 곧장 1970년대 민중문학 논의로 나아가고 있다. 여기에서 글쓴이는 김지하 · 신경림 · 백낙청의 문학론을 살핀 다음 1980년대 젊은 비평가의 민중문학론에까지 논의를 넓히고 있다. 특히 1980년 비평가의 민중문학 논의를 간추리면서 "기존 문학 장르의 본질적 변혁에 대한 인식"까지 아우르는 "실천적 운동 장르로서의 위상"을 눈여겨보고 있다. 민중문학론 논의에 대한 값매김에는 읽는 이마다 여러 높낮이가 있겠지만 비교적 간결하고 치우치지 않게 간추린 눈길이다. 다만 광복공간의 민주주의 민족문학론 또는 민중문학론에 대한 논의를 덧붙일 수 있었더라면 하는 아쉬움은 남는다.

3

박경수는 젊은 국문학 연구 세대에 든다. 젊다는 것은 구태의연하지 않고 제 몫의 문제거리를 바른 방법으로 다부지게 파고들 수 있는 자질을 갖추었다는 뜻이다. 학문이 학문하는 사람들의 자리를 지키기 위한 일로 떨어져 버린 오늘날, 학문하는 올바른 자세를 갖추고 더 나은 삶을 위해 고민하는 공부는 오로지 젊은 사람만이 이룰 수 있는 일이라고 생각한다. 젊다는 점은 또한 말법에서부터 겨레말을 다루는 이로서 지닐 바 자기 소견이 뚜렷해야 한다는 뜻을 말한다. 굳이 민족문학의 바른 정신사를 좇겠다는 것이 글쓴이의 의도인 바에야 더 말할 나위가 없다. 이런 점에서 전체적으로 한글세대다운 말씨 닦기가 필요한 일로 보인다. 문체는 세계관을 반영한다. 그러므로 삶을 보는 깊이가 깊어지고 틀이 굳게 잡히면 자연스럽게 해결될 일이라 여겨지지만, 비슷한 세대인 서평자로서도 함께할 고민거리다. 이런 일에는 나이의 많고 적음이 문제가 아니다.

『한국 근대문학의 정신사론』은 의욕을 갖춘 책이다. 그 의욕은 정신가치와 실증가치의 균형잡기라는 당연한 학문의 미덕을 새삼스럽게 이루어 내고 있는 데서부터 역설적으로 찾아볼 수 있다. 글쓴이가 궁극에 노리는 정신사론을 위한 얼개 짜기로서 이번 책이 지닐 몫은 만족스럽다고 말할 수 있다. 이런 점에서 다음 업적에 거는 기대는 크다. 아마 그것은 무엇보다 덜떨어진 논리로 물량주의에 빠져 죽은 지식을 떠벌리거나, 실증적 엄밀함을 놓친 채 멋모르고 이곳저곳 기웃거리는 얼치기 글들과는 멀리 벗어난 온당하면서도 엄정한 연구가 되리라. 지식 정보의 대량복제, 다원주의 사회에서 인문학을 하는 젊은이가 갖추어야 할 참 새로움이 거기 아닐쏘냐.

시의 지도에는 풀나라가 있다

박태일 시인(좌담)

한정호 : 선생님, 무탈 안녕하십니까? 엎어지면 코 닿을 듯 지척에 살면서도 바쁘다는 핑계로, 무소식이 희소식이라는 자위로 스스로를 다그치곤 합니다. 고래 심줄보다 질긴 스승과 제자로서 인연일진대, 자주 안부 여쭙고 들락날락 찾아뵙지 못해 죄송스럽습니다. 선생님 근황은 어떠신지요?

박태일 : 잘 지내고 있습니다. 다시 새 글을 준비 중입니다. 지난 연말에 끝낸 것들은 주로 영남권 작가나 매체를 대상으로 삼은 공부여서 큰 어려움을 겪지 않았습니다. 지금 준비하고 있는 글은 북한 쪽입니다. 북한 지역문학사 연구 가운데서 하나인데, 생각보다 구정보가 많지 않아 힘이 듭니다. 그 일로 서울과 경기도 안산을 다녀오기도 했습니다. 어느 때보다 바쁜 겨울을 보내고 있는 셈입니다.

한정호 : 지금부터 제가 드리는 질문은 이웃에 사는 어느 독자의 소리라고 여겨 주십시오. 먼저, 선생님의 문학 입문기에 관한 질문입니다. 저는 고등학교 시절 첫사랑의 여인처럼 시가 찾아왔고, 연애편지 적듯이 시를 만나곤 했습니다. 그런 과정에서 저도 모르게 습작기를 보내면서 시를 더욱 사랑하게 되었습니다. 선생님께는 언제 어떻게 시가 다가왔는지 궁금합니다. 아울러 습작 시절에 좋아했던 시인이나 영향을 받았던 문학인이 있다면 말씀해 주십시오.

박태일 : 글쎄요, 답하기가 간단치 않은 물음입니다. 왜냐하면 동기란 여러 가지가 복합적으로 작용하지 어느 한 요인으로 이루어지지는 않기 때문입니다. 게다가 세월 흐름에 따라 바뀌기도 합니다. 섣불리 한두 가지로 말해 버리고 말 일은 아닐 것 같습니다. 그래도 중학교 2학년부터였던가, 사춘기를 겪으면서 맹목적인 독서에 빠졌던 게 제가 문학과 가까워지는 큰 걸음걸이가 아니었던가 싶습니다. 앞 시기까지 활달하게 운동장에서 보내다 180도 바뀐 셈입니다. 틈만 나면 도서관에 박혀 이 책 저 책 높낮이를 가리지 않고 읽었습니다. 겉멋이 잔뜩 들었고 호기심도 많았던 시기였습니다. 그때 누구 책 서문이었던가, 자신은 세상의 지식이란 지식은 다 알고 싶었다고 쓴 글을 읽고 큰 울림을 얻은 적이 있습니다. 송욱 시인이 낸 『시학평전』 머리말로 기억하고 있었는데 뒷날 살펴보니 아니었습니다. 그래도 그 글을 쓴 사람은 아마 송욱 시인이 맞을 겁니다. 무슨 뜻인지 모르고 이저런 읽기에 골몰했던 시기였습니다. 햇살 내려 쬐는 도서관 탁자에 턱을 괴고 책을 읽다 고개 들면 벽에 걸린 김영랑의 시화 「돌담에 속삭이는 햇발같이」가 눈에

들곤 했습니다. 도덕 첫 시간이었을 겁니다. 선생님께서 무슨 뜻으로 그랬는지 엉뚱하게 아뽈리네르의 시 「미라보 다리」를 길게 칠판에 써 놓고 풀이를 한 뒤 같이 읽게 하셨습니다. 재미있는 경험이었습니다. 그런 속에서 이저런 시집을 찾아 읽는 버릇도 들었고, 시가 자연스럽게 제 안에 들앉았을 겁니다.

제가 샀던 첫 시집은 누군가에게 선물로 주기 위해 부산 초량동 경남여고 들머리 조그만 서점에서 샀던, 빨간 비닐 표지로 겉표지를 꾸민 김소월 시집 『못잊어』였습니다. 저희 집이 그 길을 따라 올라간 개울가에 있었습니다. 여름비가 오면 대문까지 물이 흘러넘쳤던 곳입니다. 고교에 들어가서는 자연스럽게 문예반에 들었습니다. 2학년 때에는 장차 꿈을 시인에다 고교 교사로 굳혔으니 문학에 뜻을 둔 시기가 빨랐던 셈입니다. 그런데 무엇보다 중요한 내적 동기는 열등감 많았던 청소년 무렵, 어디로 튈지 모를 상처난 자존심을 다독거려 준 가장 든든한 방편이 시였다는 데 있을 것 같습니다. 그 무렵 제가 다녔던 동래고교는 1차에서 2차로 입시를 바꾼 뒤 몇 해째 학교 중흥이라는 목표를 향해 엄하게 밀어붙일 때였습니다. 문예반을 거쳐 부산 지역 고교 문예반원 모임이었던 '전원'과 같은 데를 기웃거리지 않았더라면, 저 같은 청소년은 더 크게 다쳤을지 모를 일입니다.

제 시에 영향을 준 분으로는 딱히 떠올릴 만한 이가 보이지 않습니다. 시의 영향이란 겉과 속으로 다 받는 까닭입니다. 다만 습작기 때인 1970년대 초반부터 그 앞 시기인 1950년대까지 걸치는 작품을 유무명을 가리지 않고 집중적으로 읽은 게 많은 도움이 되었습니다. 독서 폭이 넓었던 셈인데, 그 무렵 나왔던 문예지란 문예지는 다 찾아 읽었습니다.

한정호 : 오늘날 우리 사회에서 시인은 어떤 존재라고 생각하십니까? 그리고 선생님께 있어 시란 무엇이고, 추구하는 시적 대상과 주제는 어떠한지요?

박태일 : 시인? 잘 먹고 잘 사는 사람들이지요…….(웃음) 그런데 단순히 웃고 말 일은 아닐 것 같습니다. 시를 쓰고 발표하는, 또는 습작기 작품을 쓰고 있는 이들까지 모두 묶어서 오늘날 시를 향유하고 있는 이들은 어떤 사람이겠습니까? 1968년 1월 현재 한국문인협회 시분과 회원은 306명, 부산문인협회 시인 회원은 26명이었습니다. 지금 한국문인협회 시분과 회원은 5,745명입니다. 43년이 지나는 동안 19배나 늘어났습니다. 작가회의나 그 밖에 비소속 시인까지 합하면 그 수가 두 배 이상 늘어날 것입니다. 부산에서도 문인협회나 시인협회, 작가회의니 일컫는 조직 회원을 모으면 아마 1,000명을 넘을 것입니다. 어떻습니까. 부산 지역만 하더라도 38배나 늘어난 셈입니다. 단순 비교가 어렵지만 그 사이 인구 증가율을 감안한다면 상대적으로 엄청난 증가입니다. 여기에 습작기 시인까지 합하면 그 수는 놀랄 만할 것입니다. 부쩍 늘어난 교양시인들 덕분인데, 그들 나름의 문학사회는 끈끈하게 이루어지고 있습니다.

단적으로 말해 오늘날 시인은 시 쓰는 자세로 볼 때 두 가지 유형이 있습니다. 첫째, 잘 먹고 잘 사는 사람입니다. 그런 점에서 시에 삶을 걸 필요도 없고, 시를 빌려 시간을 보내며 끼리끼리 지내는 게 목표인 이들입니다. 시와 힘겨루기를 할 필요가 없는 이들입니다. 시인 노릇이 주말 산악회 비슷한 예사 취향 활동 가운데 하나가 된 셈입니다. 이들 속에서 좋은 시, 소름끼치는 시가 나올 일도 없고 그런 작품을 바라보기도 어렵습니다. 우리 시 전통과 싸워서 새로운 자기 시를 조금이나마 이루겠다는 긴장은 처음부터 없는 시인입니다. 이런 이들이 모여 시 집단을 이루고 이저런 상을 만들어 주받고 서로 추켜 주면서 문학 취향을 한껏 누리고 있는 형국입니다. 그들이 이루고 있는 작품 높낮이가 우리 근대시 전통으로 보아 그만그만하더라도 생활문학으로서는 존중하고 또 격려해야 마땅한 일입니다. 잘 먹고 잘 사는 그런 이들이 그나마 시를 쓰지 않으면 남은 시간에 정치꾼 뒤나 따라 다니며 잇속이나 챙기거나, 우리가 모를 범죄로 세상을 더 어지럽힐지 알 수 없는 일입니다. 세상에 다른 죄를 짓기보다 시를 앞세워 몰려다니거나 시집 내는 일에 시간을 보낸다면 세상은 그래도 조금은 나을 거라 생각합니다.(웃음) 다만 이들이 잘 먹고 잘 사는 자기 처지를 좀 더 자각하여 시라는 문화 관습으로 자신을 드러낼 길을 갖지 못한 채 살고 있는 세상에 대하여, 공인으로서 지닐 최소한 자긍심과 염치 정도는 가지고 행동하길 바랄 따름입니다.

두 번째, 시가 아니면 살아가기 힘들 이입니다. 어떤 요인에서 비롯하였든지 개인 심리로나 집단 심리로 볼 때 우리 사회에서 가장자리로 밀려나 있는 소수자입니다. 이들이 시를 쓰는 일은 세상에 살아남기 위한 안간힘일 수 있습니다. 한 번도 세상에 자신을 드러낼 길을 갖지 못했던 그들이 살아갈 중심 장소가 시인 셈입니다. 문제는 이런 이는 문학제도 안에서 드러나기 힘들다는 데 있습니다. 이들이 자기 표출을 가능하도록, 자기 위안에 이를 수 있도록 도와주는 제도 장치가 필요한데 그것이야말로 사회 시창작 학습의 중요 목표 가운데 하나여야 합니다.

어쩌면 큰돈 들이지 않고, 크게 싸우지 않고 세상 속에서 더불어 살 수 있을 방식이 시입니다.

모든 시인은 이 두 극단 사이 어느 곳에 놓일 터인데, 우리 시문학 사회의 중심은 정도 차이는 있으나 불행하게도 한껏 첫 번째에 쏠려 있습니다. 말하자면 잘 먹고 잘 사는 유흥 분위기 형국입니다. 저 같은 사람도 예외가 아니지요. 그나마 젊은 시절 시가 아닌 다른 것에 삶을 걸었더라면 무엇을 하고 있을까? 이런 아쉬움을 지닌 채 살고 있지 않다는 점에서 저는 행복한 쪽입니다. 제가 선택한 문학으로써 살고 있으니 얼마나 복 받은 일입니까. 다만 더 미치지 못했다는 자괴감은 뒷날까지 짊어지고 가야 할 아픔입니다. 시가 저에게 구원이었던가에 대해서 말할 입장은 아니지만, 세상과 더 크게 다투거나 불화하지 않고 버틸 수 있도록 이끌어 준 점에서 시는 제 삶에서 가장 큰 터무니입니다. 시라는 방편이 있어 저는 행복했고, 앞으로도 행복하리라 생각합니다.

그리고 중심 되는 시적 대상과 주제라는 것은 간추려 말하긴 어렵습니다. 중요한 점은 저 개인에게 시는 대단한 것이지만 세상에서는 그리 대단한 것이 아니라는 사실을 늘 잊지 않는 일입니다. 산업 현장이나 논밭에서 생업을 잇는 이의 생산 활동에 견준다면 시 쓰는 일은 참으로 허황한 노릇입니다. 시는 말장난일 뿐입니다. 세상에 대단치 않은 그 말장난을 대단한 것인 양 내돌려 세상을 속이려(?) 들려니 얼마나 시에 골몰해야 하겠습니까. 제가 참으로 골몰했던가라는 물음에 대한 답변과 무관하게, 적어도 대단치 않은 시를 쥐고 살아가는 사람으로서 세상에 대한 부끄러움과 고마움을 놓치지 않으려 애썼다는 점만은 말씀드릴 수 있습니다.

한정호: 선생님의 시 가운데 「유월」은 고등학교 문학교과서에 수록・소개되고 있습니다. 그런 점에서 학생 또는 일반 독자들은 이 작품을 대표작으로 여길 수 있을 텐데, 이에 대해서는 어찌 생각하시는지요? 선생님께서 특별히 애착을 느끼는 작품이 있다면 소개해 주십시오.

박태일: 제가 곤혹스러움을 느끼는 경우는 무슨 축시를 쓰라 할 때와 대표시를 내놓아라 요구할 경우입니다. 제 시에 대한 평가와 선정은 쓰는 제 몫은 아니니 난감한 까닭입니다. 저는 이야기를 겉으로 드러내는 보다 긴 시와 그것을 녹여 버린 짧은 시를 뒤섞어 써 왔습니다. 「유월」은 저의 짧은 쪽 경향을 보여 주는 시입니다. 작품 뽑는이 쪽에서는 전통적인 속살을 전통 가락으로 담아낸 시라는 뜻에서 눈길을 주었을 것입니다. 겉으로 드러난 가락 밑에 담긴 이야기를 떠올리는 틀을 지닌 작품입니다. 제 할머니는 일찍이 의령 신반에서 합천으로 시집을 오셨습니다. 꽃가마에 실려 합천 들머리에 있는 아홉사리재(현지에서는 아등재라 일컬음)를 넘어오셨다는 말씀에 대한 기억이 첫 동기가 되었을 겁니다. 저도 이른 나이에 합천을 떠나 부산에서 자라고 공부하는 동안, 가끔 고향에 갈 때면 거치는 고개입니다. 차 사고도 잦아 합천 사람에게는 위험한 고개로 알려져 있습니다. 지금은 새 길을 내서 옛길은 버려두었지만 그 길을 지날 때마다 할머니를 떠올립니다. 그런 고개에 대한 정황을 밑그림으로 가져왔습니다.

봉산은 합천 가운데서도 깊은 서북쪽에 있는 곳. 전통적이었을 오누이 사랑, 그런 것이 담긴 셈입니다. 예전에는 한번 시집간 딸이 친정에 오기란 대사가 아니면 어려웠습니다. 그것도 가까운 곳일 경우에 말이

지 먼 거리였다면 몇 십 년 친정 걸음도 얻기 힘든 때였습니다. 그런데 참으로 오랜만에 얻은 친정 걸음이 오라버니가 죽어, 그 치상의례를 위한 걸음이라니. 그 누이의 복잡 미묘할 마음을 느껴 보시기 바랍니다. 「유월」은 그런 속살을 겉으로 드러나는 가락에 얹은 작품입니다. 전통 2음보를 밑에 깔고 그것을 이어 붙이며 변형시킨 가락입니다. 「유월」은 제 대표시라기보다 풀이하기 쉬운 작품이었을 것입니다. 시인에게 대표시는 아직 쓰지 못한 채 남아 있는 것, 그런 믿음을 갖는 자세가 정신 건강에도 도움이 됩니다. 제가 특별히 애착을 느끼는 작품이야 있지만 굳이 찾으려 들 필요는 없을 것 같습니다. 애착이 가는 작품에 들지 못한 놈들이 불쌍하지 않습니까. 그나마 잊혀질 것들인데.(웃음) 사실 발표한 뒤 시에 대해 시인이 가진 생각은 아무런 뜻이 없습니다. 발표하기 앞까지 최선을 다하는 게 눈입니다. 뒷날에라도 독자사회에서 관심을 받는 작품 한 두어 편 남길 수 있기를 바랄 따름입니다.

한정호 : 선생님께서는 1980년 『중앙일보』 신춘문예에 시 「미성년의 강」이 당선하여 문단에 나선 뒤, 지금껏 네 권의 시집을 상재하셨습니다. 첫 시집 『그리운 주막』(1984)을 비롯하여 『가을 악견산』(1989), 『약쑥 개쑥』(1995), 『풀나라』(2002)가 그것입니다. 물론 각 시집마다 고유의 특성이 담겨 있겠으나, 이 모두를 관류하는 선생님의 시세계를 간추려 들려줄 수 있으신지요? 그리고 등단 이후 5년 남짓한 시기로 시집을 내셨는데, 다섯 번째 시집은 너무 늦는다고 생각됩니다. 언제 펴낼 계획이신지, 어떤 내용으로 묶일 것인지 궁금합니다. 미리 귀띔해 주시면 좋겠습니다.

박태일 : 아, 시집요? 제 또래 햇수를 가진 시인이라면 아마 10권 가까이 냈어야 할 세월입니다. 그러고 보니 벌써 30년이 넘었군요. 제가 한때 가지고 있었던 쓸데없는 생각은 적어도 5년 남짓 터울로 시집을 한 권씩 낼 수 있으면 좋겠다는 것이었습니다. 다작인 시인은 두 권도 낼 수 있을 짧지 않은 시일입니다. 산술적으로는 한 해에 10편 이상만 발표하면 가능한 일입니다. 그런대로 5년 남짓 터울을 지켜 온 셈입니다. 그런데 네 번째 『풀나라』를 2002년에 낸 뒤 올해가 벌써 11년째로 접어들었습니다. 2006년 몽골에 일 년 동안 초빙교수로 갈 때 계획에는 다섯 번째 시집을 엮을 나머지 기행시 창작과 기행 산문집도 들어 있었습니다. 그 시집 속에 상당 자리를 몽골 기행시로 채울 생각이었습니다. 그런데 몽골에서 만족할 만하게 쓰질 못했습니다. 몽골 갔다 와서 다섯 번째 시집을 바로 냈어야 했는데……. 2007년에 돌아와서는 다시 바쁘게 돌아가는 업무에 매달렸고……. 2000년대 초반, 제 50대 10년은 무엇보다 더 늦기 앞서 학문살이에 방점을 찍겠다는 자세로 연구 쪽에 무게중심을 두었던 피해를 거꾸로 시창작 쪽에서 본 셈입니다. 시집도 산문집도 더 늦어질까 싶어 부랴부랴 몽골 기행 산문집 『몽골에서 보낸 네 철』부터 2010년 봄에 먼저 묶어냈습니다. 속도를 붙여 그해 겨울에 산문집 두 권 『시는 달린다』와 『새벽빛에 서다』까지 펴냈습니다. 그러다 보니 시집 일은 더 밀려나게 되었습니다. 지금은 그동안 써 왔던 일반시와 몽골 기행시를 따로 떼어 내 두 권으로 펴낼 생각을 굳혔습니다. 더 여유가 생긴 셈입니다. 계획대로 된다면 내년 봄까지 시집 두 권을 한꺼번에 낼 수 있기를 바랍니다. 한 선생께서 열심히 부추겨 주시면 일이 더 빨라질 수도 있겠군요.(웃음) 사실 몽골 기행 산문집도 몽골에

서 돌아온 뒤, 자꾸 미루어지는 걸 본 아내가 넌지시 "언제 내요?" 하고 부추기는 바람에 속도를 냈고 그 기세로 한 해에 산문집 세 권을 갖게 되었거든요. 어느새 시 발표만 400편을 내다보는 단계에 이른 세월입니다. 무어니 해도 제 나이가 되면 단순히 시집 수만 불리는 간행은 뜻이 없습니다. 나름대로 매만지고 있습니다만 몽골 기행시편은 그렇다쳐도 일반시에서 『풀나라』보다 더 나아간 자리가 보이질 않아 불만스럽습니다.

한정호 : 한때 저는 '현대시의 이해와 감상' 강좌에서 선생님 시에 나타난 땅이름을 지도에 하나하나 표시하며, '시와 지도'라는 주제로 학생들과 선생님의 장소 체험을 토론한 적이 있습니다. 특히 선생님께서는 「한국 근대시의 공간현상학적 연구」로 박사학위를 받으셨습니다. 그만큼 공간과 장소, 그리고 지역에 깊은 관심과 애정을 보여 주고 계십니다. 의도적으로 시에서 구체적인 땅이름을 밝히는 이유가 있는지 궁금합니다.

박태일 : 재미있는 토론을 하셨습니다. 아마 그 지도는 경상도에 집중되어 있을 것이고, 나머지 전라도나 충청도 쪽이 드물게 끼어들었을 것 같습니다. 경상도 안에서는 부산 가까운 김해 쪽이 가장 많았을 터이고……. 공간, 장소, 지역 이런 자리는 제 창작이나 공부의 핵심어입니다. 제가 석사, 박사 논문을 공간이나 장소를 핵심 틀로 삼은 것도 일맥상통한 셈입니다. 본디 근대시에 있어서 공간에 대한 욕구는 질서/무질서에 대한 의식에서 말미암은 것입니다. 공간에 개별 체험이 깃들

면 장소가 됩니다. 땅이름은 개인과 집단이 공간을 장소로 되겪는 중요한 공공 표지입니다. 개별 체험이 집단으로 넓혀지고 집단이 개인 속에 녹아드는 상상적 드라마가 땅이름을 빌려 이루어집니다. 사적 시간과 공적 공간이 한 덩어리로 살아가는 구체적인 투쟁과 생존의 자리가 땅이름인 셈입니다. 시인 개인으로 보자면 시가 막연한 사변이나, 허황된 자기 토로로 그치지 않고 바깥과 속속들이 만날 수 있는 최소 장소가 땅이름입니다. 제 시가 쉽게 와 닿는다면 그것도 땅이름일 터이고, 제 시가 어렵게 여겨진다면 그것도 처음부터 땅이름에 막힌 까닭일 것입니다. 제가 한결같이 주장했던 시 가운데 하나가 장소시입니다. 시가 공동체 문화로 남아 있기 위한 밑자락 가운데 하나가 장소에 대한 체험과 꿈, 그리고 특정 장소의 재장소화를 위한 노력입니다. 그런 장소시 창작에서 땅이름은 핵심 요소입니다. 장소론에서 볼 때 우리 근대는 제국주의 일국의 통치 권력과 자본에 의한 장소 파괴와 왜곡, 장소 획일화를 뜻합니다. 그 아래서 묻힌 사적, 공적 기억을 되살려 내는 일이야말로 장소시가 겨냥할 주요 몫입니다. 성공적인 장소시를 쓰지는 못했지만 땅이름에 온축된 장소 체험의 구체성이야말로 오래도록 독자사회에 울림을 줄 수 있기 바랍니다.

한정호 : 앞의 질문에 덧붙여 여쭙겠습니다. 선생님 시의 지도 속에는 장소사랑이 담겨 있다고 여겨집니다. 이는 시인의 눈에 비친 단순한 장소 체험을 넘어, 가족과 이웃의 삶을 노래한 가족 체험, 장소성을 가슴에 묻고 사는 지역민들의 역사 체험, 나날살이를 꾸려 가는 서민들의 생활 체험, 여행길에서의 풍경과 장소사랑이 깃든 기행 체험으로 가득

채워져 있습니다. 그런 점에서 선생님의 시는 울고 웃는, 서럽고 따뜻한, 우리네 사람살이의 기억들을 애절한 가락에 실어 담아내고 있다고 봅니다. 저의 견해를 어떻게 받아들이시는지요?

박태일 : 예, 투안이라는 서양 사람이 쓴 토포필리아(topophilia)를 옮긴 말이 장소사랑입니다. 첫 소개자인 이규목이 장소애라 옮겼는데, 마음에 들지 않아 제가 장소사랑으로 바꿔 옮겼습니다. 요즘에는 다른 사람들도 그렇게 따라오는 것 같고……. 풍요롭고 안온한 중심 경험을 지닌 특정 장소에 기울이는 사람의 남다른 애착과 사랑을 뜻합니다. 참된 삶 가운데 거의 모두는 장소 추억과 맞닿아 있으며, 그것에 대한 구체적인 공유야말로 문학이 지닌 특장입니다. 시는 그 점을 보다 섬세하게 보여 줍니다. 시가 철학이나 물리, 또는 경전이나 신문기사와 다른 자리에서 살아남을 수 있는 터무니가 시의 장소성입니다. 제 장소시 안에 담긴 속살을 무어라 이름 붙일까 저도 막연합니다. 저로서는 일반적인 다빈사, 곧 한마디로 인정이라고 부르곤 합니다. 장소 체험에 얽힌 인정어린 세계. 그러고 보니 제 시의 주제란 소박할 따름이군요. 멋스러운 비평적 수사를 끌어다 댈 자리가 아닌 셈입니다. 중요한 점은 그것에다 어떻게 나다운 표현성을 얻게 하는가라는 문제입니다. 제 시가 당대에 널리 읽힐 만한 선정성도, 폭발력도 지니지 못했지만 바라건댄 뒷날에 되돌아볼 만한 뜻있는 울림 자리 가운데 한구석을 깁는 데는 도움이 되기 바랍니다.

한정호 : 선생님께서는 30년 넘는 시력을 이어 오고 계십니다. 그런

만큼 시를 대하는 마음가짐도 남다를 테고, 시에 대한 생각도 각별한 것으로 여겨집니다. 선생님의 시쓰기 태도, 이를테면 창작 방법이나 과정에 대해 듣고 싶습니다.

박태일 : 시 쓰는 태도에는 두 가지 극단이 있습니다. 떠오르는 대로 쓰는 꼴이 처음입니다. 다른 하나는 쓴 다음에 끝까지 다듬어 내놓는 꼴입니다. 한마디로 구술어법과 문필어법이라 할 수 있을 둘 사이에 시인들이 자리하고 있는 셈입니다. 첫째 꼴은 입말과 글말 사이에 틈을 느끼지 않는 사람에게나 가능한 일입니다. 오늘날에는 거의 불가능한 일이 되어 버렸던 옛날 방식입니다. 근대시는 뿌리부터 입말과 글말 사이에 틈을 느끼고 그것을 하나같이 메우려는 불가능한 노력으로 말미암은 결과물입니다. 언문일치란 근대 시인에겐 꿈일 따름입니다. 따라서 두 번째, 입말과 글말 사이 뚜렷한 경계와 분열적인 거리 앞에서 갈등하면서 오히려 그 거리 놀이를 즐기는 방식을 취하는 시인들이 있습니다.

저는 두 극단 가운데서 뒤쪽에 닿아 있는 사람입니다. 저는 일찌감치 빠른 쓰기를 위해 타자기를 배웠고, 워드프로세서를 익혔습니다. 그래서 지금은 다듬는 일이 너무 편해졌습니다. 저에게 시는 무엇보다 다듬어 나가는 과정입니다. 다른 사람이 손을 댈 데가 없을 단계까지 고치는, 시의 변경 불가능성을 염두에 두는 글쓰기가 초점입니다. 오롯하게 내 것인, 그것으로도 최상의 표현성을 얻은 것 같은 시. 그래서 저는 어떤 외적 명성을 지닌 시인의 것이라도 거리를 두고 따져 읽어 본 뒤, 제가 손댈 데를 가진 작품과 시인은 인정하지 않습니다. 시인은 무엇보다 말을 잘, 그리고 뜻있게 다루는 사람입니다. 다른 사람이, 다른 시대가 손댈 수 없을 상태로 오롯이 만들기 위한 힘과 노력 과정이야말로 시인이 겪어야 할 불행이며 행복입니다. 제 시가 그런 상태에 이르렀는가 하는 결과와는 무관하게 저로서는 그러한 심리적, 문화적 겨루기를 소중하게 여깁니다. 창작에만 매여 있지 못하고 연구와 창작 사이를 왔다 갔다 하지만 저로서는 즐겁게 그 긴장 속에 머물러 있습니다. 제 역량이나 잠재력에는 분명 한계가 있을 터이지만, 그것을 낭비하지 않고 오래도록 잘 부려 쓸 수 있기만을 바랍니다. 결과로 볼 때, 시인은 마침내 두 종류만 남기 마련입니다. 좋은 시를 쓴 시인과 시인 흉내만 내다 가는 시인입니다. 시 말고 나머지는 모두 변수일 따름입니다. 좋은 시 한 편, 일생일편의 꿈을 향한 막막한 여행이 그치지 않기만을 바랍니다.

한정호 : 선생님의 시세계를 값매김하고 자리매김한 평론들에서도 알 수 있듯이, 선생님의 시는 여러 관점에서 우리 문단의 주목을 받고 계십니다. 그런가 하면 일반 독자들은 선생님의 시가 난해하다고 더러 말합니다. 이 자리를 빌려 평론가와 애독자들에게 도움 될 수 있는 견해를 들려주십시오.

박태일 : 제 시는 어려운 시가 아닙니다. 시를 읽으려는 노력을 더 기울이게 할 만한 유인 요소, 이익 요소를 제가 갖고 있지 않기 때문에 시가 어렵게 여겨질 따름입니다.(웃음) 한식 문화에 젖어 있는 이들에게 양식은 배워야 할 일거리입니다. 그런 학습을 무시한 채 음식문화를 제대로 누릴 수는 없습니다. 시도 문학 취향 가운데 하나입니다. 읽는 방법을 배워 몸에 익혀야 합니다. 개별 시인의 작품 또한 마찬가지입니다.

단순히 특정 독자가 느끼는 쉽고 어려움의 문제가 아니라, 작가와 작품, 또는 경향이 읽을 만한 값어치가 있는가 없는가라는 물음 앞에 독자사회가 얼마나 진지하게 적극적으로 서 있는가라는 문제가 가로놓여 있습니다. 쉽고 어려움은 텍스트의 문제가 아니라, 텍스트 바깥에 놓인 독자사회의 동향이나 이해 방향, 곧 독자사회학의 문제입니다. 어쨌든 시의 난해성이라는 문제에 대해 더 일반론 쪽에서 말씀 드리겠습니다.

본디 시는 읽기 어려움을 운명으로 지닌 담론입니다. 시가 어렵지 않으려면 수필로 내려서거나 더 넓혀 소설로 나아가야 합니다. 문제는 그 경우 시라고 하는 갈래가 굳이 남을 필요가 없다는 점입니다. 시가 시다울 수 있을 특성이 무엇인가, 그것을 시성(詩性)이라 이름 붙여 봅시다. 거기에 대해 많은 생각들이 있지만, 중요한 한 가지는 시는 수필이나 소설과 같은 경험적 현실의 모방에 초점이 놓이는 1차 언어가 아니라, 더 높은 자리의 언어적 현실 자체에 초점이 놓이는 2차 언어라는 사실입니다. 이 말이 무슨 말인가를 거듭 되새기게 하는, 곧 리빠떼르라는 서양사람식으로 말하면 간접화하는 언어가 시입니다. 짧고 간결한 언어인 시가 소설이나 수필보다 오래 읽히고 자꾸 읽히게 되는 역설적인 힘이 여기서 비롯합니다. 시의 논리는 경험의 논리가 아니라 언어 논리입니다. 텍스트 안쪽에 읽는 길이 있습니다. 시가 드러내고자 하는 것은 명료한 주제나 명제일 수도 있지만 막연한 정감이나 분위기일 수도 있습니다. 분위기를 드러내는 시임에도 자꾸 단일 주제만을 뽑아 읽으려 하는 독서법에 갇혀 있다면 그 시읽기는 어려울 수밖에 없을 겁니다. 시는 다른 문학 갈래와 다르게 읽는 힘을 길러야 한다는 뜻이 거기에 있습니다. 보기를 들어 보겠습니다

잠자리 앉아 날개 꺾듯 비가 그친다 승가대학
용마루 너머 키다리 상왕봉이 섰다 가고

낮 한 시 수업을 시작했는지
디딤돌 아래 열네 켤레 학인 하얀 고무신

콧등마다 연비 자국이 곱다
나비가 법당으로 알았나 보다 앉았다 날았다.

—「해인사」 가운데서

지난해 『시와사람』 여름호에 발표했던 「해인사」라는 제 시 가운데 뒷부분입니다. 아마 불교문화에 익숙한 이가 읽는다면 "학인 하얀 고무신" "콧등마다 연비 자국"이라는 말을 금방 읽어 낼 것입니다. 상상력의 폭이 좁은 시인 셈입니다. 어렵게 여겨질 까닭이 없습니다. 승가대학 학인 스님들이 고무신을 신는데, 고무신의 콧등마다 낱낱이 무늬를 찍어 자신의 것임을 표시해 둡니다. 그래야 뒤섞일 일이 없습니다. 제가 2010년도에 1년 동안 문학 강의를 위해 한 주에 한 번씩 해인사승가대학에 갔었는데, 이 시는 그 경험 가운데 하나를 옮긴 것입니다. 그때 학인들이 벗어 놓은 고무신의 콧등에 켤레마다 다르게 찍힌 표시가 너무 인상적이었습니다. 그런 경험을 바탕으로 나비에게는 고무신이 법당으로도 보일 것이라는 비유적 깨달음을 담은 셈입니다. 고무신을 신는 스님들의 생활을 아는 신도라면 금방 알 구체적이고도 쉬운 경험 세계를 그리고 있을 따름입니다. 그리고 그러한 불교문화에 익숙지 않은 예사 독자라도 시의 내적 문맥을 따지면 큰 그림은 어렵지 않게 그릴 수 있도록 짜여 있습니다. 이게 무슨 말인가? 되새겨 읽기를 하지 않으려는 심리적 거리를 지닌 독자에게 이 시는 그저 재미없고 어려운 불교시일 따름입니다. 시를 소설이나 수필 읽듯이 소박한 외적 맥락에 견주어 읽으려고 하면 무슨 소린지 알기 힘들 것입니다.

1980년대 백석 시가 세상에 알려지지 않았을 때, 제가 의도적으로 학생들에게 백석 시를 읽혔습니다. 거의 모든 반응은 이상하고 괴상한, 알기 어려운 시라는 것이었습니다. 시 속에 등장하는 낯선 집안 풍경 묘사나 무속 체험, 그리고 엮음 방식의 말씨와 같은 요소가 그렇게 만들었을 것입니다. 어떻습니까? 요즘도 백석 시를 어려운 시라고 여기는 이들이 많을지 궁금합니다. 백석 연구자 가운데 한 사람으로 볼 때, 백석 시는 결코 쉬운 시가 아닙니다. 그럼에도 그사이 바뀐 것은 백석 시를 값어치 있는 시로 보아야겠다는 독자사회의 커다란 관점 변화와 동향일 따름입니다. 백석 시를 꼼꼼히 읽어 본 경험이 없는 것은 그제나 이제나 마찬가지인데 말입니다.

한정호 : 한편, 선생님께서는 개인 시집 말고도 여러 권의 선집과 전집, 그리고 연구서를 내셨습니다. 특히 지난해에는 몽골 기행문 『몽골에서 보낸 네 철』(2010)에 이어 『새벽빛에 서다』(2010)와 『시는 달린다』(2010)라는 세 권의 산문집을 발간하셨습니다. 그동안 시와 논문 말고는 다른 글쓰기에 눈길을 준 적이 많지 않은 것으로 알고 있습니다. 산문집 발간에 특별한 동기나 의도가 있으셨는지 궁금합니다.

박태일 : 아, 몽골 여행 갈 때, 기행문집과 기행시집 계획을 했습니다. 그러나 돌아올 때 시집을 낼 만한 작품을 얻지 못했고, 순서가 시집보다 산문 쪽으로 밀렸던 것입니다. 한 권 내고 나니 그동안 써왔던 기존 산문들을 묶고 싶었습니다. 사실 저는 시와 연구물, 평론 말고는 일반 수필에 속하는 글은 청탁이 있어도 사양하곤 했습니다. 그런데도 오랜 세월 책으로 묶을 만큼 양이 되어, 그것을 묶다 보니 두 권으로 나뉘었습니다. 『새벽빛에 서다』는 일반 산문이, 『시는 달린다』는 제 시의 해설집 같은 것입니다. 두 권을 내고 보니 괜찮았습니다. 시나 논문 쓰기에서 얻지 못한 가벼움이 좋았습니다. 시인이 쓰는 산문이라는 독특한 자리를 즐겼던 셈입니다. 제 글은 늘 어깨에 잔뜩 힘이 들어가는 쪽 아닙니까. 요즘은 산문 청탁에도 쉽게 응합니다. 제 시는 어렵다 하는데, 산문은 쉽다 하니 그나마 다행이라 생각하고 열심히 쓸 생각입니다. 아마 언젠가는 산문집을 두어 권 더 낼 수 있으리라 생각합니다. 제가 2010년에 냈던 세 권의 산문집이 좀 읽혔으면 좋겠는데, 출판사 젊은 양정섭 사장에게 미안할 따름입니다.(웃음) 내자마자 묻혔을 것입니다, 따로 광고한 적도 없으니.

한정호 : 이번에는 질문의 방향을 문학 연구로 옮겨 보겠습니다. 연구서로 『한국 근대시의 공간과 장소』(1999), 『한국 근대문학의 실증과 방법』(2004), 『한국 지역문학의 논리』(2004), 『부산·경남 지역문학 연구 1』(2004) 등이 있습니다. 그렇듯 학술논문을 꾸준히 발표하며 문학 연구자로 크게 활동하고 계십니다. 특히 지역문학 연구에 있어 선구적 역할을 다하신다고 감히 말씀드릴 수 있겠습니다. 지역문학 연구에 대

한 관심은 언제 어디서 어떻게 가졌으며, 무엇에 중점을 두고 연구하시는지 말씀해 주시길 바랍니다. 내친 김에 지역을 연구하는 후학들을 위해 연구 방향도 함께 일러 주십시오.

박태일 : 지역문학 연구에 대해서는 남달리 할 말이 있는 쪽입니다. 지역문학 연구라는 용어를 학계에서 확정한 곳이 경남·부산 쪽이군요. 지방문단, 지방문학 탐방 수준에 머물렀던 것을 연구 수준으로 끌어올리는 데는 한 선생도 큰 몫을 다했던 경남·부산지역문학회 활동이 빌미였습니다. 그 뒤에 학문공동체 안쪽에 지속적으로 연구 성과를 내놓았는데, 이제는 10년을 훌쩍 넘겨 곳곳에서 지역문학 연구에 관심을 가지거나 집중하는 젊은 연구자가 생겼습니다. 지역문학 연구는 어느 날 갑자기 이루어질 수 있을 영역은 아닙니다. 제 경우 일찍부터 다른 이가 거들떠보지 않았던 지역 사료를 하나하나 챙겼고, 그것이 오랜 세월 쌓인 바탕 위에서 연구를 겨냥할 수 있었던 셈입니다. 교과서나 통념으로 쥐어 주는 정전, 강요된 평가에 대해 제 식으로 납득할 만한 답변을 마련하는 과정에서 읽기 시작했던 적지 않은 사료에 대한 이해 위에서 지역문학 연구가 가능했습니다. 따라서 지역문학 연구는 출발부터 대항 연구며 대안 연구로서 도발성을 지닐 수밖에 없었습니다. 제 20대부터 오늘날까지 지역문학에 대한 관심은 한결같은 힘이었습니다.

이제까지 우리 근대문학 연구에서 흔하디흔한 방법론이 소개되고 검증되기도 했으나, 바깥에서 들어온 새 연구방법론을 기계적으로 흉내 내는 해묵은 버릇을 벗어나기 힘들었습니다. 지역문학 연구는 제가 살아왔던 오늘 이 자리 장소와 공간에서 살아 숨 쉬는 가장 구체적인 문학을 연구 대상으로 삼자는 의도에서 시작한 셈입니다. 대상이나 사건은 어떻게 보느냐에 따라 그에 대한 판단과 이해 방향이 엄청나게 달라질 수 있다는 사실은 한 선생께서도 잘 아시시라 믿습니다. 근대 일국주의 산업화, 물량화, 대중주의 문화 속에서 사회적으로나 국가적으로 기억 투쟁에서 밀려나거나 왜곡된 문학이나 문학인은 적지 않습니다. 우리 근대 문학사에서 드러나는 그러한 선택과 배제의 정치학과 논리를 읽어 내는 일은 그 자체 우리 삶을 머리가 아니라 가슴으로 누리는 감각적인 경험이라 말할 수 있습니다. 지역문학 연구를 빌려 우리 근대문학의 밑자리가 얼마나 두텁고 다채로운가를 일깨울 수 있을 것입니다. 인문학의 위기니 말은 많았지만, 정작 문학 연구 안쪽에서조차 무기력할 따름입니다. 그래 놓고 무슨 위기를 극복하자는 노릇인지?

지역문학 연구는 시쓰기의 원리와 한가지입니다. 시에서 창조적인 개성이 중요하듯, 학문 공동체 안에서도 창조적 담론이 필요했던 셈인데, 지역문학 연구는 그런 모색의 큰 줄기라 할 수 있습니다. 남들이 이미 만들어 놓은 담론에 앵무새처럼 기대거나 젓가락 하나 더 얹어 행세하려는 머슴 학문, 비렁뱅이 학문의 자세를 벗어나기 위한 몸부림입니다. 현학적인 직무 유기나 무지를 학문살이로 오해하고 있는 이들은 다가서기 힘든 자리일 겁니다. 하늘의 별 같은 새 거시 이론 체계를 만드는 일도 중요하지만, 그러한 고공비행을 되풀이하기보다 실질적인 현장의 미시적 역동과 담론 생산이 절실한 때입니다. 지역문학 연구는 바로 그 자리를 지렛대로 삼았습니다. 기존 학계의 대상과 방법, 관행에 대한 반성적인 자리. 써도 그만 쓰지 않아도 그만일 그런 번지르르한 글 100편보다는 작은 1편이라도 더불어 나눌 이야깃거리가 있을 새 담론 생산이 초점입니다. 지역문학 연구가 지니는 공공성과 외부성이 거기에 있다 하겠습니다. 지역문학 연구를 소박한 실증주의자의 발굴학처럼 여기는 눈길은 일의 앞뒤를 모르는 무지에서 말미암았을 따름입니다. 지역문학 연구는 대상에서부터 방법까지 도전학이며 미시학입니다. 모방 담론이 아니라 창조 담론, 재생산 담론이 아니라 생산 담론을 겨냥합니다. 그것의 소통 가능성을 드높이기 위해 실증주의라는 전통적인 방편이 강조될 따름입니다.

한정호 : 선생님은 자료 소장가로 널리 알려져 있습니다. 제가 봐도 상상을 초월할 만큼 엄청난 책들을 소장하고 계십니다. 언제부터 무슨 까닭으로 책을 모으게 되었는지요? 주로 어떤 분야의 자료들입니까? 요즘 들어 더욱 궁금한 점은 그 많은 책들을 어떻게 활용할 생각이신지 듣고 싶습니다.

박태일 : 부풀린 말씀이십니다. 한 선생께서 책에 빠진 이의 삶을 잘 모르셔서 그런 표현을 하는가 싶습니다. 문학을 공부하고 시를 쓰는 사람으로서 제 글쓰기 하는 데 기본서 정도는 남에게 아쉬운 소리 하지 않고 해결하겠다는 뜻으로 모아 온 셈입니다. 그러다 도를 넘어섰고, 제 관심 분야에 몰두하거나 엉뚱한 학문적 상상(?)을 하는 데 도움이 될 만한 책을 상대적으로 많이 지니게 된 점은 사실입니다. 책 구입이 문학 창작 공부를 하는 사춘기 때부터 몸에 익은 버릇인데다, 잘 버리지 못하는 됨됨이가 거든 결과입니다. 본격적으로 돈을 들인 수집가들과는 차원이 다른 셈입니다. 그래서 세상 사람들이 귀하다 여기는 것들보

다는 오히려 남들이 돌보지 않았던 사료가 쏠쏠한 쪽입니다. 오랜 세월 책은 제 삶의 든든한 뒷받침이었습니다. 사람과 만나는 일보다 책 만나는 일에 더 행복을 느끼니 벽에 가깝다 하겠습니다. 아직까지는 편집증 수준이지만. 시인은 말에 대한 편집증자이고, 책수집가는 책에 대한 편집증자, 학문은 이론에 대한 편집증자일 겁니다. 제 경우는 셋에 다 걸려 있군요.(웃음) 그러나 우리가 편집증 환자처럼 집중하지 않고서 남달리 이룰 수 있을 일이 얼마나 있겠습니까. 제 책 수집 앞뒤 이야기는 산문집에 몇 편 글로 올려져 있으니, 그쪽으로 미루는 게 좋겠군요. 핵심은 많이 지닌 게 아니라, 어떻게 잘 활용하는가라는 문제입니다. 지금으로써는 그 일을 쫓아가는 데만도 힘이 부칩니다. 둘레 사람들의 학문적 지평이 쑥쑥 자라 더 많이 활용하기 바랍니다. 뒷날 제 자식 둘에게 책이 짐이 되지는 않도록 하겠다는 생각은 굳히고 있습니다. 책 탓에 고통받은 사람은 아내 한 사람으로 족합니다. 뒷날에는 책 가운데 특별한 것에 대한 기억과 속살을 소개하는, 책에 관한 책을 써 볼 생각입니다. 아마 정년 뒤가 되겠습니다만.

한정호: 저는 지난여름부터 배드민턴 동호회에 들어 배드민턴의 마력에 빠져들고 있습니다. 직업(?)은 못 속인다더니, 셔틀콕을 톡톡 치면서도 배드민턴 관련하여 시창작을 꿈꾸곤 합니다. 선생님께서는 오래전부터 마라톤에 열심인 것으로 알고 있습니다. 아마 '마라톤 하는 시인'으로 알려지지 않을까요.(웃음) 흔히 마라톤은 인생에 비유되고 있는데, 마라톤에 대한 선생님의 견해를 듣고 싶습니다. 두세 시간을 헉헉 달리면서 무슨 생각을 하시는지요? 그리고 선생님의 산문집 제목에 '시

는 달린다'는 표현도 있던데, 마라톤과 시의 닮은꼴이 있는지요? 혹시 마라톤에 관한 시를 창작하고 계시지는 않는지요?

박태일 : 몸이 건강해야 건강한 문학을 할 수 있다. 오랜 세월 잊지 않았던 일깨움 가운데 하나입니다. 그래서 평소에도 운동을 즐기는 쪽이었습니다. 그러다 40대 후반에 들어서면서 보다 규칙적인 운동을 지속적으로 할 필요에 따라 고른 것이 마라톤입니다. 앞선 시기까지는 주로 농구를 즐겼습니다. 2002년도 봄부터 마라톤 시합장에 나가 5킬로미터부터 뛰기 시작했습니다. 지금은 울트라까지 즐기는 정도가 되었으니 많은 발전입니다. 재미있는 점은 마라톤이야말로 저에게 딱 맞는 운동이라는 사실을 깨달은 것입니다. 바깥으로 마음이 열려 있을 때는 싸움 대상이 세상이었습니다. 그런데 마라톤은 무엇보다 싸움 대상이 오로지 자기 자신임을 일깨워 주는 운동입니다. 한 선생도 알다시피 제 40대는 실천이라 생각하며 바깥으로 다소 떠돌지 않았습니까. 그걸 접고 제 50대 십 년은 학문이라는 생각을 지닐 때였습니다. 그 일을 이루는 길에 가장 걸맞은 운동이 마라톤이었습니다. 가장 큰 싸움은 자신과 벌이는 싸움이라는 사실을 늘 온몸으로 일깨워 줍니다. 또 마라톤만큼 정직한 운동이 없습니다. 왜냐하면 연습한 만큼 뛸 수 있기 때문입니다. 그러면서 아무 데서나 아무 때나 마음 내키는 대로 달릴 수 있는 자유로움. 마니아가 될 정도로 빠져들지는 않았지만, 질보다는 양이라 생각하며 꾸준히 공식시합 참여 수를 늘리는 즐거움을 겨냥하며 달리고 있습니다. 풀코스 최고 기록이 3시간 50분대인데 10년 달린 경력으로는 느린 쪽입니다. 그래도 아직까지 큰 부상은 당하지 않고 달리고 있습니

다. 요즈음 거의 모든 제 여행이 마라톤 시합과 관련되거나 여행지 달리기를 필수로 삼습니다. 현재는 공식시합 200회를 내다보고 있습니다. 그것이 끝나면 공식시합 300회, 그리고 풀코스 100회 돌파 이런 식으로 계획을 세우고 있습니다. 달릴 수 있을 때까지 달린다는 믿음이 오래도록 지켜지기를 바랍니다. 글쓰기도 마라톤과 마찬가지일 겁니다. 몸이 건강해야 건강한 시도 쓸 수 있습니다. 다음 시집에는 마라톤 시가 몇 편 들어갈 예정입니다. 이번 대표시 자리에 올린 「가을은 달린다」도 그 가운데 하나입니다.

한정호 : 선생님은 10여 년 전부터 평생교육원 강좌에서 '시창작반'을 이끌고 계십니다. 나이 지긋한 수강생들이 대부분일 텐데, 대학교수로서 젊은 학생들에게 시를 가르칠 때와는 어떤 차이가 있는지요? 생활문학 차원에서 시창작 지도의 중점은 무엇에 두십니까?

박태일 : 예, 2001년 가을부터 시작했으니 벌써 10년이 넘었습니다. 학교에서 평생교육원을 마련하고 교수의 사회봉사를 권하던 분위기였습니다. 그 무렵 학내 학부생을 대상으로 삼은 창작 수업은 개설을 내다볼 수 없는 상태였고, 교수들 나눠먹기식 강좌 배정에 구차스럽게 시창작이 끼이기는 어려웠습니다. 게다가 학부제로 바뀐 뒤부터 전문 창작에 뜻을 둔 학생 입학도 드문 때였습니다. 제가 잘할 수 있을 일 가운데 하나가 시창작 지도였는데, 지역사회에 할 수 있는 최소 봉사가 그것이라 생각해 운영에 나섰습니다. 10년 가까이 있는 듯 없는 듯 끌어온 셈인데, 어느새 그럴 수 없는 단계에 이르렀습니다. 지난해 두 사람

이 첫 시집을 내고 출판기념회까지 여는 것을 지켜보면서 한 단락을 지었습니다. 이제 제2기를 준비할 시점입니다. 그사이 다양한 문학 취향을 지닌 분이 드나들었습니다. 좋은 추억을 많이 심어 준 이들입니다.

현재는 교내반과 창원반, 두 반을 두고 있습니다. 운영하는 데 몇 가지 원칙을 지키고자 했습니다. 두 가지만 말씀드리겠습니다. 첫째, 오는 사람이라고 쉽게 받지 않는다는 원칙입니다. 참으로 제 도움이 필요한 사람인가를 살핀다는 뜻입니다. 요즘은 마음만 먹는다면 시창작을 배우고, 시인이라며 등단해 이름을 낼 데는 많이 열려 있습니다. 굳이 그런 데 가서 배우면 될 사람이 저에게 와서 소모될 까닭이 없습니다. 저는 최소 5년에서 10년 정도 중장기 학습 과정을 염두에 둡니다. 그 정도가 되어야 시집 한 권 낼 만한 작품을 함께 누릴 수 있습니다. 시를 쓰면 스스로 시인인데, 자기 바깥의 사회적 인정 제도나 기웃거리며 조바심치는 사람은 어차피 그런 과정을 버티기 힘듭니다.

둘째, 무엇보다 자신이 가장 잘 쓸 수 있을 시쓰기를 강조합니다. 자신이 가장 잘 아는 삶에 뿌리 내린 시쓰기야말로 글쓰기를 행복한 경험으로 바꾸는 지름길입니다. 자신이 스스로 위로하고 위로받을 수 있는 자긍심이 거기서 비롯합니다. 문학사니 당대 유행이니 다 삼차적인 것입니다. 자기 삶에 뿌리를 내린 글쓰기라는 틀이 자리 잡히지 않으면 몇 학기가 걸리더라도 같은 충고를 되풀이 들을 수밖에 없습니다. 자신의 경험을 오롯한 작품으로 다듬어 나가는 과정을 맛보는 일이야말로 건강한 시쓰기의 핵심입니다. 평생교육원에 시간을 내어 오가는 분들은 나이가 들었지만, 뒤늦게 어렵게 찾아왔지만, 시쓰기가 아니라면 삶이 달라질 가능성이 거의 없을지 모르는 이입니다. 어쩌면 삶에 처음이

자 마지막으로 선택했을지 모를 그분들의 문학 취향과 용기를 어찌 소중하고 무겁게 다루지 않을 수 있겠습니까.

그러고 보니 저희 국문과 학생들 글쓰기 모임 '가로쓰기'에서 문집을 낸다며 부탁해 오늘 새벽에 썼던 추김글이 생각납니다. 젊은 교수가 새로 오셔서 새해부터 모임을 그분에게 맡기기로 한 까닭에 마지막 기회일 것 같아 올해에는 약간 무겁게 한마디 했습니다. 짧으니 이 자리에 소개해도 될 성싶습니다.

> 삶은 스스로 귀하거나 천한 게 아니다. 살아가는 사람의 생각과 행동이 삶을 천하게도 만들고 귀하게도 만든다. 문학은 스스로 귀하거나 천한 게 아니다. 천한 사람이 천하게 쓰면 천한 문학이 되고, 귀한 사람이 귀하게 쓰면 귀한 문학이 된다. 한 편이라도 귀한 작품을 쓰다 삶을 마감하겠다는 자세로 애쓰는 귀한 문인으로 자라기 바란다.

대학교 초년생을 위해 쓴 것이지만, 시를 사랑하거나 글밥을 먹으며 살고자 마음을 다지는 모든 이에게 걸리는 말이기를 바랍니다. 귀하다는 데에 대한 정의는 차이가 날 터이지만, 상식에 맡기면 될 일입니다. 무엇보다 자기 삶과 자기 시를 사랑하시기 바랍니다. 그런 태도야말로 마침내 자기 밖 세상으로 나아가는 첫걸음이자 자기와 제대로 만나는 마지막 자리일 겁니다.

한정호 : 오늘날의 시와 시인, 시단 풍토, 나아가 문학사회에 대해 쓴소리를 부탁드려도 되겠습니까? 그리고 선생님을 중진시인이라고 하

면 실례일지 모르겠으나, 현대사회에서 시의 기능과 시인의 역할, 나아가 후배 시인에게 건네고 싶은 격려의 말씀이 있다면 이번 기회에 해주시길 바랍니다.

박태일 : 자본주의 세상에 이해관계가 오갈 일이란 뻔합니다. 돈 아니면 명예? 어차피 참에 이르는 길은 다양한데, 남을 향해 이래라 저래라 할 나이는 저도 벌써 지났습니다. 살아온 궤적이 고스란히 다른 이에게 본보기로 열려 있는 마당 아닙니까. 세월이 무서운 심판관입니다. 그럼에도 거들라 하니 몇 마디 붙여 보겠습니다. 우스운 비유가 될지 모르지만 시문학 사회도 절집과 같이 이판과 사판으로 갈라볼 수 있습니다. 문제는 이판사판 다 기웃거리는 데 있습니다. 사판이 이판인 양 속이려 들고, 이판이 사판 자리를 넘보며 삶을 소모하지 않기만을 바랍니다. 이판이든 사판이든 모두 부처님 법에 이르는 방편이긴 하지만 제 일을 제대로 하라는 뜻입니다.

요즈음 세상은 이판 시인보다 사판 시인이 날뛰기 좋은 조건을 갖추었습니다. 지역자치에다 문화 복지에 대한 생각도 적극 바뀌었을 뿐 아니라, 대중매체도 방만하다 할 정도로 열려 있습니다. 이래저래 기웃거릴 자리가 많아진 셈입니다. 조금만 정치력이 있는 이라면 잇속을 채우기 좋은 환경입니다. 그런 가운데서도 이판 자리에서 끝장을 보려는 이가 많아졌으면 좋겠습니다. 어려운 일일 터이지만 어찌 세상 사는 보람이 쉬운 길에만 있다 하겠습니까. 힘든 선택을 요구하는 쪽에 서는 용기도, 자해도 필요합니다. 무리를 너무 믿지 마십시오. 자신의 시로 낙망하고 자신의 시로 위로받으시기 바랍니다. 누구보다 먼저 자신으로부터 인정받는 시인에 이를 일입니다. 그런 긴 싸움 과정을 소중하게 즐기시기 바랍니다. 바깥에 널려 있는 손쉬운 욕망에 문학적 재능을 낭비하지 않으려는 자세야말로 행복한 글쓰기로 들어서는 첫걸음입니다. 시인에게는 시 말고 남을 게 아무 것도 없다는 절망스런 사실에 더 익숙해지길 바랍니다. 연필을 쥐든 자판을 두드리든 홀로 쓸 수밖에 없는 고독을 선택한 이상 끝까지 고독을 밀어붙여야 할 일입니다. 좋은 것은 외로울 리가 없습니다. 독불고(獨不孤). 왜냐하면 그것을 세상은 홀로 놓아두지 않기 때문입니다.(웃음) 핵심은 오로지 한 가지, 가장 잘 쓸 수 있을 시를 꾸준하게 쓰는 긴 싸움입니다. 천 명 가운데 한 사람쯤은 제대로 용맹정진하는 이판 시인이 나오기를 바랍니다.

한정호 : 마지막으로 선생님의 창작 또는 연구 방향에 대해 알려 주십시오. 그리고 선생님께서 따로 계획하고 계신 일은 무엇입니까?

박태일 : 제 공부는 지금껏 해 오고 있는 지역문학 쪽을 국가 단위에서 마무리할 일이 남았습니다. 틀거리는 짜였으니 쓰기만 남은 셈입니다. 『한국 지역문학 연구』라 이름을 붙일 생각입니다. 경북 · 대구, 전남 · 광주 그리고 제주 쪽과 북한 지역문학까지는 멍석을 가져다 놓은 셈이니, 이제 충청도와 강원도 쪽으로 나아갈 일입니다. 『경남 · 부산 지역문학 연구』 2를 비롯해 연구서 몇 권을 한꺼번에 볼 수 있을 것입니다. 지역문학총서 또한 걸음을 빨리해 20번을 달고, 50번을 달 수 있기 바랍니다. 한 선생도 함께 노력해 주실 것이라 믿습니다. 3월부터 일터를 마산문학관에서 경남대학교로 옮겼으니 새 싸움을 시작하는 셈

이군요. 경남 · 부산 지역문학 연구 영역에서도 좋은 기폭제가 되리라 생각합니다. 창작 쪽에서는 다섯 번째, 여섯 번째 시집 두 권이 제 손 앞에 놓여 있습니다. 더 나이 들기 앞서 글밥 먹고 사는 이의 '비극적 황홀'을 열심히 누리고자 합니다.

한정호 : 말씀 잘 들었습니다. 긴 시간 정말 많은 것을 듣고 알게 되어 고맙습니다. 조만간 저도 직장을 옮겨, 더욱 가까이에서 선생님을 뵐 수 있을 것 같습니다. 앞으로 많은 지도편달 부탁드립니다. 선생님! 언제나 건승하시고 건필하시길 빌겠습니다.

:: 인명 찾아보기

〔ㄱ〕

〔ㄴ〕

〔ㄷ〕

〔ㅁ〕

〔ㅂ〕

〔ㅈ〕

:: 사항 찾아보기

〔ㅇ〕

〔ㅈ〕

〔ㅊ〕

〔ㅋ〕

〔ㅌ〕

:: 단행본 찾아보기

:: 작품 찾아보기

:: 글의 출전

1부

「청동의 순정－하연승론」, 『경남문학』 69호, 경남문인협회, 2004 겨울.

「남정강 시인, 남정강 노래－김해석론」, 『남정강』, 도서출판 경북P&P, 1999.

「바다로부터 바다로 가는 그리움－김연동론」, 『바다와 신발』, 태학사, 2001.

「애도시의 논리와 사랑의 방법－정의태론」, 『이제 우리 가깝다 하나』, 빛남, 1994.

「마음의 현상학－문옥영론」, 『그리운 베이커리』, 불휘, 2001.

「싱싱함의 정체－이자영론」, 『밤새 빛은 그리움으로』, 제일, 2001.

2부

「시는 구체적인 데 뜻과 힘이 있다」, 『경남문학』 34집, 경남문인협회, 1996 봄.

「좋은 시와 다르게 쓰일 수 없음」, 『경남문학』 35집, 경남문인협회, 1996 여름.

「경남시단의 여름 나기」, 『경남문학』 36집, 경남문인협회, 1996 가을.

「지역시가 나아갈 바」, 『경남문학』 37호, 경남문인협회, 1996 겨울.

「전쟁 속에 얼어붙은 꽃봉오리－고석규의 시」, 『문학정신』, 문학정신사, 1992.7・8.

「수직성의 자유와 칼날의 온도－이형기의 시」, 『지산간호보건전문대학학보』, 지산간호보건전문대학, 1985.

「바다와 함께 가는 한마음 두 길－김성춘과 김성식의 시」, 『시와생명』 창간호, 시와생명사, 1999.

「이름씨 공간과 긴장된 사회 서정－강영환과 정순자의 시」, 『오늘의문예비평』 3집, 지평, 1991.

「시의 총알택시를 타고－최영철의 시」, 『계간 시평』, 시평사, 2003 겨울.

「사랑의 길, 길의 사랑－김미숙과 조연향의 시」, 『경남여류문학』 10호, 경남여류문학회, 2000.

3부

「지역, 참말로 직이 주네－지역에서 문학하기」, 『시와지역』, 문학의전당, 2010 가을.

「지역 문화계의 토호와 끄나풀」, 『오늘의 문예비평』, 산지니, 2013 봄.

「지역문학과 전집 발간의 뜻」, 『오늘의 문예비평』, 해성, 2009 가을.

「지역문학의 전선(前線)과 전선(戰線)」, 『실천문학』 81호, 실천문학사, 2006.
「부산 지역 수필의 오늘과 내일」(미발표), 2012.

4부

「부산대학교문학지」, 『효원』 22집, 부산대학교 학도호국단, 1980.2.
「부산의 동인지 문학」, 『부산외대학보』, 부산외국어대학교 학보사, 1984.9.25.
「현대 시조의 값진 갈무리와 시조 사랑」(미발표), 1999.
「정신가치와 실증가치의 균형」, 『오늘의 문예비평』, 책읽는사람, 1993 가을.
「시의 지도에는 풀나라가 있다—박태일 시인」(좌담), 『시와사람』, 시와사람사, 2012 봄.